普通高等教育"十二五"电子商务规划教材

U0719808

网络消费者行为

主　　编　韩小红

副 主 编　吕靖烨　陈俊鸿

编写组成员　赵　杰　刘小红　刘　颖

西安交通大学出版社
XI'AN JIAOTONG UNIVERSITY PRESS

内容提要

　　21世纪是信息社会时代,也是互联网的时代。网络的发展改变了企业与消费者联系的方式,网络消费应运而生。面对电子商务这种特殊的消费形式,消费者的消费心理和消费行为表现得更为复杂和微妙。本书主要围绕需求、动机与网络消费者行为,网络消费者购买决策过程,影响网络消费者购买行为的环境因素,影响网络消费者购买行为的个人、心理因素,网络消费安全与网络消费者行为,网络消费者权益保护和网络消费引导与网络市场开拓等内容展开分析。

　　本书要以作为高等院校电子商务专业、经济管理类其他专业本科学生教材,也可供各类管理人员与经营人员作为自学参考用书。

图书在版编目(CIP)数据

　　网络消费者行为/韩小红主编. —西安:西安交通
大学出版社,2008.3(2022.7重印)
　　ISBN 978 - 7 - 5605 - 2614 - 0

　　Ⅰ.网… Ⅱ.韩… Ⅲ.电子商务-消费者行为论
Ⅳ. F713.55

　　中国版本图书馆 CIP 数据核字(2007)第 175477 号

书　　名	网络消费者行为	
主　　编	韩小红	
责任编辑	魏照民	
出版发行	西安交通大学出版社	
	(西安市兴庆南路 1 号　邮政编码 710048)	
网　　址	http://www.xjtupress.com	
电　　话	(029)82668357　82667874(市场营销中心)	
	(029)82668315(总编办)	
传　　真	(029)82668280	
印　　刷	西安日报社印务中心	
开　　本	727mm×960mm　1/16　　印张 15.625　　字数 284 千字	
版次印次	2008 年 3 月第 1 版　　2022 年 7 月第 8 次印刷	
书　　号	ISBN 978 - 7 - 5605 - 2614 - 0	
定　　价	29.80 元	

如发现印装质量问题,请与本社市场营销中心联系。
订购热线:(029)82665248　(029)82667874
投稿热线:(029)82668133　(029)82664840
读者信箱:xj_rwjg@163.com

丛书编委会

总　序

从2001年教育部批准13所高等院校开办电子商务本科专业，经过6年的发展，目前全国开设电子商务本科专业的高等学校已超过320所。在教育部高教司的直接支持和指导下，2002年中国高等院校电子商务专业建设协作组正式成立。其主要任务是：为中国高等学校电子商务专业的研究、教学、实践和人才培养提供指导与支持。协调组自成立之日起，一直致力于我国电子商务专业的师资队伍、实验室及教材的建设。2003年3月，在华侨大学召开了"全国高校电子商务专业主干课程教学基本要求研讨会"，此次会议是国内电子商务本科专业教育界对教学大纲问题的首次集中讨论。来自全国19所高校电子商务专业的专家、学者参与了本次讨论。专家们对每门课程的性质、地位、教学任务和要求、教学中应注意的问题、建议学时数、教学要点、教学方法建议等问题进行了广泛的讨论，形成了比较一致的意见，并确定了电子商务专业的主干课程。

2006年春，教育部成立2006—2010年高等学校电子商务专业教学指导委员会，还特聘了国家商务部信息化司司长王新培、中国电子商务协会理事长宋玲和阿里巴巴公司CEO马云作为领域专家委员。电子商务专业教学指导委员会成立以来，在专业教育的大政方针、师资培养、教材建设、实验和实训建设方面积极努力地工作，从不同方面指导和推动着本专业的发展。2006年在电子商务的课程体系方面提出了三级结构的设想：专业基础课、专业课和前沿类课程，反映了电子商务专业与时俱进的特色。2007年在教育部的统一部署下，教指委大力推进电子商务专业的知识体系建设，将其归纳为电子商务经济（ECE）、电子商务技术（ECT）、电子商务管理（ECM）和电子商务综合（ECG）四个大类。

随着电子商务理论和实践的快速发展，电子商务教材也需要随之更新，以更加符合电子商务的发展要求。在此背景下，西安交通大学出版社与中国信息经济学会电子商务专业委员会合作，共同组织编写出版一套电子商务本科专业教材。2006年10月，经协商决定，由中国信息经济学会电子商务专业委员会和西安交通大学出版社两家联合组织编写电子商务本科专业系列教材。

从2006年10月到2007年5月，在西安交通大学和中国信息经济学会电子商务专业委员会共同努力下，成立了电子商务本科系列教材编写委员会，继而从众多自愿报名和编委会推荐的学校和教师中，选择主编，采取主编负责制，召开协作大纲研讨会、反复征求各方意见，群策群力，逐步编写本套电子商务专业本科系列教材。

该系列教材具有以下几方面的特色：

1. 在教材体系上，吸收了众多学者、学校和产业实践者的意见，使系列教材具有普遍适应性和系统性。本系列教材较为全面地包含了电子商务教学中的各门课程，不仅包括了电子商务专业的骨干课程，而且也增加了电子商务发展需要的一些选修课程，如：《网络价格》、《网络消费者行为》等。不仅使教材体系更具有合理性，而且也使开设电子商务本科专业的学习有更多的选择余地。

2. 从教学大纲研讨到编写大纲的讨论，再到按主编负责制进行编写、审核等，集中了电子商务专业委员会内外在电子商务方面有丰富经验的教师、研究人员以及产业实践者的宝贵意见。经过一系列严格的过程约束与控制，使整套教材更加严谨和规范，具有科学性和实用性。

3. 注重电子商务理论与实践相结合，教学与科研相结合，课堂教学与实验、实习相结合，使教材更能符合学生的学习、更能够反映电子商务的时代特征。

在各方的共同努力下，作为系列教材的丛书即将面世，希望本系列教材的出版，能为我国电子商务的教学与人才培养贡献一些微薄之力。

电子商务作为一个新生事物，其飞速的发展需要教材不断地更新，我们衷心希望各教学单位教师们和电子商务的产业实践者不断对我们提出宝贵的意见，使编者们与时俱进，不断充实、完善这套系列教材。

中国信息经济学会电子商务专业委员会
电子商务专业教材编写组
2008年1月

前　言

21世纪是信息社会时代,也是互联网的时代。网络的发展实现了信息可靠,实时有效,节省资金、人力、物力和时间的功效,也改变了企业与消费者联系的方式。网络消费应运而生。

消费者行为分析是经济学研究的重要内容,消费心理和消费行为是企业制定经营策略,特别是制定营销策略的起点和基础。面对电子商务这种特殊的消费形式,消费者的消费心理和消费行为表现得更加复杂和微妙。电子商务的出现,使消费者的消费观念、消费方式和消费地位正在发生着重要的变化;互联网商用的发展促进了消费者主权地位的提高;网络营销系统巨大的信息处理能力,为消费者挑选商品提供了前所未有的选择空间;网络自身固有的数据反应同步性、隐蔽性和数据收集与处理的原始性特征,在收集消费者行为相关信息时具有十分重要的优势。这些都促使消费者的购买行为更加理性化。

本书主要围绕需要、动机与网络消费者行为,网络消费者购买决策过程,影响网络消费者购买行为的环境因素,影响网络消费者购买行为的个人、心理因素,网络消费安全与网络消费者行为,网络消费者权益保护和网络消费引导与网络市场开拓等内容展开分析。

本书的主要编写人员和分工如下:

韩小红:第一章;吕靖烨:第七、八章;陈俊鸿:第三、四章;赵杰:第二章;刘小红:第五章;刘颖:第六章。

本书可以作为高等院校电子商务专业、经济管理类其他专业本科学生教材,也可供各类管理人员与经营人员作为自学参考用书。

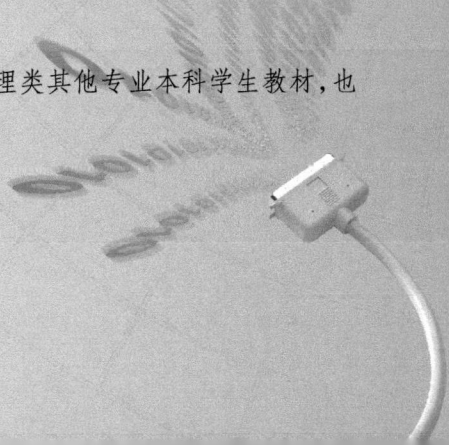

目 录

第一章

网络消费者行为概述

本章内容提要

依托互联网技术的发展，网络消费这一新型的消费方式已经逐渐成为人们消费的主要形式之一，其市场规模不断扩大。本章主要围绕网络消费的内涵、发展和网络消费者行为的特征等基本问题展开分析,进而探讨研究网络消费者行为的意义。

中国互联网络信息中心 (CNNIC) 在北京发布的《第十九次中国互联网络发展状况统计报告》显示，2006 年中国互联网络不仅在整体上保持了快速增长，网民的特征结构、上网途径、上网行为等各方面也出现了一些较为明显的变化。其中网民人数、联网计算机数分别达到了 13 700 万人、5 940 万台，与 2005 年同期相比分别增长了 23.4% 和 20.0%；中国域名总数为 4 109 020 个，其中 CN 下注册的域名达到 1 803 393 个，与 2005 年同期相比，增长了 64.4%；中国网站总数达到了 843 000 个，网页总数达到 44.7 亿个，网页字节总数为 122 306GB；网络国际出口带宽总量达到 256 696M；中国大陆的 IPv4 地址数达到了 98 015 744 个。

可以看出，经过近十年快速的发展，中国互联网已经形成规模，互联网应用走向多元化。人们在工作、学习和生活中越来越多地使用互联网，正是在庞大群体的支撑下，网络营销得以实现。

相关链接

第一节　电子商务与网络消费

一、电子商务及其发展现状

(一)电子商务的内涵

关于电子商务(Electronic Commerce)的定义有各种各样的描述。联合国经济合作和发展组织(OECD)将电子商务定义为：发生在开放网络上的包括企业之间、企业和消费者之间的商业交易。电子商务通常指"包括组织与个人基于文本、声音、可视化图像等在内的数字化数据传输与处理方面的商业活动"。我国电子商务专家，西安交通大学的李琪教授对电子商务给出以下定义：在技术、经济高度发达的现代社会里，掌握信息技术和商务规则的人，系统地运用电子工具，高效率、低成本地从事以商品交换为中心的各种经济事务活动。可见，电子商务是经济和信息技术(IT)发展并相互作用的必然产物。自 20 世纪 90 年代产生以来，它对现代经济活动及商业企业经营方式都产生了重大影响。

WTO 的一份专题报告认为，电子商务对现代经济活动的影响主要表现为：第一，通过缩短生产厂商和最终用户之间供应链上的距离，得以改变传统市场的结构，减少交易成本，同时也促进了竞争。第二，通过降低通信成本来压缩纵向组织结构，并迫使公司为了提高效率而进行结构重组。第三，通过改变市场准入条件，使中小厂商进入原先被大厂商占有的市场，从而影响到市场的集中程度。第四，通过电子交易成本的降低，同时刺激电子商务的发展和消费者对网络的需求，从而推动国家信息基础设施的建设。第五，用免征税收等鼓励政策，使信息服务和其他服务活动进一步多元化，并促成国内和国际市场的新的竞争形式，使消费者享受到比传统消费方式更多的商品品种和更高的服务质量。

目前，学者将电子商务分为狭义的电子商务和广义的电子商务。狭义的电子商务一般指商品和服务的调研、查询、采购、宣传、展示、推销、订货与出货、储存、运输及报关、结算和纳税等一系列商务活动，均通过 Internet、Intranet(企业内部网) 和 Extranet(企业外部网) 等网络来实现，没有任何传统商务形式的参与，是电子商务最纯粹、最核心和最高级的形式。广义的电子商务指凡是利用电子信息技术的手段进行的商务活动。从电子商务的应用来看，目前大致可分成 3 个层次：一是电子商情，即在网上做广告或者提供商情。这是广泛的低层次的电子商务。二是网上撮合，有了明确的买卖双方,撮合的过程实际就是电子商情的扩展。网上撮合的结果是网上签约,这就会牵涉到法律认证和法律效力的问题。三是电子交易,这是电子商务的最高层次,它的核心就是电子支付和电子结算。

电子商务与传统商务相比具有明显的优势和特点:高效率、低成本、方便性、无时空限定,等等。

(二)电子商务的应用模式

目前,电子商务在应用中主要有以下几种模式:B2B,B2C,C2C,B2G,C2G 等。

1. B2B 模式

即企业与企业之间通过 Internet 或狭义的网站建立起来的业务关系模式,传统经济中的原材料采购、成本销售等都可在此模式下完成,因此,其市场前景很好,是目前最具潜力的业务模式。

2. B2C 模式

即厂商与消费者之间的业务模式,多应用于网上产品销售。厂商直接面对消费者,"虚拟商店"是这种网站的最好形容,如 Amazon. com、8848 之类的网上商店就是采用这种模式。

3. C2C 模式

即消费者之间的业务模式,在此种模式中,交易双方的消费者要依托各独立网站(第三方网站)以建立他们的交易关系,一般交易的双方多是个人,主要是为消费者之间提供拍卖和转让等商务活动。如淘宝、eBay 等。

4. B2G 模式

指企业通过政府网站缴纳税金、查阅政策等网上活动。

5. C2G 模式

指消费者在政府网站的咨询活动。

消费性电子商务主要指 B2C,C2C 模式。在这些模式下,消费者可以通过在线方式进行购物等活动。

(三)电子商务的发展现状

电子商务从上世纪 90 年代中叶开始,在世界范围发展非常迅速。根据联合国贸发会议(UNCTAD)2005 年发表的《电子商务及其发展状况》报告,从 2003 年 6 月到 2004 年 6 月,全球网站数量猛增 26% ,总数超过 5 160 万个。截止 2005 年底,全球网民人数已超过 6.76 亿,约占世界人口的 11.8%,发展中国家的网民人数占全球网民总数的 36%,其中 61.5% 集中在中国、韩国、印度、巴西和墨西哥等少数几个国家。

根据联合国贸发会议统计数据,2001 年全球电子商务交易额为 3 549 亿美元,2002 年达到 6 153 亿美元,2003 年猛增到 3.88 万亿美元。据专家估计到 2010 年将达到 4 500 亿美元。未来 10 年,全球 1/3 的国际贸易将通过电子商务方式进行。

研究资料显示,美国 90% 以上的企业使用了互联网,60% 的小企业、80% 的中型企业和 90% 以上的大型企业借助互联网开展了商务活动。英国从 1999 年开始,建立了 100 个电子商务支持中心,对企业信息化提供咨询和支持,使其 90% 的企业使用互联网开展商务活动。日本 2003 年 ~ 2004 年度企业间电子商务交易额达 77.42 万亿日元(同比增长 67.2%),90% 为企业间大宗交易,面向个人电子商务达 4.42 万亿日元(同比增长 64.8%)。

据中国互联网络信息中心 (CNNIC)《第十九次中国互联网络发展状况统计报告》数据显示,我国互联网络在上网用户人数、联网计算机数、CN 下注册的域名数、WWW 站点数、网络国际出口带宽等方面,继续呈现快速增长态势,互联网应用水平正在逐步提高。

据中国社科院互联网研究发展中心公布的《2005 年中国电子商务市场调研报告》显示,2005 年中国电子商务市场整体增长迅猛,网上成交额由 2004 年的 3 500 亿元升至 2005 年的 5 531 亿元,增长 158%。网民网上消费总额达 135.05 亿元,比 2004 年增长 280%。据赛迪顾问调查统计,2006 年中国电子商务市场交易额高达 11 000 亿元。正如互联网"女牧师"之称的 eBay 网站的 CEO 玛格丽特·惠特曼所言:"中国电子商务市场发展的障碍就是时间问题。预计到 2007 年中国电子商务的发展速度是全球平均速度的 4 倍。"

二、网络消费及其内涵

(一)网络消费的概念

随着电子商务的发展,互联网络对消费者的心理和行为产生了重大的影响,从而引起人们对网络消费、网络营销等问题的研究,但关于网络消费的概念,目前却很少有人对其进行深入的研究和界定,仅有少数对此提出概念性的描述。在何明升所著《网络消费:理论模型与行为分析》一书中,对网络消费给出以下定义:

网络消费是人们借助互联网络而实现其自身需要的满足过程。这个概念存在三方面的含义：

第一，网络消费是借助于互联网络而实现的；

第二，网络消费以满足消费者需要为目的；

第三，网络消费是一个动态过程。

按照以上界定，结合国内其他学者的普遍认识，我们可给出网络消费以下定义：所谓网络消费，从广义上说，是人们借助互联网络而实现其自身需要的满足过程，是包括网络教育、在线影视、网络游戏在内的所有消费形式的总和。从狭义上说，网络消费指消费者通过互联网络进行购买商品的行为和过程；消费者和商家凭借互联网进行产品或服务的购买与销售，是传统商品交易的电子化和网络化。网络消费也称为"网络购物"或"网上购物"等，包括 B2C 和 C2C 两种形式。本课程主要从狭义的角度探讨消费者的网上消费行为。

(二)网络消费的特征

学术界一致的看法是：网络消费不同于传统消费，有其自身的"新经济"特征。网络消费与传统消费本质区别在于：网络消费的主体，即网络消费者能够以一种全新的方式在虚拟社区环境中自由地选择、购买自己所需要的信息、商品及其他服务，不再受制于各种现实、市场空间等外部因素。

1. 网络消费的无边际性

网络消费区别于传统消费的特点之一是它在交易空间和购买环境上的不同。具体来说，网络消费通常是在由互联网技术所构成的虚拟购物空间或消费网页中进行的，消费者的购物行为不再被距离所限制。通过在线方式，消费者可以在其他国家和地区，甚至传统意义上不存在的商店进行购物，网络消费是一种没有边界限制的购物行为。另外，消费者购物行为不再被时间所限制，网络商店 24 小时营业的全时域特征为人们提供了更为自由的消费空间。

2. 网络消费的个人性

网络交往的高度随意性与隐匿性决定了网络主体可以"随心所欲"地进行消费活动。从一定意义上说，网络消费使人变得更自由、更富有个性和智慧。有关专家认为，网络经济将表现出"有区别的生产"和"有个性的消费"的新经济特征，个人化、个体化和个人市场这些观念逐渐深入人心。当然，对网民而言，能够不被强迫而自由自在地消费，那将是一件相当愉悦和幸福的事，并且又能促使其提高信息消费能力。

3. 网络消费的直接性

从现代经济学的角度来看，网络消费相对于传统消费而言似乎对消费者更为有利。哈格尔三世和阿姆斯特朗对微观经济学中典型的供求曲线进行分析后认为，网络消费中市场价格将更靠近供应曲线，即经济活动中的剩余价值将更多地转移到消费者手中。数字化网络所产生的知识经济合力，缩短了生产和消费之间的距离，省却了各种中间环节，使网上消费变得更加直接，更容易使买卖的双方能在一种近乎面对面的、休闲的气氛中达成交换的目的。

4. 网络消费的便捷性

网络消费的便利和快捷是每一个网络消费者共同的体会，也是网上交易的最诱人之处。如果你想在网上购物，只需到相应网站的网页上进行简单的讨价还价，再一按鼠标，就可以做成一桩买卖，而且往往还能享受到送货上门的服务。

三、电子商务与网络消费关系

在人类历史上，每一次划时代的重大技术进步，都会带来生活工具质的飞跃，并将其转化为消费方式的演进。由互联网所引发的工具革命，基本消除了跨时空沟通的"时滞"障碍，引起人类沟通方式的变化，从而将人类的消费形态推进到网络消费的新阶段。计算机专家巴雷特(N. Barrett)将互联网所提供的工具归纳为四种类型：

(1)远程登录：通过文件传输协议在计算机之间传送文件，使用户之间相互沟通。

(2)电子邮件：利用这种工具，互联网支持系统中的用户之间可以进行快速的、非正式的信息交换。

(3)网络新闻：用户把新闻直接提交给某一特定的新闻组，供互联网用户浏览，这样的新闻组根据不同的主题而定，并且有成千上万个。

(4)互联网中继交流：即"聊天"，利用这种工具交流的人会越来越多。

可见，互联网所提供的最基本的工具就是"在线沟通"，直接导致人类沟通方式的革命，产生了一系列与传统方式大相径庭的网络沟通方式和消费方式。

1. 电子邮件(E-mail)

电子邮件改变了人类长期以来形成的以信件、电报等传统沟通方式沟通的习惯，也使得电话这一具有实时信息交流优势的沟通手段不再独领风骚，电子邮件正在成为大众最受欢迎的通信方式。电子邮件之所以广受欢迎，是因为它有许多独特的优点:传递迅速,可达范围广;功能强大;使用便利;价格便宜;等等。

2. 电子商场(E-shop)

电子商场改变了消费者与企业、与商场的互动关系。网络开启了一对一消费行为的新纪元。在消费过程中消费者始终居于主导地位,对消费者而言,其消费过程具有非强迫性、循序渐进性,最终表现为一种低成本、人性化的消费方式,符合消费者心理需要。

3. 电子货币(E-cash)

电子货币是指用电子手段代替金融界和市场上流动的部分传统货币的一种媒体。电子货币从发展的角度看可以分为两个阶段:信用卡阶段和数字货币阶段。前者是基于银行的电子货币,后者是基于网络的电子货币。金融界著名的戴维斯先生认为,电子货币将逐渐普及并取代传统纸币成为货币市场上惟一的支付方式。

4. 电子报刊(E-newspaper)

以互联网为代表的电子娱乐媒体已成为继报纸、电台和电视三大传统媒体之后的第四大媒体,它在集中传统媒体所有优点的同时,还表现出独特的优势,如交互性和实时性强、个性化高、信息量大等。

电子商务的出现,促使人们的消费观念、消费方式发生变化。一方面,消费行为与媒体、网络的联系日益紧密,多样化的信息渠道给消费者提供了更多的消费选择机会,在电子商务环境下,消费者面对的是网络系统,可以避免嘈杂的环境和各种影响与诱惑,可以理性地规范自己的消费行为。同时,商品选择的范围也不受地域和其他条件的约束,消费者也可以最大限度地满足消费选择心理。另一方面,电子商务对消费者购买行为的影响,改变了消费者购买行为特征。消费者的购买行为是在特定的情境下完成的。在传统的零售商业情况下,消费者购买决策的做出是和销售现场的环境密切相关的。销售人员的态度、说服工作、销售现场的氛围及销售刺激会对消费者的购买行为产生影响,消费者经常在销售现场就做出了购买与否的决定,消费行为存在一定程度的冲动性。然而,在互联网上,购物网站难以达到销售现场的刺激效果,也没有推销员的说服,购买商品的压力也没有了,消费者不必考虑销售人员的感受及情绪,购买行为更趋理性。消费者习惯于在网站与网站之间频繁地转换、浏览,比较和选择的空间增大了,导致顾客轻易放弃或轻易转向其他商家进行购买。在传统商业模式下,由于信息不对称,即生产经营者总是拥有比消费者更为专业、更为丰富的产品知识,这使得消费者在做出购买选择时,通常会较多地依赖生产经营者传递的信息。传统的大众媒体(如电视、广播、报纸、杂志等)都是

单向信息传播,强制性地在一定区域内发布广告信息,受众只能被动地接受,商家不能及时、准确地获得消费者反馈的信息。而网络具有无比广泛的传播时空、非强迫性和全天候传播等特点;消费者可以随时随地随意主动阅读广告、访问企业站点等;广告内容直观、生动、丰富,更新快;消费者还可以通过友情链接或搜索引擎访问竞争者的网站,将他们的产品的相关信息、产品网页进行对比分析,可以较系统全面地了解商品。消费者之间可以通过网上的虚拟社区,彼此之间交流思想,传递信息。消费者对商品从无知过渡到有知,从知之甚少到耳熟能详。消费者的购买行为有从"非专家型购买"向"专家型购买"转变的趋势。在消费者的购买行为从理性到感性,从非专家型购买向专家型购买转变的过程中,交易风险减小了,消费者对自己的购买行为更有信心,消费者更强调商品的性价比,对商品品牌的忠诚度也随之降低。

因此,电子商务环境下消费行为的发展趋势体现在:第一,消费行为与网络的联系日益紧密;第二,消费多元化、个性化的发展趋势更加显著;第三,网络消费者的消费行为使消费者权利行使日益主动;第四,心理引导消费行为日趋成熟;第五,绿色消费、精神感受更为强烈;第六,高品质的服务消费更趋高涨。

第二节 网络消费者及其行为特征

一、网络消费者及其特征

(一)网络消费者概念

关于网络消费者的概念,至今没有明确的定义。结合对网络消费的理解,我们可以对其给出以下定义:以网络为工具,通过互联网在电子商务市场中进行消费和购物活动的消费者人群。网络消费者不同于网民。网民的定义一般有两种,其一是CNNIC(中国互联网信息中心)的定义,即"平均每周使用互联网至少 1 小时";其二是 WIP(全球互联网研究计划)的定义,即"你现在是否使用互联网"。无论哪一种定义,网民的概念都比网络消费者的概念宽得多。网络消费者一定是网民,但网民不一定是网络消费者。因为网民的网络行为多种多样,如网上休闲娱乐、网上学习、网上炒股等等,而不限定在网上购物这一单一行为上。

(二)网络消费者主体特征

消费者主体特征是指消费者所具有的影响消费者网上购物行为的相关特征。经过文献整理,国内外研究经常考察的个体特征包括消费者人文统计特征、个性心理特征、消费者网络经验和消费者购物导向等。

1. 网络消费者人文统计特征

根据创新扩散理论,早期的创新使用者具有一些如收入高、年龄小、教育水平高等统计特征,许多调查与实证支持以上观点。网络消费者人文统计变量主要指四个变量——年龄、性别、教育程度和收入。它们能够影响消费者对网上购物有用性、便利性、享乐性的感知。哈佛曼(Haffman,1996)研究表明,网络购物者往往是男性、白人、受过高等教育、收入较高、在计算机或相关领域工作。中国互联网络信息中心发布的《第十九次中国互联网络发展状况统计报告》(2007.1)中显示:在网民的特征结构方面,男性、未婚、35 岁以下、大学本科以上、月收入在 2 000 元及以下(含无收入)网民依然在网民中占据主要地位,所占比例分别为 58.3%、57.8%、82.5%、71.5%、72.4%。与 2006 年同期相比,男性、未婚、35 岁以下网民的比例稍有下降,大学本科以上、月收入在 2 000 元及以下(含无收入)的网民比例有所提高;在职业方面,网民中学生的比例仍为最高,达到了 32.3%,较 2006 年同期有所下降,在企业单位工作的网民比例与 2006 年相比持平,为 29.7%;网民中事业单位工作人员及自由职业者比例明显提高,分别为 8.6% 和 9.6%。但随着网络人口的普及,人口统计特征的影响将逐渐下降。

一般来说,受教育程度和经济收入水平具有正相关的关系。消费者的受教育程度越高,就越容易接受网络购物的观念和方式,越容易接受新事物,网络购物的频率就越高。同时,收入水平的提高为消费提供了坚实的物质基础。

2. 网络消费者的个性心理特征

个性指一个人的稳定的心理特征,在很大程度上影响着消费者的行为。网络时代消费者在选择产品和服务时,已不单纯追求产品本身的功能和质量,在某种程度上,他们更在乎的是产品和服务能否体现自己的个性,符合自己个人的特殊需求。他们要求每一件产品和服务都能够按照其个人爱好和需要定制生产,要求用最低的价格买到优质的产品和服务,要求服务的快捷,更喜欢进行品牌消费。自我概念是个体对自身一切的知觉、了解和感受的总和。一般认为,消费者将选择那些与自我概念相一致的产品或服务,避免选择与自我概念相抵触的产品和服务。网络消费

者在购买商品的时候,不仅仅是为了获得产品所提供的基本功能和效用,而且要获得产品所代表的象征价值。比如,购买"宝马"的消费者已经不再将汽车看作一种单纯的交通工具,而是向别人传达关于自我概念的信息,如显示自己的身份、地位等。

3. 消费者的网络经验

网络作为一种新型的购物方式,消费者需要具备一定的相关网络知识和技能,如检索信息、了解零售网站的信息、使用计算机与购买程序等。随着消费者网络经验的增加,掌握的网络购物技能及信息资源也随之增加,从而越有可能在网上购物。宫琦和费尔南德斯(Miyazaki, Fernandez, 2001)指出,尽管风险是阻碍消费者网络购物的重要原因,但是大多数的风险感知源自于消费者对这种全新远程购物方式的不熟悉,因此,单纯的网络经验、技能可以降低对风险的感知,从而提高购物意向与实际购买(第五章将有详细介绍)。

4. 消费者购物导向

消费者购物导向是个体对购物行为的总体倾向。消费者购物导向可以分为:便利型、体验型、娱乐型、价格型。不同的购物导向对网络购物的偏好有所不同。便利是网络购物的最大优势。消费者可以轻易地在任何时间、任何地方搜寻并购买自己需要的产品,避免了实体商店购物的一系列麻烦。因此对于便利导向的消费者而言,网络购物提供的效用比较大,消费者也越倾向于网络购物。然而网络购物也存在着无法接触商品、缺乏娱乐性等缺陷,对体验导向型消费者而言,在网络购物中,无法真正触摸到、感觉到及使用产品,从而会影响他们对网络购物的参与,其更倾向于传统的购物方式。此外,网络购物环境下,商品的展示、买卖双方的交互及交易过程都是通过计算机与网络完成的,它无法满足消费者购物时的人际互动、社会交往等方面的需求,因此网络购物对娱乐导向型消费者的吸引力比较低。最后,价格导向型消费者对网络渠道没有明显的偏好,只有网络渠道比传统渠道具备更低的价格优势,才可引起此类消费者对网络购物的积极参与。

(三)网络消费者心理特征表现

营销发生变革的根本原因在于消费者。随着市场由卖方垄断向买方垄断转化,消费者主导的时代已经来临,面对更为丰富的商品选择,消费者心理与以往相比呈现出新的特点和发展趋势,这些特点和趋势在电子商务中表现得更为突出。

1. 追求文化品位的消费心理

消费动机的形成受制于一定的文化和社会传统，具有不同文化背景的人选择不同的生活方式与产品。美国著名未来学家约翰·纳斯比特夫妇在《2000 年大趋势》一书中认为，人们将来用的是瑞典的伊基（IKEA）家具，吃的是美国的麦当劳、汉堡包和日本的寿司，喝的是意大利卡普契诺咖啡，穿的是美国的贝纳通，听的是英国和美国的摇滚乐，开的是韩国的现代牌汽车。尽管这些描写或许一时还不能为所有的人理解和接受，但无疑在互联网时代，文化的全球性和地方性并存，文化的多样性带来消费品位的强烈融合，人们的消费观念受到强烈的冲击，尤其青年人对以文化为导向的产品有着强烈的购买动机，而电子商务恰恰能满足这一需求。

2. 追求个性化的消费心理

消费品市场发展到今天，多数产品无论在数量上还是质量上都极为丰富，消费者能够以个人心理愿望为基础挑选和购买商品或服务。现代消费者往往富于想象力、渴望变化、喜欢创新、有强烈的好奇心，对个性化消费提出了更高的要求。他们所选择的已不再单是商品的实用价值，更要与众不同，充分体现个体的自身价值，这已成为他们消费的首要标准。可见，个性化消费已成为现代消费的主流。

3. 追求自主、独立的消费心理

在社会分工日益细分化和专业化的趋势下，消费者购买的风险感随选择的增多而上升，而且对传统的单项的"填鸭式"、"病毒式"营销感到厌倦和不信任。在对大件耐用消费品的购买上表现得尤其突出，消费者往往主动通过各种可能的途径获取与商品有关的信息并进行分析比较。他们从中可以获取心理上的平衡以减轻风险感，增强对产品的信任和心理满意度。

4. 追求表现自我的消费心理

网上购物是出自个人消费意向的积极的行动，消费者会花费较多的时间到网上的虚拟商店浏览、比较和选择。独特的购物环境和与传统交易过程截然不同的购买方式会引起消费者的好奇、超脱和个人情感变化。这样，消费者完全可以按照自己的意愿向商家提出挑战，以自我为中心，根据自己的想法行事，在消费中充分表现自我。

5. 追求方便、快捷的消费心理

对于惜时如金的现代人来说，在购物中即时、便利、随手显得更为重要。传统的商品选择过程短则几分钟，长则几小时，再加上往返路途的时间，消耗了消费者大量的时间、精力，而网上购物则弥补了这些缺陷。

6. 追求躲避干扰的消费心理

现代消费者更加注重精神的愉悦、个性的实现、情感的满足等高层次的需要满足，希望在购物中能随便看、随便选，保持心理状态的轻松自由，最大程度地得到自尊心理的满足。但店铺式购物中商家提供的销售服务却常常对消费者构成干扰和妨碍，有时过于热情的服务甚至吓跑了消费者。

7. 追求物美价廉的消费心理

即使营销人员倾向于以其他营销差别来降低消费者对价格的敏感度，但价格始终是消费者最敏感的因素。网上商店比起传统商店来说，能使消费者更为直接和直观地了解商品，能够精心挑选和货比三家。针对消费者的这种心理，电商网(www.Ebwang.com)率先在全国开通了"特价热卖"栏目，汇总了知名网站如新浪、8848、网猎、所有、酷必得等30多个热卖网站的信息。消费者只要进入电商网的"特价热卖"专栏，就可以轻松获得各个热销产品的信息以及价格，进而通过链接快速进入消费者认为适合的网站，完成购物活动。这种网上购物满足了消费者追求物美价廉的心理。

8. 追求时尚商品的消费心理

现代社会新生事物不断涌现，消费心理受这种趋势带动，稳定性降低，在心理转换速度上与社会同步，在消费行为上表现为需要及时了解和购买到最新商品，产品生命周期不断缩短。产品生命周期的不断缩短反过来又会促使消费者的心理转换速度进一步加快。传统购物方式已不能满足这种心理需求。

具体说来，网络消费群体具有以下特征。

1. 注重自我

由于目前网络用户多以年轻、高学历用户为主，他们拥有不同于他人的思想和喜好，有自己独立的见解和想法，对自己的判断能力也比较自负。所以他们的具体要求越来越独特，而且变化多端，个性化越来越明显。因此，从事网络营销的企业应想办法满足其独特的需求，尊重用户的意见和建议，而不是用大众化的标准来寻找大批的消费者。

2. 头脑冷静，擅长理性分析

由于网络消费者是以大城市、高学历的年轻人为主，不会轻易受舆论左右，对各种产品宣传有较强的分析判断能力，因此从事网络营销的企业应该加强信息的组织和管理，加强企业自身文化的建设，以诚信待人。

3. 喜好新鲜事物,有强烈的求知欲

这些网络消费者爱好广泛,无论是对新闻、股票市场还是网上娱乐都具有浓厚的兴趣,对未知的领域报以永不疲倦的好奇心。

4. 好胜,但缺乏耐心

这些用户以年轻人为主,比较缺乏耐心,当他们搜索信息时,经常比较注重搜索所花费的时间,如果连接、传输的速度比较慢的话,他们一般会马上离开这个站点。

以上这些特点,对于企业加入网络营销的决策和实施过程都是很重要的。营销商要想吸引顾客,保持竞争力,就必须对本地区、本国乃至全世界的网络用户情况进行分析,了解他们的特点,制定相应的对策。同时,从事网络营销的企业应该加强信息的组织和管理,加强企业自身文化的建设,以诚信待人。

(四)网络消费者类型

进行网上购物的消费者可以分为六种类型,简单型、冲浪型、接入型、议价型、定期型和运动型。

1. 简单型消费者

简单型的消费者需要的是方便直接的网上购物。他们每月只花 7 小时上网,但他们进行的网上交易却占了一半。时间对他们来说相当宝贵,上网的目的就是快捷地购物,购物前他们有明确的购物清单。零售商们必须为这一类型的人提供真正的便利,让他们觉得在你的网站上购买商品将会节约更多的时间。要满足这类人的需求,首先要保证订货、付款系统的方便、安全,最好设有购买建议的页面,例如设置一个解决各类礼物选择问题的网上互动服务,为顾客出主意,最起码也要提供一个易于搜索的产品数据库,便于他们采取购买行为。另外,网页的设计力求精简,避免过多的图像影响传输速度。

2. 冲浪型消费者

冲浪型的消费者占网民的 8%,而他们在网上花费的时间却占了 32%,并且他们访问的网页是其他网民的 4 倍。很多冲浪者在网上漫步仅仅是为了寻找乐趣或找点刺激。冲浪型网民对常更新、具有创新设计特征的网站很感兴趣。Internet 包罗万象,无所不有,是一个绝好的"娱乐媒体",在这里可以玩游戏、竞赛、访问很"酷"的站点,看有趣的个人网页,听音乐、看电影,了解占星术、烹饪、健身、美容等。正是因为这类冲浪者的存在,才使网站投其目标用户所好成为可能。

3. 接入型消费者

接入型的网民是刚触网的新手,占 36% 的比例,他们很少购物,而喜欢网上聊天和发送免费问候卡。那些有着著名传统品牌的公司应对这群人保持足够的重视,因为网络新手们更愿意相信生活中他们所熟悉的品牌。另外,由于他们的上网经验不足,一般对网页中的简介、常见问题解答、名词解释、站点结构图等链接感兴趣。

4. 议价型消费者

议价型消费者占网民的 8%,他们有一种趋向购买便宜商品的本能,eBay 网站一半以上的顾客属于这一类型,他们喜欢讨价还价,并有强烈的愿望在交易中获胜。因此,站点上"free"这类字样犹如现实生活中的"大减价"、"清仓甩卖"等字样一样,对他们具有较强的吸引力。

5. 定期型和运动型消费者

定期型的网络使用者通常都是为网站的内容所吸引,定期网民常常访问新闻和商务网站。运动型的网民喜欢运动和娱乐网站。对这类消费者,务必保证站点包含他们所需要的和感兴趣的信息,否则他们会很快跳过这一网站而转入其他网站。

二、网络消费者行为特征

网络消费是建立在先进的信息技术平台上,它的活动空间不是传统的有形实体产品交换空间,而是电子空间(Cyber place)。电子商务模式下,消费者行为相对于传统的商业模式,表现出下列的几个特点。

1. 选择范围扩大

在传统的营销环境下,消费者在有限的空间内(如一个城市)选择有限的商品,而在电子商务环境下,由于网络系统强大的信息处理能力,为消费者挑选商品提供了空前的选择余地。对个体消费者来说,他们可以"货比三家",不受干扰地、大范围地选择品质最好、价格最便宜且适合自身需要的产品和服务,而不会因为信息不对称、地理环境条件所限、商家的热情劝说等原因购买一些并不喜欢或不需要的商品。

2. 直接参与生产和流通循环,消费主动性增强

在传统的营销环境下,消费者所选择的产品和服务是企业已经设计制造出来的,产品和服务通过各种销售渠道最终到达顾客的手中。在这种模式下,消费者无法表达自己的意愿和要求。同时由于技术、资金各方面的限制,企业无法满足顾客多方面的需求。作为现代的消费者,他们往往比较自主,独立性很强,随着互联网技

术的发展,消费者已经不习惯被动式的单向沟通,他们善于和乐于主动选择信息并且进行双向沟通,"地毯式"和"袭扰式"的营销宣传对他们未必奏效。为了减少购买的知觉风险,消费者会主动去获取各种与商品有关的信息并进行比较,综合考虑各种因素后才会做出消费决策。在电子商务模式下,消费者和生产者直接构成了商业的流通循环,消费者经常作为营销过程中一个积极主动的因素去参与企业产品的生产经营过程,与企业间形成双向互动。在这一过程中,消费者将充分发挥自己的想像力和创造力,积极主动地参与商品设计、制作和加工,通过创造性消费来展示自己独特的个性,体现自身价值。这样,厂家生产出来的产品不仅能够满足消费者物质方面的需求,还能满足他们在心理、情趣、审美乃至自我实现方面的需求。如IBM 的"Alpha works"就是让消费者直接参与 IBM 的产品设计,生产消费者需求的特定产品。

3. 对购买方便性的需求增强

随着现代化生活节奏的加快,人们越来越珍惜闲暇时间,越来越多的消费者以购物的方便性、快捷性为目标,追求时间和劳动成本的节省。消费者希望以最少的时间和最低的成本,能够最方便地购买到他们需要的产品和服务。传统的购买方式下,人们选择商品往往要花费大量的时间和精力,给消费者带来了很大的不方便。而在网络经济环境下,消费者不受时间和空间的限制,可以在任何时间、任何地点足不出户选择和购买满足自己需要的商品和服务。技术的不断发展,社会基础设施的不断提高,消费者可以随时随地上网购物,如通过个人无限终端、办公室 PC、家庭交互电视、路边的上网终端、公共场所上网,等等,既方便又简单。因而相对于传统的店面购物模式,消费者选择更加自由方便。

4. 追求个性化消费

在网络环境下,消费者在购物过程中有效避免了环境的嘈杂和各种影响的诱惑。网络系统强大的信息处理能力,使得消费者在选择产品时有了巨大的选择余地和范围,不受地域和其他条件的制约。消费者在购买活动中的理性大大增强,理性增强的结果是需求呈现出多样化的特点,个性化随之显现出来。当然,经济的不断发展,人们收入水平的提高,也促进了消费的个性化。传统的零售业在面对着消费者个性化方面要付出较高的成本,而通过先进的网络技术,上网用户的一举一动几乎都能被记录,可以使企业更好地了解他的顾客群,并且为消费者提供完全个性化的定制服务。所以,网上的产品或服务的推销将日趋个性化,盲目的促销将会大大减少,个性化消费成为消费的主流。

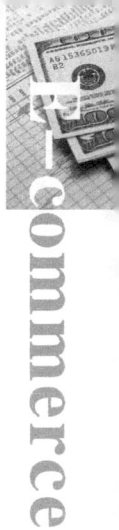

5. 消费行为的信息化

在网络消费时代,B2C 电子商务的迅速发展,很大程度上改变了新兴消费者的信息搜集方式。他们由以往的被动信息接受者转变为积极主动的信息搜寻者。尽可能多地获取、占有信息,成为新兴消费者行为的重要组成部分。信息占有之所以受到新兴消费者的高度关注,是因为拥有充分信息可以使他们在购物时有更多的选择权,购买决策也更加科学准确。借助于网络,新兴消费者可以比传统消费者更加便捷、快速、低成本地获取所需信息。

6. 隐秘性

在传统商店购物时,总要接触到服务员,有时还会有旁边的顾客,会有人群所带来的压力。但是网上购物是可以不接触到人的,对于购买某些私密性较强的商品和愿意自助的消费者购物提供了一个非常宽松的环境。随着网上商品信息的不断完善,使消费者可以轻松获得商品的各种各样的信息而不需要其他人的服务。

7. 全球性

随着全球信息技术和物流系统的完善,网络经济将会真正走向全球化,一个网站的访问者可能来自世界各地,所以企业要想取得竞争优势,要做好多语种的网站。

第三节　网络消费者行为的研究概况、内容和意义

一、理论研究发展概况

网络消费者行为研究,是网络经济环境下消费者行为理论在网上交易活动中的运用,因此消费者行为理论是网络消费者行为研究的理论基础。

(一)消费者行为理论概述

消费者行为学作为一门独立的学科,始于 20 世纪 60 年代。Guest 在《Annual Review of Psychology》上发表的《Consumer Analysis》一文,使得消费者行为研究在西方成为一个非常活跃的领域。西方学者一般从广义和狭义两个角度对消费者行为进行定义。广义的消费者行为是从整个环境资源来分析研究人类消费行为;狭义的消费者行为则是从市场营销人员的角度来分析研究消费者行为, 现有的论著大多属于这一视角。从这一角度出发,消费者行为被定义为消费者为获取、使用、处置消

费物品和服务所采取的各种行动,包括先于且决定这些行动的决策过程。

对消费者行为的系统研究,可以追溯到 1890 年出版的马歇尔所著《经济学原理》一书,马歇尔创立了"均衡价格论"的分析框架,并在此基础上对个体的消费行为进行了分析。他的消费行为理论主要由边际效用递减规律、需求规律、需求的价格弹性规律以及消费者剩余构成。以此为基础,马歇尔系统地论述了消费者如何以有限的收入进行合理的消费,从而最大化地满足其消费欲望。其理论成为西方微观消费经济学体系的基石。在网络消费者行为研究中,马歇尔的效用理论仍然有一定借鉴价值。我们看到,效用作为消费者行为的出发点,同样影响网络消费者行为,当消费者在网上实施其购买决策时,效用最大化仍然是其追求的目标。Reardon & Mccorkle 曾在其研究中指出,从效用最大化的角度来看,对任何产品的购物目的而言,消费者选择网上购物是因为网络购物的效用(对消费者而言)比其他方式要大。由此,效用构成了讨论网络消费者行为问题的基础和出发点。

马歇尔之后,西方学者逐渐摒弃了马歇尔价格决定论的分析框架,形成了收入决定论的理论体系。这一理论旨在将消费与收入相结合,以消费者收入为基础预测消费的一般变化。其中,绝对收入假说认为,现期的实际消费是现期实际收入的一个稳定函数,其核心内容边际消费倾向递减规律是指人们的消费水平取决于绝对收入水平,实际消费支出与实际收入之间存在函数关系,随着消费者收入的增长,其消费支出也会增长。但人们并非将所增加的收入全部消费掉,而是要留下一部分作为储蓄。因此,人们的收入越是增加,消费支出占全部收入的比例就越小。绝对收入假说可以用来解释短期消费行为或对消费行为进行截面分析,但是对长期消费行为的解释则显得力不从心。

二战之后,以杜森贝里、莫迪利安尼等为代表的学者对绝对收入假定进行修正而提出了相对收入假说,杜森贝里认为消费者的消费支出同时受到个人收入和他人消费行为及其收入与消费关系的影响,而且消费支出不仅受当前收入的影响,而且同时受到过去和现在消费收入及其水平的影响,假如消费者收入减少,那么其消费支出的变化也要滞后于当期收入变化的影响。相对收入假说为消费的示范效应和刚性效应作出了合理的解释,它所提出的消费支出不仅受个人收入影响,同时还受到他人消费行为影响的观点,对于进一步了解消费者行为奠定了基础。

(二)消费者行为模式概述

20 世纪以来,心理学家、营销学家不断致力于消费者心理和行为的研究,试图揭示隐藏在消费者行为背后的一般规律,其中消费者行为模式作为研究与分析消

费者行为的基本架构而备受重视,Schiffmanetal 将消费者行为研究的常用模式归纳为四类:

第一类:以消费者决策过程为基础的研究,这类研究包括 Nicosia 模型、Howard she – th 模型、E. K. B 模型等。

第二类:以处理家庭决策为基础的研究,这类研究包括 Sheth 的家庭决策模型等。

第三类:以消费者信息处理过程为基础的研究,这类研究主要包括 Bettman 的信息处理过程模型。

第四类:以消费者价值观为基础的研究,这类研究主要包括 Sheth – Newman – Gross 模型。

在上述消费者行为模式研究中,以消费者决策过程为基础的研究模式较为常见。其中 E. K. B 模型由于将刺激消费者决策的过程理论化,并且结论具有一般性而得到了广泛应用。目前在网络消费者行为研究中,E. K. B 模型主要从输入、信息处理、决策过程、影响决策过程的因素等四个方面展开对消费者行为的研究,是一个非常常见和实用性较强的分析工具。

(三)消费者行为理论在网络消费者行为研究中的应用

网络消费的兴起使许多学者开始关注网络消费者行为的特点,他们的研究大多是在原有的消费者行为研究理论框架内展开,其研究内容主要集中在以下几个方面:

1. 针对网络消费者个体特点的研究

Li, H. Kuo, Russell, M. G. 认为,从年龄角度讲,一般认为年轻人有更多的时间上网并拥有更多的网络知识;从性别角度讲,男性比女性更经常在网上购物,但 Frankel, K. A. 以及 Lowe G. S., Krahn, H. 在其研究中则发现女性比男性更渴望使用计算机。Sandra, Forsythe, Bo Shi 则在其研究中指出,传统上网络使用者大多是一些受过良好教育、富有的人,但现在网络使用者的构成已发生了变化,拥有大学文凭的网络使用者已从 43% 降至 29%,其构成中中产阶级占多数,且其中 40% 为女性。他们的研究还指出了有过网络购物经历的消费者更易从浏览者转化为购物者。Bo – chiuan su(2002) 实证地检验了网上经历与从前网上购物满意程度和网上购物意图之间的关系,认为网上购物经历与满意程度和再次购物意图正相关。这一研究结果在 Lynch, Kent and Srinivasan(2001), Oliver, Roland and Varki (1997),

Didier Soopramanien and Alastair Robertson(2003)的研究中也得到了证实。

2. 影响网络消费者行为的因素研究

不同的研究者从不同的切入点入手，对影响网络消费者行为的因素进行了研究，其中的影响因素涉及网络消费者行为的方方面面。Terry L. childers, Christopher L. Carr（2001）等按照享乐主义和实用主义两种不同动机，在 TAM 模型的基础上建立了一个消费者态度模型，检验了便利性等因素对网络消费者态度形成的重要预测作用。Sandra M. Forsythe, Bo shi（2003）发现很多消费者仅仅利用网络收集信息而在网下实施行为，并分析了这一现象出现的原因，提出了网上购物风险的本质以及各种风险与网上购物行为之间的联系，将与网上购物者有关的风险分为金融风险、产品风险、心理风险及便利（时间）损失风险，并在此基础上建立了一个用于解释风险与购物行为之间联系的模型。Ming – Huihuang 运用结构性模型检验了网络信息的复杂性和新颖性对于消费者网上购物欲望的影响，得出结论认为信息的新颖性对于成功改变消费者态度，传递信息内容和吸引消费者有积极作用，而信息的复杂性则可能减少潜在购物者的欲望，指出了在信息设计中坚持消费者导向的重要性。Satya Menon，Barbara Kahn（2002）则在 Hoffman & Novak（1996）关于电子商务活动中虚拟购物环境对消费者购物行为的影响研究基础上，重点研究了在某一消费环境中的经历可能对消费者行为造成的影响，尤其是考虑在消费环境中让消费者感受到的愉快、鼓舞等经历对重复购买的重要性。Sevgin A. Eroglu 等（2001）研究购物氛围对消费者行为的影响，运用 S – O – R（刺激 – 主体 – 反应）模型，指出网上购物氛围如何影响购物者的动机和认知，并最终改变其行为结果。C. Ranganathan, Shobha Ganapathy（2002）指出信息内容、设计、安全、隐私是四个影响网上购物的主要因素，并运用实证研究的方法指出安全和隐私对消费者购物内容有重要影响。Mary Wolfinbarger, Mary C. Gilly（2003）指出质量对网上零售商和消费者行为的影响。Soyeon Shim 等（2001）则在其研究中试图搞清楚通过网络搜索信息和通过网络购买这两者之间的关系，此外他们还检验了消费者态度和其他变量在预测网络搜索和购买意图之间的不同角色，并在发展 Klein 1998 所提出的预购模型的基础上得出了网络预购意图模型。Nena Lim（2003）则主要考察影响消费者接受 B2C 的一个重要因素——知觉风险，指出了知觉风险的重要性以及知觉风险与信任之间的关系。

3. 网络购物的购买成本研究

消费者通过网络购物会经过六个阶段:问题识别,信息搜集,备选方案评估,购

买,产品运输,购后评价。每个阶段都会给消费者带来一定的成本。Malaga (2001) 描述了在亚马逊网上书店购买图书的六个阶段:Amazon.com 根据以往的购物记录向消费者推荐产品,允许消费者在其网站上搜寻书籍的种类、题目、作者等信息,它还提供书的摘要、其他读者的评论,以方便消费者对书籍做出判断,交易的处理也通过网站完成,消费者拿到书籍以后还可以把自己的评论反馈给 Amazon.com。在购买的每个阶段都会产生购买成本。这些成本包括产品价格,搜寻成本,运输成本,风险成本和市场成本。其中,市场成本是指消费者进行网络购物必须承担的费用,如购买计算机和上网的费用;风险成本是指网络购物所带来的潜在的经济损失和个人伤害,如产品质量不好或信用卡号码被盗。

Strader 和 Shaw (1997) 的研究表明,在网络渠道中,消费者购买产品的价格和搜寻成本比传统渠道低,运输成本、市场成本和风险成本都比传统渠道高。Malaga (2001) 对网络购物和传统购物的购买成本的比较研究涉及到五类产品,结果发现:除了音乐产品的基本价格网上较低以外,其余大部分产品的基本价格和总体价格(包括运费和税金)都没有显著差异;搜寻信息所花费的时间差异也与产品种类有关,除了游戏和电子产品之外,其他产品的网上搜寻成本较低;风险成本网上较高。

徐秀叶 (2002) 等认为消费者在购买产品时除了要支付产品的零售价格之外,还有一部分隐性成本需要负担,包括时间机会成本、信息成本和交通成本。这些隐性成本在传统渠道中由于是以非付现的形式出现,所以往往被消费者忽略掉。但在网络渠道中,这些隐性成本要由消费者以付现的形式负担。

4. 网络消费者决策过程研究

这类研究侧重于网络消费者决策过程,如 Bo－chiuan su (2002) 对消费者网上购买意图进行了全面分析,识别了影响网络消费者购买意图的因素,并比较了这些因素对消费者网上、网下购买决策的不同影响,在此基础上建立了一个经济学模型,检验了价格、搜索成本、评价成本、获得时间和消费者风险态度对消费者购买决策的影响。Tompson S. H. Teo & Yon Ding Yeong (2003) 运用结构方程模型研究了新加坡网上购物环境中的消费者决策过程,指出目前对于消费者决策过程的研究依然聚焦于某一特殊阶段而非全面研究,他们在 E. K. B . 模型的基础上将研究聚焦于核心购买过程,即信息搜索、评估选择和购买三个阶段,实证地检验了影响这三个不同阶段的因素。他们得出了搜索努力影响搜索的感知利益,知觉风险与消费者总体评价负相关,搜索的感知利益与消费者总体评价正相关,消费者总体评价与

购买意愿正相关等结论，为网络消费者决策过程的进一步研究奠定了良好的基础。伍丽君(2001)则分析了在消费者购买决策的各个阶段，网上和网下环境导致的影响因素的异同，在此基础上指出选择适合网上销售的产品和服务是企业网络销售成功的关键条件；同时应提高网络广告的质量，使其能够起到刺激消费的作用；物流配送和售后服务对消费者网络购买决策也有一定影响，应予以重视。

5. 消费者态度与行为在网上与网下的差异研究

Rangaswamy (2000)通过比较得出了消费者在电子市场和传统市场选择上的差异，Degeratu, Rangaswamy (2000)等人则侧重于网上、网下消费者对价格敏感程度的研究；Degeratu(2000)指出了品牌的名称和质量对于网络消费者的影响大于网下；Venkatesh Shankar, Amy K. Smith, Arvind Rangaswamy (2002)对比了消费者满意与忠诚在网上和网下环境中的异同；Yooncheong Cho (2002)则将研究视角聚焦于消费者抱怨行为对网上与网下消费者购物后行为的不同影响；程华(2003)运用技术创新理论对美国网上零售业进行研究，认为美国零售业成功的原因在于采用了渐进式创新的模式。尤其值得一提的是，我国何明升(2002)运用理论分析、数学分析、实证分析等方法，对网络消费理论及其分析模型、网络消费形成与发展的微观机理、网络消费发展的规律等问题进行了全面的研究，提出了网络消费的四种测度方法，即支出法、系数法、结构法、指数法，特别是他对我国网络消费发展状况所进行的定量分析，对进一步研究我国网络消费者的消费行为奠定了良好的基础。

网络消费者行为的研究成果，为展开针对我国网络消费者行为特点的研究奠定了良好的基础。以上述研究为基础，可以对影响我国网络消费者行为的因素进行分析，并在此基础上对我国网络消费者行为模式进行进一步的探讨，从而为我国企业的网络零售实践提供理论依据。

二、网络消费者行为研究内容

网络消费者行为是指消费者借助互联网络而实现对消费品或服务的购买、使用，以实现其自身需要的行为过程，包括先于且决定这些行动的决策过程。网络消费者行为学的研究内容必然围绕这些问题展开。具体来讲，主要有以下问题：

(1)网络消费者购买决策过程研究；

(2)影响网络消费者行为的个体心理因素研究；

(3)影响网络消费者行为的外在环境因素研究；

(4)网络消费者权益保护问题研究；

(5)发展网络消费的策略研究。

三、研究网络消费者行为的意义

(一)对网络消费者行为的研究是企业网络营销成功的前提

消费心理和消费行为是企业制定经营策略,特别是制定营销策略的起点和基础,面对网络消费这种特殊的消费形式,消费者的心理和行为与传统消费方式下相比呈现出新的特点,如消费者追求个性化消费,主动消费,对购买方便性的要求增强,更加注重价值和信息等等。对此,企业(包括生产企业和营销企业)必须进行深入研究,认真审视消费者行为特征的变化,在制定企业的营销策略时分析产生这些新特征的原因,在营销策略、方式、手段上有所创新和突破,建立一套适合电子商务的网络营销机制,将有利于电子商务企业的发展。

(二)为网络消费者权益保护和有关消费政策的制定提供依据

随着经济的发展和各种损害消费者权益的商业行为的不断增多,消费者权益保护成为全社会普遍关注的话题。消费者作为社会的一员,拥有自由选择产品和服务,获得正确信息和安全的产品等一系列权利,政府有责任和义务禁止欺诈、垄断、不守信用等损害消费者权益的行为发生,也有责任通过宣传、教育等手段提高消费者自我保护的意识和能力。在电子商务环境下,对消费者的侵权现象比传统的商业模式下更加严重,也出现了新的特点。政府应当制定什么样的法律,采取何种手段保护网络消费者权益,这些法律和保护措施在实施的过程当中能否达到预期的目的,很大程度上可以借助于网络消费者行为研究所提供的信息来进行。所以,通过研究网络消费者行为,可以更全面地评价现行消费者权益保护的法律、政策,并在此基础上制定出更加切实可行的消费者权益保护措施。另外,政府制定有关消费政策,也必须建立在了解消费者行为的基础上,否则,政策效果可能会打很大折扣。

第二章
需要、动机与网络消费者行为

本章内容提要

　　本章在介绍消费者需要和动机理论的基础上,对网络消费者需求和动机展开分析,从而洞察网络消费者行为背后的内在原因。

　　对于许多把逛街当运动的女性而言,网上购物最大的缺憾就是少了东挑西拣、实地挖宝的乐趣。美国服饰销售网点 Lands' End,大胆运用科技工具把逛街情境在网上"虚拟实境"化。这个创举,不但让它获选为《富比士》杂志"2002 年最佳服饰网站"之一, 网上销售业绩还在两年内成长了约 1.6 亿美元。为了让网上消费者减少不能实地试穿衣物的疑虑,Lands' End 网站利用3D 科技推出虚拟"试衣"服务。网友只要上网登录自己的各项信息,包括身材、尺寸、脸形、发色,甚至眼珠颜色,Lands' End 网站就会根据这些信息,帮客户在网上建构一个巨细无遗的"3D 试衣模特儿"。往后只要到访这个网站,客户都可以利用这个模特儿试穿在网上逛街时看中的衣服。结果, 网友利用这个网上软件制作的 3D 模特儿,两年来竟超过 200 万个。尽管这些产品可能比其他同类型服饰贵 20 美元,由于服务贴心,自 2002 年 8 月推出后就有不少人上网选购。因此,Lands' End 再接再厉,准备推出泳装、西装、衬衫等服饰网上订做服务。经过两年的努力,Lands' End 的网上销售业绩,从 2000 年的 1.38 亿美元成长到 2002 年的 2.99 亿美元。看来,Lands' End 将逛街情境在网上推到极致,果然成功地让更多"逛街族"将采购行动从真正的街头转战到网络。

　　资料来源:《网络营销手册》

相关链接

第一节 消费者的需要与动机

　　人的消费活动是人们日常生活中对各种物质产品、服务产品、精神产品的消耗与满足过程。人类的生存和发展过程离不开满足需要的活动,需要是动机与行为的源泉。人们绝大部分的需要和满足是通过市场活动来实现的。消费者购买行为也就是满足需要的过程,因而要考察消费者的购买行为,就需要研究消费者的需要和动机。

　　随着互联网技术的飞速进步,网络作为一种新的载体,正在以一种惊人的速度和力量改变着人们的生活方式。目前越来越多的人选择网络作为载体进行购物,通过网络消费来满足自己的需要。因此对网络消费者需要与动机的研究就成为顾客心理学的一个重要研究课题。

一、消费者的需要

(一)消费者需要的含义及特性

　　需要是有机体内部的一种不平衡状况,是客观事物作用于人的大脑而产生的一种欲望,它是产生一切行为的原动力。消费者需要是指在一定生产力水平和一定生产关系下,人们为了满足自己的生存和发展,对获得物质财富和精神财富的愿望或欲望。

　　需要与需求是两个密切相关的概念。需求是需要实现,表现为通过市场购买商品的能力。需求必须以货币为基础,必须掌握交换手段,具有支付能力。它不是观念上的东西。需求是实现需要的条件,需要通过需求得以表现。人们在其生存和发展过程中会产生各种各样的需要,如饿的时候有进食的需要,渴的时候有喝水的需要,在与他人交往中有获得友爱、被人尊重的需要,等等。

　　需要和欲望是人的能动性的源泉与动力,人们购买产品,接受服务,都是为了满足一定的需要。一种需要满足后,又会产生新的需要。因此,人的需要决不会有完全满足和终结的时候。正是需要的无限发展性,决定着需求的无限发展性,也决定了人类活动的长久性和永恒性。

　　消费者需要和需求的自身特征主要表现在以下几方面。

1. 自发性

消费者对自身的需求有所意识,因而产生希望获得某种商品或服务来满足自身的需要。消费者对自身需求的意识有不同的程度,包括强烈意识、一般意识、朦胧意识、暂无意识,等等,这些不同程度的意识产生了消费者对商品和服务的购买需求。比如,冬季消费者会意识到应该买件大衣,或者在商店橱窗看到一件漂亮的大衣也可能产生购买的意识,但是如果消费者购买这件大衣是为了当晚参加一个重要的仪式,此时的意识程度可能更加强烈。

2. 多样性

消费者需要的实现表现为一定的内容或某种具体的商品,消费者会将自己的需要转化为某种动机,再选择满足的方式。不同的消费者可以有不同的、多样化的消费需求。这与消费者的生活环境、文化背景、风俗习惯、宗教因素、个人爱好有关。

3. 周期性

消费者的需求常常呈现出周期性特征,表现为某种消费需求出现或者满足后,经过若干时间后这种需求又再次出现。比如,人们对于食品、生活必需品的需求就有明显的周期性特征,原因在于自然规律、消费者的生理规律、个人习惯、兴趣等,同时也与商品的寿命、消费者的工作与休闲时间等因素有关。

4. 层次性和伸缩性

由于广大消费者收入水平和购买力大小的不均衡,不同的消费者购买的商品数量、质量、品牌等均有差异,表现出不同的层次。不同层次的消费者也有不同的购买倾向,这就要求市场要提供多层次的商品,来满足各种层次消费者的需要。同时,消费者的需要也是伸缩的,既可以扩大、增加和延伸,也可以减少、抑制和收缩,取决于消费者的个性、购买能力、闲暇时间以及购买对象。一般来说,生活必需品的伸缩性小,而对消费者基本生活保障影响不大的商品伸缩性大。

5. 发展性与可引导性

人的需要是不断发展的,当某种需要被满足后,新的、更高级的需要将被激活,这是事物发展的客观规律。消费者的需要也是可以被引导的,社会环境的变化、收入水平的提高、广告宣传的引导、信息知识的增加、时尚潮流的影响、人际交流的启示、亲朋好友的评价,等等,都可能引发消费者产生各种新需求,或者从一种需求转化为另一种需求,从潜在的需求转化为现实的需求。

6. 相关性

消费者的需要是多种多样的，一种需求与另一种需求之间可能会存在某种相关关系。这些相关关系通常包括正相关和负相关。正相关指对一种商品需求的增加会导致另一种商品需求的增加，比如旅游人数增加必然导致宾馆客房需求上升。负相关指对一种商品需求的增加会导致另一种商品需求的下降，比如对洗衣粉的需求增加，对肥皂的需求就会相应减少。

(二)消费者需要的分类

作为个体的消费者，其需要是十分丰富多彩的。这些需要可以从多个角度予以分类。

1. 根据需要的起源可以分为：生理性需要和社会性需要

生理性需要是指个体为维持生命和延续后代而产生的需要，如进食、饮水、睡眠、运动、排泄、性生活，等等。它是人类最原始、最基本的需要，是人和动物所共有的，而且往往带有明显的周期性。比如，受生物钟的控制，人需要有规律地、周而复始地睡眠，需要日复一日地进食、排泄；否则，人就不能正常地生活，甚至不能生存。

社会性需要是指人类在社会生活中形成的，为维护社会的存在和发展而产生的需要，如求知、求美、友谊、荣誉、社交等需要。社会性需要是人类特有的，它往往打上时代、阶级、文化的印记。人是社会性的动物，只有被群体和社会所接纳，才会产生安全感和归属感。社会性需要得不到满足，虽不直接危及人的生存，但会使人产生不舒服、不愉快的体验和情绪，从而影响人的身心健康。一些物质上很富有的人，因得不到友谊、爱，得不到别人的认同而产生孤独感、压抑感，恰恰从一个侧面反映出社会性需要的满足在人的发展过程中的重要性。

2. 根据需要的对象可以分为：物质需要和精神需要

物质需要是指对与衣、食、住、行有关的物品的需要。在生产力水平较低的社会条件下，人们购买物质产品，在很大程度上是为了满足其生理性需要。但随着社会的发展和进步，人们越来越多地运用物质产品体现自己的个性、成就和地位，因此，物质需要不能简单地对应于前面所介绍的生理性需要，它实际上已日益增多地渗透着社会性需要的内容。

精神需要主要是指认知、审美、交往、道德、创造等方面的需要。这类需要主要不是由生理上的匮乏感，而是由心理上的匮乏感所引起的。

3. 根据需要的形态可分为：现实性需要和潜在性需要

现实性需要即消费者不仅有目标指向明确（具体商品）的需要，而且有货币支付能力。这种需要也称为有效需要，它是企业制定当前市场营销策略的现实基础。满足顾客现实性需要是企业当前市场营销活动的中心。

潜在性需要表现为两种形式，一种为消费者有目标指向明确的需要，但缺少货币支付能力；一种为消费者有货币支付能力，但需要的目标指向不明，即需要处于一种朦胧状态。第一种潜在性需要，在消费者一旦具有支付能力，或企业采用适当的市场营销措施，如降价、分期付款等，则这种潜在性需要即可能转为现实性需要。第二种潜在性需要，在企业推出具有能满足这种需要的功能的产品，或者企业采用适当的市场营销措施，如广告宣传、示范表演等，诱导这种潜在性需要转化为现实性需要。例如，自古以来，女人世世代代采用手搓、脚踩、棒打的方式来洗衣服，简单重复、吃力费时，但却成为天经地义的生活方式，人们摆脱这种繁重家务劳动的需要就处于潜意识状态。一旦企业推出洗衣机，这种需要就从潜在的转变为现实的。可以说，凡是人们感到生活不便时，都有潜在需要存在。

（三）消费需要对购买行为的影响

1. 消费需要决定购买行为

购买行为的产生和实现是建立在需要的基础上的。即：消费需要——购买动机——购买行为——需要满足——新的需要。因此，消费者由于受内在或外在因素的影响，产生某种需要时，就会形成一种紧张状态，成为其内在的驱动力，这就是购买动机。它导致人们的购买行为。当购买行为完成，需要得到满足时，动机自然消失，但新的需要又会随之产生，再形成新的购买动机，导致新的购买行为。由此可见，消费者的购买行为是在其需要的驱使下进行的。从这个意义上说，消费需要决定购买行为。

2. 消费需要强度决定购买行为实现的程度

一般情况下，需要越迫切越强烈，则购买行为实现的可能性就越大。反之，需要不迫切、不强烈，消费者的购买行为就可能推迟，甚至不发生。例如，对一个没有鞋穿的人来说，第一双鞋对他的使用价值最大，也就是说，他对第一双鞋的需要性最强，也许走进一家商店，只要看到他能穿的鞋就买下来，而对鞋的式样、颜色、价格、质量等要求并不高。但当他买了鞋以后，他对鞋的需要就不那么迫切了，鞋的使用价值对他来说就不那么重要了。也许他还会产生买鞋的需要，但需要的迫切性大大降低,这时,他要考虑价格、质量、式样等各方面的因素,因而其购买行为的阻力就很大,购买行为就不易实现。

3. 消费需要水平不同造成购买目标不同

在经济发达国家,消费水平相对较高,而消费者购买食品的费用在整个购买费用中所占的比例就比较小;而经济发展水平低的国家,情况正相反,这就是著名的恩格尔定律,其内容是,随着家庭收入的增加,人们在食品方面的支出在收入中所占的比例就越小,用于文化、娱乐、卫生、劳务等方面的费用支出所占比例就越大。

处于不同消费水平的消费者,在购买同类商品上会出现较大的差异。例如,同是购买衬衣,消费水平较高的人可能花较多的钱购买一件高档衬衣,而消费水平较低的人,可能会花同样的钱买两件或三件低档的衬衣。一些商品在消费水平较高的家庭中属于普通消费品,经常购买,而在消费水平较低的家庭中,可能是奢侈消费品,很少购买。

二、消费者的动机

(一)动机的概念与特征

1. 动机的概念

所谓动机(Motivation)是指人们为了达到某种目的,从内心产生的某种意图与力量,从而推动人们去从事某些活动的心理特征,即激励人们行为的原因。

动机这一概念是由伍德沃斯(R. Woodworth)于1918年率先引入心理学的。他把动机视为决定行为的内在动力。一般认为,动机是"引起个体活动,维持已引起的活动,并促使活动朝向某一目标进行的内在作用"。

人们从事任何活动都由一定动机所引起。引起动机有内外两类条件,内在条件是需要,外在条件是诱因。需要经唤醒会产生驱动力,驱动有机体去追求需要的满足。例如,血液中水分的缺乏会使人(或动物)产生对水的需要,从而引起或唤醒紧张的驱力状态,促使有机体从事喝水这一行为满足。由此可见,需要可以直接引起动机,从而导致人朝特定目标行动。

人的需要导致人们产生实现需要的动机,而动机又导致人们采取某种行为来满足人的需要,因此,动机是联系人的需要与行为的纽带或桥梁。如果一个人仅有需要而无动机,就不可能产生行为,这种需要只能是潜在的需要、无法满足的需要。需要是动机的基础和源泉,它通常在主观上以意志或欲望的形式存在于人的内心中,一旦有了要实现这个需要的条件和意识,就会产生动机。内在的主观需要与

外界的刺激或各种诱因的影响都是产生动机的条件。当外界刺激因素起作用时,人的需要就被激活,进而会产生动机去满足需要。

2. 动机的特征

动机具有以下几个重要特征:

(1)目的性。顾客的动机常常是有明确的目的倾向的。这是由于顾客感到某种需要必须得到满足而形成的。

(2)主动性。动机的形成来源于顾客本人内在的因素(如需要、兴趣、消费习惯、个性等)以及外部刺激(广告宣传、商品本身的吸引力)。当顾客实施购买行为,其决策动机通常是由其主动而不是任何外人强加的。外部的各种因素对顾客动机的产生只起影响作用。

(3)内隐性。由于动机是顾客的一种主观状态,在许多情况下,顾客不一定愿意将动机告诉他人,而是深藏于内心之中。复杂的内心结构有若干层次,如内隐层、过渡层、表露层等。在消费活动中常常多种动机交叉在一起,十分复杂。正如弗洛伊德所说,动机就像一座水上冰山,水上部分很小,水下部分很大,外人有时难以弄清主体的动机。

(4)驱动性。动机形成过程中常常伴随着人的心理紧张,形成推动人们行动的力量。紧张程度大则推动力量强,实现行为的可能性更大。

(5)多样性。如前所述,不同的顾客购买商品的动机可能千差万别。顾客购买某种商品也可能不止一个动机。不同的时期、场合,人们表现动机的方式也不一样。顾客购买动机的多样性为各类商品的市场定位提供了心理基础。

(6)可转移性。人的动机不是一成不变的,当某种影响力强的刺激因素起作用时,主体会主动调整动机,弱化或者取消原来的动机,转向新的动机。例如,有的顾客可能原来打算到商店买皮鞋,最后亦可能买了一件大衣回家。

(二)动机的分类

从消费者行为的具体目标上看,消费者的购买动机主要包括以下几方面。

1. 求实动机

求实动机是指消费者以追求商品或服务的使用价值为主导倾向的购买动机。在这种动机支配下,消费者在选购商品时,特别重视商品的质量、功效,要求"一分价钱一分货"。相对而言,对商品的象征意义、所显示的"个性"、商品的造型与款式等不是特别强调。比如,在选择布料的过程中,当几种布料价格接近时,消费者宁愿选择布幅较宽、质地厚实的布料,而对色彩、是否流行等给予的关注相对较少。

2. 求新动机

求新动机是指消费者以追求商品、服务的时尚、新颖、奇特为主导倾向的购买动机。在这种动机支配下,消费者选择产品时,特别注重商品的款式、色泽、流行性、独特性与新颖性,相对而言,产品的耐用性、价格等成为次要的考虑因素。一般而言,在收入水平比较高的人群以及青年群体中,求新的购买动机比较常见。改革开放初期,我国上海等地生产的雨伞虽然做工考究、经久耐用,但在国际市场上,却竞争不过我国台湾地区、新加坡等地生产的雨伞,原因是后者生产的雨伞虽然内在质量很一般,但款式新颖,造型别致,色彩纷呈,能迎合欧美消费者在雨伞选择上以求新为主的购买动机。

3. 求美动机

求美动机是指消费者以追求商品欣赏价值和艺术价值为主要倾向的购买动机。在这种动机支配下,消费者选购商品时特别重视商品的颜色、造型、外观、包装等因素,讲究商品的造型美、装潢美和艺术美。求美动机的核心是讲求赏心悦目,注重商品的美化作用和美化效果,它在受教育程度较高的群体以及从事文化、教育等工作的人群中是比较常见的。据一项对近400名各类消费者的调查发现,在购买活动中首先考虑商品美观、漂亮和具有艺术性的人占被调查总人数的41.2%,居第一位。而在这中间,大学生和从事教育工作、机关工作及文化艺术工作的人占80%以上。

4. 求名动机

求名动机是指消费者以追求名牌、高档商品,借以显示或提高自己的身份、地位而形成的购买动机。当前,在一些高收入层、大中学生中,求名购买动机比较明显。求名动机形成的原因实际上是相当复杂的。购买名牌商品,除了有显示身份、地位、富有和表现自我等作用以外,还隐含着减少购买风险、简化决策程序和节省购买时间等多方面考虑因素。

5. 求廉动机

求廉动机是指消费者以追求商品、服务的价格低廉为主导倾向的购买动机。在求廉动机的驱使下,消费者选择商品以价格为第一考虑因素。他们宁肯多花体力和精力,多方面了解、比较产品价格差异,选择价格便宜的产品。相对而言,持求廉动机的消费者对商品质量、花色、款式、包装、品牌等不是十分挑剔,而对降价、折让等促销活动怀有较大兴趣。

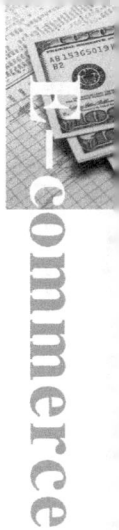

6. 求便动机

求便动机是指消费者以追求商品购买和使用过程中的省时、便利为主导倾向的购买动机。在求便动机支配下,消费者对时间、效率特别重视,对商品本身则不甚挑剔。他们特别关心能否快速方便地买到商品,讨厌过长的候购时间和过低的销售效率,对购买的商品要求携带方便,便于使用和维修。一般而言,成就感比较高、时间机会成本比较大、时间观念比较强的人,更倾向于持有求便的购买动机。

7. 模仿或从众动机

模仿或从众动机是指消费者在购买商品时自觉不自觉地模仿他人的购买行为而形成的购买动机。模仿是一种很普遍的社会现象,其形成的原因多种多样。有出于仰慕、钦羡和获得认同而产生的模仿;有由于惧怕风险、保守而产生的模仿;有缺乏主见,随大流或随波逐流而产生的模仿。不管缘于何种原由,持模仿动机的消费者,其购买行为受他人影响比较大。一般而言,普通消费者的模仿对象多是社会名流或其所崇拜、仰慕的偶像。电视广告中经常出现某些歌星、影星、体育明星使用某种产品的画面或镜头,目的之一就是要刺激受众的模仿动机,促进产品销售。

8. 好癖动机

好癖动机是指消费者以满足个人特殊兴趣、爱好为主导倾向的购买动机。其核心是为了满足某种嗜好、情趣。具有这种动机的消费者,大多出于生活习惯或个人癖好而购买某些类型的商品。比如,有些人喜爱养花、养鸟、摄影、集邮;有些人爱好收集古玩、古董、古书、古画;还有人好喝酒、饮茶。在好癖动机支配下,消费者选择商品往往比较理智,比较挑剔,不轻易盲从。

上述购买动机决不是彼此孤立的,而是相互交错、相互制约的。在有些情况下,一种动机居支配地位,其他动机起辅助作用;在另外一些情况下,可能是另外的动机起主导作用,或者是几种动机共同起作用。

三、动机的基本理论

(一)早期的动机理论

本能说是解释人类行为的最古老的学说之一。最初的本能理论只不过是人们对所观察到的人类行为予以简单命名或贴上标签而已。例如,20世纪初,美国心理学家麦道孤(W. McDougall)提出人类具有觅食、性欲、恐惧、憎恶、好奇、好斗、自信等一系列本能。按照本能说的解释,人生来具有特定的、预先程序化的行为倾向,这种行为倾向纯属遗传因素所决定;无论是个人还是团体的行为,均源于本能倾向。

换句话说,本能是一切思想和行为的基本源泉和动力。

精神分析说的创始人是奥地利精神病学家、心理学家弗洛伊德(Freud)。精神分析说认为,人的行为与动机主要由潜意识所支配,因此,研究人的动机,必须深入到人类的内心深处。为此,需要在研究方法上进行新的探索。20世纪30年代至50年代,在动机研究正值鼎盛时期时,发展起了诸如语意联想法、投射法等间接了解消费者动机与态度的研究方法。应当说,这些方法的大量运用与精神分析学说在行为分析领域的渗透和影响存在密切的联系。

驱力理论是建立在体内平衡原理基础上的,当个体因物质和能量失衡产生内在需求时,驱力促使他采取行动满足需求,消除紧张。一旦某种行为能有效地消除紧张,该种行为便为个体所习得,从而使个体在下一次面临同样紧张状态时,会产生类似的行为反应。

(二)现代动机理论

1. 马斯洛的需要层次论

美国人本主义心理学家马斯洛(Maslow)于1943年提出了著名的需要层次理论。该理论既是一种动机理论,又是一种激励理论。马斯洛认为,人的需要可分为五个层次,即生理需求、安全需要、爱与归属需要、自尊需要、自我实现的需要。上述五种需要是按从低级到高级的层次组织起来的,只有当较低层次的需要得到了满足,较高层次的需要才会出现并要求得到满足。一个人生理上的迫切需要得到满足后,才能去寻求保障其安全的需要;也只有在基本的安全需要获得满足之后,爱与归属的需要才会出现,并要求得到满足,依此类推。

从消费者行为分析角度看,这一理论对理解消费者行为动机,对于企业针对消费者需要特点制定营销策略,具有重要价值。首先,它提醒我们,消费者购买某种产品可能是出于多种需要与动机,产品、服务与需要之间并不存在一一对应的关系。在现代社会,如果认为消费者购买面包仅仅是为了充饥,那将大错特错。其次,只有低级需要获得充分满足后,高级需要才会更好地得到满足。企业在开发、设计产品时,既应重视产品的核心价值,也应重视产品为消费者提供的附加价值,因为前者可能更多地与消费者的某些基本需要相联系,后者更多地与其高层次需要相联系,用产品的附加功能取代其核心功能是注定要失败的。再次,越是涉及低级需要,人们对需要的满足方式与满足物就越明确,越是涉及高级需要,人们对满足这类需要越不确定。饿了要吃食物,渴了要喝水和饮料,对此,消费者十分明确和清楚。但对

如何才能获得别人尊重,如何获得友谊,如何使生活更加美好,对于这一类高级需要如何满足或以何种方式满足,消费者并不完全清楚。实际上这意味着,越是满足高级需要的产品,企业越有机会和可能创造产品差异。最后,越是高级需要,越难以得到完全满足,原因在于,满足需要的愉快体验中又会产生更高的需要。一听"健力宝"或许已大部分平息了个体由于口渴所产生的不舒适感,而人们对爱、尊重和知识的渴望与追求几乎是无限的。一位真正的画家不会由于作了一幅好画而就此满足,一位真正的音乐家不会由于作了一首好曲而止步不前。过去的体验往往会成为人们进入更高境界的起点,促使他们去创作更好、更美的作品。"艺无止境",消费者需要,尤其是高层次的需要同样没有终极的时候。

2. 双因素理论

双因素理论是由美国心理学家弗雷德里克·赫茨伯格(Frederick Herzberg)于1959年提出来的。20世纪50年代末期,赫茨伯格通过对影响人们对工作满意和不满意的因素的调查,得出一个结论,这就是一个单位固然要为员工提供具有吸引力的工资福利待遇和生产、生活条件,但如果这些待遇和条件采用平均分配的办法,不与个人的责任大小、工作业绩或成就挂钩,就只能起一种"保健"作用,起一种减少牢骚和不满的作用,无法激励员工不断进取和努力作出新的成绩。

将赫茨伯格双因素论运用于消费者动机分析,亦具有多重价值与意义。商品的基本功能和为消费者提供的基本利益与价值,实际上可视为保健因素。这类基本的利益和价值如果不具备,就会使消费者不满。比如保温杯不能很好保温,收音机杂音较大,都会使消费者产生强烈的不满情绪,甚至导致对企业的不利宣传,要求退货,赔偿损失,提起法律诉讼等对抗行动。然而,商品具备了某些基本利益和价值,也不一定能保证消费者对其产生满意感。要使消费者对企业产品、服务形成忠诚感,还需在基本利益或基本价值之外,提供附加价值,比如使产品或商标具有独特的形象,产品的外观、包装具有与众不同的特点,等等。因为后一类因素才属激励因素,对满足消费者社会层次的需要具有直接意义。

3. 麦克里兰的显示性需要理论

美国学者麦克里兰(McClelland)提出的显示性需要理论侧重分析环境或社会学习对需要的影响,因此,该理论又被称为习得性需要理论。马斯洛认为,尽管社会因素对个体如何满足其需要有重要作用,但就其本质而言,这些需要是人生来就具有的。与此不同,麦克里兰特别强调需要从文化中的习得性,所以,他的理论与学习、人格概念有着紧密联系。

麦克里兰特别关注以下三项需要,即成就需要、亲和需要、权力需要。所谓成就需要,是指人们愿意承担责任,解决某个问题或完成某项任务的需要。具有高成就动机的人,一般设置中等程度的目标,并具有冒险精神,而且更希望有行为绩效的反馈。例如,具有高成就动机的购买代理商可能会花相当多的时间和精力设法降低购买品价格,而成就动机较低的代理商通常只是被动接受货品出售方的标准报价。亲和需要是指个体在社会情境中,要求与其他人交往和亲近的需要。获得别人的关心,获得友谊、爱情,获得别人的支持、认可与合作,均可视为亲和需要。亲和需要很大程度上是经由学习形成的:个人目标实现遇到困难时,学到求人帮助;遇到危险情境时,学到求人保护;对事物不了解时,学到求人指导。具有高亲和动机的人,特别关心人际关系的质量,友谊和人际关系往往先于完成某项任务或取得某项成就。高亲和动机的消费者,比较注重同事、朋友对自己购买行为的评价,因此,在购买决策过程中更容易受他人的影响。权力需要是指个体希望获得权力、权威,试图强烈地影响别人或支配别人的倾向。麦克里兰发现,凡是对工作成就动机高的人均无领袖欲。换言之,成就需要和权力需要是彼此不同的两种需要。研究发现,凡是对社会事务有浓厚兴趣的人,其行为背后均存在强烈的权力动机。权力动机有两种类型:个人化权力动机与社会化权力动机。前者出于为己之目的,后者出于为人或为公之目的。麦克里兰认为,权力可以朝着两个方向发展:一是负面方向,强调支配和服从;二是正面方向,强调劝说和激励。

四、需要、动机与消费行为的关系

任何一个消费动机都是在消费需要的基础上产生的, 没有消费需要就没有最终的消费行为。消费行为是指消费者为满足某种特定的生理或心理或二者兼具的需要,而在消费动机的作用下完成的一种行为。如前所述,消费动机一般并不能自觉地转变为消费行为,这个转变需要诱因的刺激,也就是合适条件的激发。这个诱因就是厂家或经销商的营销策略的内核,如:价格、款式、使用属性、引导时尚趋势、消费环境、消费者的消费心理的研究、营销人员的沟通能力、广告的内容以及代言人的选择、销售人员对消费者当时的情绪、偶然或临时的突发事件的把握等。任何消费动机,都必须在外界适当的诱因的激发下才能转变为购买行为。

(一)消费行为的类型

按消费目标的明确性划分,消费行为可分为确定型、基本确定型和不确定型三种类型。

1. 确定型

确定型的消费者在消费行为发生前,对所要去的消费场所、所要消费的目标产品,都非常明确,包括消费品的商标、种类、型号、式样、颜色以及价格等都有明确的了解。这类消费者往往在消费行为发生前就已经完成了对所要消费的产品的选择,其消费行为果断利落。对这种消费者,销售人员往往能从其言行上判断出来,一般不宜过多地对顾客选定的商品进行宣传和介绍,否则可能会招致厌烦。

2. 基本确定型

这类消费者在消费前已有大致的消费目标、方式和标准,但具体要求还不太明确,需要经过进一步的挑选和比较,才能确定最终的购买目标。对这些消费者,营销人员就要充分把握消费者的消费动机、消费心理,有针对性地介绍不同产品的特点和优点,帮助他们做出决定。

3. 不确定型

这类消费者在消费行为发生前没有明确的消费目标,譬如,他们进入商店多是无目的地看看,因为环境氛围使然,随便了解一些原本有一定认知的感兴趣的商品,在一定的外界因素的刺激下,碰到满意的商品也会购买。不确定型消费者按购买态度又可划分为习惯型、理智型、价格型、冲动型、情感型、疑虑型和随意型七种类型。

(1)习惯型。习惯型消费者对某种消费品的消费态度取决于对某种消费品的忠诚度,往往这类消费者对某种类型的或某一品牌的消费品的忠诚度很高,他们不太愿意随意改变消费观念,这类消费者往往根据过去的消费经验和习惯来指导自己的下一次消费行为。他们较长期地使用某个品牌,很少受时尚和市场上其他竞争者的营销攻势的影响。这类消费者是任何一个企业都必须要倍加回报的。

(2)理智型。理智型消费者的消费行为是建立在理性思考基础上的。他们会在实施消费行为之前,较为全面地收集能使自己作出较为理智的消费行为的有关消费品的信息,经过对所要消费的产品或服务的质量、使用属性、价格等因素的全面考虑,再结合对自己的现实和未来购买力状况的判断,慎重做出决定。这类消费者较为注重产品的使用属性和性价比,对某一种产品的忠诚度相比较而言,也是较高的。他们的消费理念很现实。

(3)价格型。价格型的消费者对所要消费的产品或服务的价格较为敏感,其购买力往往不是很高,基本是从自身的经济角度出发,量力而为地决定自己的购买行为。

(4)冲动型。冲动型的消费者其消费心理不太成熟，更容易作出消费行为的快速决定，尤其是在外部环境的刺激下，更容易使他们做出消费决定。所以，消费行为易受个人情绪、商品外观质量、消费环境、其他消费者的消费行为、广告宣传的影响，消费决策多以直观感觉为主，因此，往往容易后悔。这类消费者是厂家必须花气力争取的。

(5)情感型。情感型的消费者在神经兴奋和心理活动上有一些独特的特点，即容易受到外在环境的影响而兴奋，富有情感，愿意体验，想象力丰富，审美感独特而灵敏，常常喜欢把某种消费行为与某种特定的情感活动联系起来。因此，他们在购物时容易受感情的影响，也容易受营销宣传的影响。对商品富于想象与联想的情感型消费者，往往以消费行为的对象是否符合其感情需要来决定是否进行某种消费。对于这类消费者，厂家可以通过赋予消费品以某种特有的情感属性来达到争取消费者的目的。

(6)疑虑型。疑虑型的消费者在心理特征上具有内倾性，喜欢注重细节，行动谨慎、内心极为敏感且多疑，对厂家的广告宣传抱有不可信态度，尤其是当发现广告宣传的内容与现实的产品或服务不一致时，往往会从此失去对该厂家的所有品牌产品的信任。这类消费者的消费行为不容易受到外界的刺激，一般情况下，营销人员的营销行为越带有主动性，则他们的消费决策就越难以做出，经常会反复比对，而最后仍然犹豫不决放弃消费。因此，这类消费者是比较难以应付的。

(7)随意型。随意型的消费者没有明确的消费目的指向，消费心理不稳定。这类消费者大多没有主见，较容易受其他消费者或营销人员的行为的影响，他们一般希望得到营销人员的主动介绍和宣传，并容易信任营销人员的宣传和推销行为。

(二)消费行为的实现过程

消费者消费行为的实现过程大致分为寻找有关产品的信息、分析比较同类产品的使用属性和性价比、实施消费决策、消费行为完成后的反馈四个阶段。

1. 寻找有关产品的信息

当消费者源于内在需要而产生消费动机后，就会考虑如何才能满足消费需要的问题。要解决这一问题就必须寻找有关消费对象即消费品的信息。一般情况下，消费者对消费品的信息了解渠道有三个，即产品营销过程、其他消费者、个人通过消费而积累的经验。

(1)产品营销过程。主要包括产品广告、生产产品的企业、营销人员、产品展销会、展览及说明书等提供的各种信息，这是消费者获取产品信息的根本来源。因此，产品本身的广告宣传、包装、商业和企业形象、服务态度和营销或消费环境等,是任何产品扩大市场占有率、提高消费者忠诚度所必须要注意的。

(2)其他消费者。主要是指对消费者的消费行为有影响力的来自家庭、亲友、邻居、同事等的消费经验和推荐。

(3)个人经验。主要是指消费者自己所积累的有关消费经验,并能对自己今后的消费行为产生影响。

2. 分析比较同类产品的使用属性和性价比

消费者获得了有关消费品的信息后,就会依据这些信息对所需消费的产品进行分析比较,主要是比较同类产品的使用属性和性价比,在此基础上,判断出能使自己的消费效用最大化的产品。一般情况下,消费者对消费品的分析比较主要表现为以下两个方面:

(1)对同类消费品的品牌、服务的比较,如价格、品牌、使用属性、售后服务等。

(2)对同类消费品中不同品牌、价格、品质的消费品给消费者本人能够带来的效用进行比较。根据消费的品质和个人的喜好、需要,结合消费品的价格、自身购买力、替代品的价格、品质等可比因素,进行比较。

3. 实施消费决策

消费者通过分析比较后,就会做出是否消费或消费何种品牌的产品的决策,这是消费者的消费行为中最为重要的环节。消费者的决策有三种类型:一种是决定消费,即认为所选定的某种品牌的产品,总体情况满意,并且在自己的购买力允许范围,则消费行为就可以实现;一种是暂不消费,这主要是因为自身的现实购买力、降价期待、产品本身的使用属性的缺陷等因素造成;第三种是放弃消费,以通过对产品属性等的分析,消费者对消费该产品没有产生良好的消费预期,或者是因为消费环境不合适等因素造成。

4. 消费行为反馈

这是消费者在完成对某种消费品的消费行为以后,经过理性的反思,对消费品的品质、服务、可比价格等导致消费行为发生的因素进行重新认识和评价。消费者的消费反馈信息,对于生产厂家、渠道商十分重要。消费者的消费反馈一般有两种:一种是不像厂家或渠道商、营销商所宣传的好,如果差异较大,消费者容易产生上当、后悔的想法,决定以后不会再买该品牌的产品,而且可能会向周围的人或亲人、朋友、同学等进行负面宣传,消费者的这种行为对厂家和经销商的影响最大;另一种是所消费的消费品使消费者产生预期的消费效用,进而消费者就会向其他人叙述、推荐该品牌的产品,如果厂家或经销商的服务营销工作到位,则消费者对该品

牌的产品的忠诚度就会增大。

第二节　网络环境下的消费市场和消费行为

由于互联网的出现,人们的消费观念、消费方式和消费者的地位正在发生着重要的变化,互联网商用的发展促进了消费者主权地位的提高;网络营销系统巨大的信息处理能力,为消费者挑选商品提供了前所未有的选择空间,使消费者的购买行为更加理性化。

一、网络消费者的类型

网络环境下的各类搜索引擎让"e人类"无需走出家门就可做到"货比三家"。他们经常大范围地进行选择和比较,以求所购买的商品价格最低,质量最好,最有个性,使商家欲通过不法手段获利的概率几乎为零;若市场上的产品不能满足其需要,他们会主动向厂商表达自己的想法,自觉不自觉地参与到企业的新产品开发等活动中来,这又同以前消费者的被动接受产品形成鲜明对照;消费者通过网络来满足其个性化需要,这种行为使企业明确其真正的目标市场——主动上网搜寻信息的人,使企业的行为更有针对性,从而避免了传统中把大众作为其目标市场进行促销所导致的损失。

消费者购买行为的改变使网上交易成为可能。这种改变主要表现在:第一,某些顾客的消费行为从注重品牌转向最低价格。随着商品质量和服务质量的不断提高,消费者的主要注意力转向挑选最便宜的商品上。第二,消费者用于购物的时间呈下降趋势。消费者不愿意花费大量的时间去购物,而是将时间用于其他的休闲。第三,消费者希望享受高质量的服务。在传统的购物环境下,消费者不但会遇到诸如交通安全、商场安全、服务质量、礼貌服务和产品质量等问题,还要经过到收款台排队、支付、打包,再把商品带回家等繁琐的购物过程。而网上交易的实现,使消费者只要点击鼠标即可完成购物,免去了购物中心的嘈杂、拥挤,使消费者享受悠闲自在、随心所欲的高质量服务。

网上购物一般分为四种类型:

(1)专门计划型购物:需要在进入网上商店前已经确定,消费者购买预计的商品。

(2)一般计划型购物:需要在进入网上商店前已经确定,但是购物者在店内根据商品的制造商,确定满意的商品。

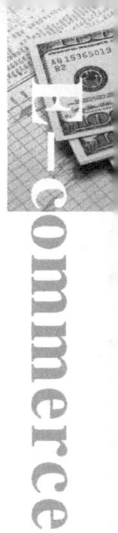

(3)提醒购物：网上商店的影响带来了顾客的需要，如网上广告、促销活动带来的消费者的需要。

(4)完全无计划购物：进入网上商店前毫无目的。

网上顾客一般可分为三种类型，即冲动型购买者——迅速购买商品；有耐心的购买者——在进行了某些比较后进行购买；分析型购买者——在做出购买决策前要进行大量的调查。

消费者的购买行为有功利型和快乐型之分。前者是为了达到某种目的和完成某种任务而进行的购买；后者则是通过购买可以从中感觉到乐趣而采取的行为。功利型购买行为通常与合理推理和相关任务联系在一起，其购买行为具有针对性并讲求效率。快乐型购买行为表现为购物的娱乐性，追求购物过程的刺激性，高度参与感和快乐满足感，体会购物过程的自由度和对于现实的逃避，而购买是整个购物过程的附带品。网上商店往往会对功利型购买行为给予更多的关注，而对购物的快乐性考虑得不够充分。

二、网络消费者网上购物的活动过程

网上购物是指用户为完成购物或与之有关的任务而在网上虚拟的购物环境中浏览、搜索相关信息，从而为购买决策提供所需的信息，并实施决策和购买的过程。

(一)浏览

浏览是非正式和机会性的，没有特定的目的，完成任务的效率低，且较大程度依赖外部的信息环境，但能较好地形成关于整个信息空间结构的概貌。此时，用户在网络信息空间的活动就像随意翻阅一份报纸，他能大概了解报纸信息包括哪些内容，而能否详细地阅读某一消息就依赖于该信息的版面位置、标题设计等因素了。

(二)搜索

搜索是在一定的领域内找到信息。搜索中收集到的信息有助于达到发现新信息的最终目的，搜索时用户要访问众多不同的信息源，搜索活动对路标的依赖性较高。用户在网络信息空间的搜索，就如同根据目录查询报纸，获取某一类特定信息。

(三)寻找

寻找是在大信息量信息集里寻找并定位于特定信息的过程。寻找的目的性较强,活动效率最高。例如,用户根据分类目录定位于寻找旅游信息后,他在众多旅游信息中进行比较、挑选等活动。

与传统的消费者购买行为相似,网络消费者的购买行为早在实际购买之前就已经开始了,并且延长到实际购买后的一段时间,有时甚至是一个较长的时期。从酝酿购买开始到购买的一段时间,是网络消费者的购买过程,它一般分为三个阶段:需要确定、购前信息搜索和备选商品的评价。

三、网络消费市场的特点

(一)无边界

由于互联网是无边界的,所以,只要能上网,就可以购物消费,这既使得顾客的范围大大增加,也使得网络零售企业不受地域的限制,突破了传统的商圈限制,使商圈的范围无限制地扩大。

(二)个性消费者的复归

消费市场不论在现实社会还是在网络世界都得到充足的发展,数量和品种的种类极为丰富,在这种买方市场环境下,消费者能够以个人心理愿望为原则进行挑选和购买商品或服务,他们的需要变化周期逐渐缩短,最后发展到制定自己的准则,向商家提出挑战,改变了过去只能迎合产品的局面,开辟商家必须以消费者的个人心理认同感为营销导向的新局面。个性化消费将再度成为消费的主流。据中国互联网络信息中心调查统计(2001年1月)显示,上网用户进行网络购物的原因在于寻找稀有商品的占28.72%。稀有商品的需要者可以在互联网上大量的信息中寻找所需的、但在普通渠道购买不到的商品,也可以通过网上厂商提供的"一对一"服务来定制自己需要的产品。另外,网上顾客有更大的购买时空,网络购物方式的出现和普及,使网上顾客可以跨地区购物,并且可以一天24小时无限制地即时"遨游"网络商店和购物中心,并对成千上万的同类商品进行比较,做出最优选择,真正享受"上帝"的感觉。

(三)实体零售与网上零售相结合

根据新时代消费者的消费行为特征,新经济条件下的零售业将实现传统零售

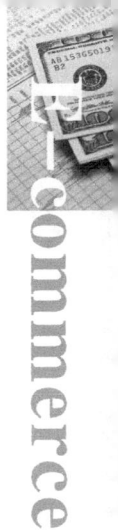

和网上零售的结合，实体零售给消费者提供一个体验现实环境的"购物感觉"的地方，并提供包括餐饮、社会交往、娱乐等非购物方面的服务。而购买只是其中一部分，商店店堂内的销售方式也会电子化；而网上零售则利用互联网的多媒体特征，给消费者提供虚拟环境中互动的购物体验，满足消费者充分选择和低价位的需要，两者的结合则可以充分满足消费者的不同需要。

(四)网络零售对传统零售市场形成强大冲击

每个公司都在通过某种或某些渠道，将它的产品或服务送到顾客或消费者的手中。网络经济威胁着目前的中间商的存在，如分销商、经纪人、批发商，制造商可以不管其现有的分销伙伴而径自转向网络商店。这种迹象在几年前就显露出来，当时沃尔玛要求他的供应商直接通过 EDI 与之进行产品和订单方面的信息沟通。为此，沃尔玛削减了制造商的销售代表，他们曾经是传统产品更新的信息源。现在的中间商如果不能充分认识到网络对其现有业务模式的威胁，就有可能真的被网络零售淘汰。

(五)网购便捷

消费者购物时间包含两方面的内容：购物时间的限制和购物时间的节约。与传统商店相比，网络虚拟商店一天 24 小时开业，随时准备接待客人，没有任何时间限制。顾客早上 5 点或晚上 12 点购物都没有问题。电子商务为人们上班前和下班后购物提供了极大的方便。

第三节　网络消费的需求与购买动机

一、网络消费需求的特征

根据前面对于网络消费者与网络消费行为的分析，可总结出网络消费需求有以下七个方面的特点。

(一)消费需求个性化

不同的消费者有不同的嗜好，人们在选择商品时考虑的因素更为复杂，不仅要考虑商品的使用价值或性能，而且要选择品牌、外观造型、包装、售后服务，等等。任何一个消费者对商品的这些要素及其组合都有自己的要求。网络作为一种全新的营销工具,能提供即时、互动的顾客服务,满足消费者的个性化需求。

对于不同的网络消费者,因其所处的时代环境不同,也会产生不同的需求,即便在同一需要层次上,他们的需要也会有所不同。因为网络消费者来自世界各地,有不同的国别、民族、信仰和生活习惯,因而会产生明显的需要差异性。所以,从事网络营销的厂商,要想取得成功,就必须在整个生产过程中,从产品的构思、设计、制造,到产品的包装、运输、销售,认真思考这些差异性,并针对不同消费者的特点,采取相应的措施和方法。

(二)消费的主动性增强

在社会化分工日益细化和专业化的趋势下,消费者对消费的风险感随着选择的增多而上升。在许多大额或高档的消费中,消费者往往会主动通过各种可能的渠道获取与商品有关的信息并进行分析和比较。或许这种分析、比较不是很充分和很合理,但消费者能从中得到心理的平衡以减轻风险感或减少购买后产生的后悔感,增加对产品的信任程度和心理上的满足感。消费主动性的增强来源于现代社会不确定性的增加和人类需要心理稳定和平衡的欲望。

(三)消费者直接参与生产和流通的全过程

传统的商业流通渠道由生产者、商业机构和消费者组成,其中商业机构起着重要的作用,生产者不能直接了解市场,消费者也不能直接向生产者表达自己的消费需要。而在网络环境下,消费者能直接参与到生产和流通中来,与生产者直接进行沟通,减少了市场的不确定性。

(四)追求消费过程的方便和享受

在网上购物,除了能够完成实际的购物需求以外,消费者在购买商品的同时,还能得到许多信息,得到在各种传统商店没有的乐趣。今天,人们对现实消费过程的追求出现了两种趋势:一部分工作压力较大、紧张程度高的消费者以方便性购买为目标,他们追求的是时间和劳动成本的尽量节省;而另一部分消费者,是由于劳动生产率的提高,自由支配时间增多,他们希望通过消费来寻找生活的乐趣。今后,这两种相反的消费心理将会在较长的时间内并存。

(五)消费者选择商品的理性化

网络营销系统巨大的信息处理能力,为消费者挑选商品提供了前所未有的选择空间,消费者会利用在网上得到的信息对商品进行反复比较,以决定是否购买。

对企事业单位的采购人员来说，可利用预先设计好的计算程序，迅速比较进货价格、运输费用、优惠、折扣、时间效率等综合指标，最终选择有利的进货渠道和途径。

(六)价格是影响消费心理的重要因素

从消费的角度来说，价格不是决定消费者购买的惟一因素，但却是消费者购买商品时肯定要考虑的因素。网上购物之所以具有生命力，重要的原因之一是因为网上销售的商品价格普遍低廉。尽管经营者都倾向于以各种差别化来减弱消费者对价格的敏感度，避免恶性竞争，但价格始终对消费者的心理产生重要的影响。消费者可以通过网络联合起来向厂商讨价还价，产品的定价逐步由企业定价转变为消费者引导定价。

(七)网络消费的层次性

在网络消费的开始阶段，消费者偏重于精神产品的消费；到了网络消费的成熟阶段，等消费者完全掌握了网络消费的规律和操作，并且对网络购物有了一定的信任感后，消费者才会从侧重于精神消费品的购买转向日用消费品及其他消费品的购买。

二、网络消费者的购买动机

网络消费者的购买动机，是指在网络购买活动中，能使网络消费者产生购买行为的某些内在的动力。我们只有了解消费者的购买动机，才能预测消费者的购买行为，以便采取相应的促销措施。由于网络促销是一种不见面的销售，消费者的购买行为不能直接观察到，因此对网络消费者购买动机的研究，就显得尤为重要。

网络消费者的购买动机基本上可以分为两大类：需要动机和心理动机。

(一)需要动机

网络消费者的需要动机是指由需要而引起的购买动机。要研究消费者的购买行为，首先必须要研究网络消费者的需要动机。美国著名的心理学家马斯洛把人的需要划分为五个层次，即生理的需要，安全的需要，社会的需要，尊重的需要和自我实现的需要的需要理论，这一理论对网络需要层次的分析，具有重要的指导作用。而网络技术的发展，使现在的市场变成了网络虚拟市场，但虚拟社会与现实社会毕竟有很大的差别，所以在虚拟社会中人们希望满足以下三个方面的基本需要。

1. 兴趣需要

兴趣需要即人们出于好奇和能获得成功的满足感而对网络活动产生兴趣。这种兴趣主要来源于两种内在驱动力：一种是探索，从各种各样的信息和资讯到千奇百怪的娱乐活动，可以说是包罗万象。人们出于好奇心理探究秘密，驱动自己沿着网络提供的线索不断深入地查询，希望获得更多的信息。另一种内在驱动力是成功，当人们在网络上找到自己需要的资料、软件、游戏，自然会获得一种成功的满足感。随着这种成功的个人满足感不断加强，人们对网络的接受程度也不断增强。

2. 聚集需要

人类是以聚集而生存的动物。在现代社会，由于人们生活节奏的加快，常常没有整块的时间在一起聚集，而通过网络却能够给相似经历的人提供聚集的机会。这种聚集不受时间和空间的限制，并形成富有意义的人际关系。比如在特定的论坛上，人们可以对共同感兴趣的话题进行交流，并互相传递信息。通过网络而聚集起来的群体是一个极为民主性的群体。在这样一个群体中，所有成员都是平等的，每个成员都有独立发表自己意见的权利，使得在现实社会中经常处于紧张状态的人们在虚拟社会中寻求到解脱。

3. 交流需要

聚集起来的网民，自然产生一种交流的需要。随着这种信息交流频率的增加，交流的范围也在不断地扩大，从而产生示范效应，带动对某些种类的产品和服务有相同兴趣的成员聚集在一起，形成商品信息交易的网络，即网络商品交易市场。这不仅是一个虚拟社会，而且是高一级的虚拟社会。在这个虚拟社会中，参加者大都是有目的的，所谈论的问题集中在商品质量的好坏、价格的高低、库存量的多少、新产品的种类，等等。他们所交流的是买卖的信息和经验，以便最大限度地占领市场，降低生产成本，提高劳动生产率。对于这方面信息的需要，人们永远是无止境的。这就是电子商务出现之后迅速发展的根本原因。

(二)心理动机

心理动机是由于人们的认识、感情、意志等心理过程而引起的购买动机。网络消费者购买行为的心理动机主要体现在理智动机，感情动机和惠顾动机三个方面。

1. 理智动机

理智动机是建立在人们对于在线商场推销的商品的客观认识基础上的，网络购物者大多是中青年,他们具有较高的分析判断能力。他们的购买动机是在反复比较各个在线商场的商品之后才做出的,对所要购买的商品的特点、性能和使用方法,早已心中有数。理智购买动机具有客观性、周密性和控制性的特点。在理智购买动机驱使下的网络消费购买动机,首先注意的是商品的先进性、科学性和质量高低,其次才注意商品的经济性。这种购买动机的形成,基本上受控于理智,而较少受到外界气氛的影响。

2. 感情动机

感情动机是由于人的情绪和感情所引起的购买动机。这种购买动机还可以分为两种形态。一种是低级形态的感情购买动机,它是由于喜欢、满意、快乐、好奇而引起的。这种购买动机一般具有冲动性、不稳定性的特点。还有一种是高级形态的感情购买动机,它是由于人们的道德感、美感、群体感所起的,具有稳定性、深刻性的特点。而且,由于在线商场提供异地买卖送货的业务,大大促进了这类购买动机的形成。

3. 惠顾动机

这是基于理智经验和感情之上的,对特定的网站、图标广告、商品产生特殊的信任与偏好而重复地、习惯性地前往访问并购买的一种动机。惠顾动机的形成,经历了人的意志过程。从它的产生来说,或者是由于搜索引擎的便利、图标广告的醒目、站点内容的吸引,或者是由于某一驰名商标具有相当的地位和权威性,或者是因为产品质量在网络消费者心目树立了可靠的信誉,这样,网络消费者在为自己做出购买决策时,心目中首先确立了购买目标,并在各次购买活动中克服和排除其他的同类水平产品的吸引和干扰,按照事先计划实施购买行动。具有惠顾动机的网络消费者,往往是某一站点的忠实浏览者。他们不仅自己经常光顾这一站点,而且对众多网民也具有较大的宣传和影响功能,甚至在企业的商品或服务一时出现某种过失的时候,也能予以谅解。

第四节 网络环境下消费者行为的影响因素

所谓消费者行为是指消费者为满足其个人或家庭生活需要而发生的购买商品的决策或行动。消费者的行为是受动机支配的,因此研究消费者的购买行为应先分析消费者的需要和欲望。影响消费者行为的主要因素有以下几个方面。

一、产品因素

(一)产品特性

网上市场不同于传统市场。根据网上消费者的特征,网上销售的产品,首先要考虑产品的新颖性,因为网上消费者以青年人为主,他们追求商品的时尚和新颖;其次要考虑产品购买的参与程度,对消费者要求参与的程度比较高且要求消费者现场购物体验的产品,一般不宜在网上销售。但这类产品可以采用网络营销推广的功能,扩大产品的宣传,辅助传统营销活动。

(二)产品的价格

从消费者的角度讲,价格不是决定消费者购买的惟一因素,但却是消费者在购买商品时肯定要考虑的因素,而且是一个非常重要的因素。当今市场是一个不完全竞争的市场,这个市场最明显的特征就是完全垄断、寡头垄断、垄断竞争和自由竞争并存,决定商品价格的主要是企业,尤其是那些具有垄断性质的大企业。互联网的出现为建立一个完善的市场机制创造了条件,互联网上的信息具有透明性、完全性和平等性等特点,网上营销的价格对于互联网用户而言是完全公开的,价格的制定要受到同行业、同类产品价格的约束,从而制约了企业通过价格来获得高额垄断利润的可能,使消费者的选择权大大提高,交易过程更加直接。现在越来越多的企业或通过电子邮件进行议价或在自己的网站上设立"价格讨论区",或在网上通过智能化议价系统直接议价或通过其他平台进行竞价、拍卖等。

网络市场与传统营销市场相比,能够减少营销活动中的中间费用和一些额外的信息费用,可以降低产品的成本和销售费用,这正是互联网商业应用的巨大潜力所在。

(三)购物的便捷性

方便快捷的购物方式也是消费者购物时要考虑的因素之一,消费者选择网上购物的便捷性主要体现在以下两个方面:

一是时间上的便捷性。网上虚拟市场全天候提供销售服务,随时准备接待顾客,而不受任何限制。

二是商品挑选范围的便捷性。消费者可以足不出户就在很大的范围内选择商品,对于个体消费者来说,购物可以"货比多家"、"精心挑选";对单位采购进货人员来说,其进货渠道和视野也不会再局限于少数几个定时、定点的订货会议或者几个

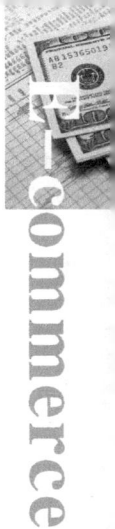

固定的供应厂家,而是会大范围地选择品质最好、价格最便宜、各方面最实用的产品,这是传统购物方式难以做到的。

(四)安全可靠性

影响消费者进行网络购物的另一个重要因素,就是安全性和可靠性问题。对于现阶段的网络营销来说,很多问题归根结底最重要的还是安全问题。1999 年 1 月,曾有人利用在新闻组中查到的普遍技术手段,轻而易举地从多个商业站点闯入美国军方一个控制卫星的计算机系统。因此,对网上购物的各个环节,都必须加强安全和控制措施,保护消费者购物过程的信息传递安全和个人隐私,以树立消费者对网站的信心。网络购物与传统营销购物不同,在网上消费一般需要先付款后送货,这种购物方式就更决定了网络购物安全性、可靠性的重要。

二、心理影响因素

消费者的个性心理包括消费者的需要、动机、兴趣、理想、信念、世界观等个性心理倾向以及能力、气质、性格等个性心理特征,这是影响消费者行为的内在因素。消费者在购买决策上受到四种主要的心理因素的影响。

(一)动机

所谓动机,是指推动人进行活动的内部原动力(内在的驱动力),即激励人行动的原因。人只要处于清醒的状态之中,就要从事这样或那样的活动。无论这些活动对主体具有多大的意义和影响,对主体需要的满足具有怎样的吸引力,也无论这些活动是长久的还是短暂的,它们都是由一定的动机所引起的。网络消费者的购买动机是指在网络购买活动中,能使网络消费者产生购买行为的某些内在的驱动力。

动机是一种内在的心理状态,不容易被直接观察到或被直接测量出来,但它可根据人们的长期行为表现或自我陈述被了解和归纳。对于企业促销部门来说,通过了解消费者的动机,就能有依据地说明和预测消费者的行为,采取相应的促销手段。而对于网络促销来说,动机研究更为重要。因为网络促销是一种不见面的销售,网络消费者复杂的、多层次的、交织的和多变的购买行为不能直接观察到,只能够通过文字或语言的交流加以想象和体会。

网络消费者的购买动机基本上可以分为两大类:需要动机和心理动机。前者是指人们由于各种需要,包括低级的和高级的需要而引起的购买动机,而后者则是由于人们的认识、感情、意志等心理过程而引起的购买动机。

(二)知觉

知觉是指个人选择、组织和解释外来信息以构成其内心世界景象的一种过程。人们受动机激发以后就会准备行动,但是被激发的人将如何行动则取决于其对情况的知觉。处于相同激发状态和客观情况的两个人,可能因为对情况的知觉不同而产生不同的行为。

(三)学习

学习是指个人由于经验而改变其行为。大所数的人类行为是从学习中得来的。人类的学习是通过冲动、刺激、提示、反应和增强等相互作用而产生的。冲动是指迫使一个人采取行动的强大内在刺激,它是指某种对象给予一个人的提示诱因和驱动力;提示是较微弱的刺激,它决定个人在何时、何地及如何反应;反应是指一个人对刺激所做出的回应行为;增强是指一个人在获得行为结果的正效应后,自身的刺激反应会进一步加深。

(四)信念与态度

信念是指个人对某些事物所持有的想法。态度则是指个人对某些事物或观念所始终持有的评价、情感和行动倾向。通过行动与学习过程人们会形成某些信念和态度,这些观念又将影响他们的购买决策。公司应该尽可能使其符合消费者已有的信念或态度。

三、收入影响因素

市场营销的经济环境主要是指企业市场营销活动所面临的外部社会经济条件。具体来说,主要是指社会购买力。通常影响购买力水平的因素有以下三个方面。

(一)消费者收入

消费者收入主要是指消费者的实际收入。因为实际收入与名义收入并不是完全一致的,决定其购买的主要是实际收入。营销人员应注意实际收入的变动趋势。

(二)消费者支出

消费者支出主要是指支出结构或需要结构的变化对市场营销的影响。消费者支出主要取决于消费者的收入水平,而这种收入水平又具体表现在可支配的个人收入与可随意支配的个人收入两个方面。

(三)居民储蓄及消费信贷

当消费者的收入一定时,储蓄数量越大,现实支出数量就越小,从而影响企业的产品销售量,同时,居民储蓄越多,潜在购买力越强。消费者信贷也是影响购买力的一个重要因素,因为消费者不仅以其货币收入购买所需要的商品,而且可用个人信贷来购买商品。

四、社会影响因素

社会因素指消费者周围的人对他所产生的影响,其中以参照群体、家庭以及角色地位最为重要。参照群体是影响一个人态度、意见和价值观的所有团体,可分为两类:成员团体——自己身为成员之一的团体,如家庭、同事、同业工会等;理想团体——自己虽非成员,但愿意归属的团体,如知名运动员、影视明星等,对消费者行为相当有影响力。参照群体对消费者购买行为的影响,表现在三个方面:

一是参照群体为消费者展示出新的行为模式和生活方式。

二是由于消费者有效仿其参照群体的愿望,因而消费者对其事物的看法和对某些产生的态度也会受到参照群体影响。

三是参照群体促使人们的行为趋于某种"一致化",从而影响消费者对某些产品和品牌的选择。

社会文化对消费者购买行为也有影响作用,这一点在网络环境下也不例外。人类的某种社会生活,久而久之,必然会形成某种特定的文化,包括一定的态度和看法、价值观念、道德规范以及世代相传的风俗习惯等。文化是影响人们欲望和行为的一个很重要的因素。企业的最高管理层做出市场营销决策时必须研究这种文化动向。

第三章

网络消费者购买决策

本章内容提要

　　本章主要分析网络消费者购买决策过程,并在此基础上分析不同决策阶段影响网络消费者的主要因素及其应对策略。

　　男人上网,为女人订做散发璀璨光芒、同时传播幸福信息的订婚钻戒,对许多女性来说是一生的梦想。BlueNile.com锁定的核心客户一开始就是年收入中上、愿意花较多的金钱为女友购买钻戒的中产阶级男士。为了帮助对珠宝所知不多的男性选择自己想要的款式与价格,它开发出一套有详细说明、接口友善的"Build Your Own Engagement Ring"网上服务。当你键入这个婚戒订做服务,若要选择钻石款式,就会跳出所有款式的文字名称与照片图样供选择;同时,还有所有关于钻石相关的知识。等于就是网上有专家 Step by Step 帮你选择钻戒,而且一点也不会有强迫推销的意味。除此之外,它的货品运送完全免费,途中一切可能发生的损伤也都由网站负担,完全排除客户订购、运送像钻戒这种高价货品可能会有的疑虑。

　　资料来源:《网络营销手册》

相 关 链 接

第一节　网络消费者购买决策过程

　　消费者购买行为是指消费者为满足自身需要而发生的购买和使用商品的行为活动。社会生活中,任何个人都必须不断消费各种物质生活资料,以满足其生理及

心理需要。因此,购买行为是人类社会中最具普遍性的一种行为活动。

网络消费者购买行为是消费者通过网络发生的购买和使用商品的行为活动,它是由一系列环节、要素构成的完整过程,是消费者需要、购买动机、购买行为和购后使用感受的综合与统一。一个网络消费者完整的购买决策过程如图3-1所示。

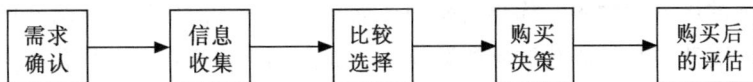

需求确认 → 信息收集 → 比较选择 → 购买决策 → 购买后的评估

图3-1　网络消费者购买决策过程的五个阶段

图中表示的只是消费者购买过程中所经历的一般步骤。需要指出的是,并非消费者的任何一次购买过程都会按次序经历这个过程的所有步骤,在有些情况下,消费者可能会跳过或颠倒其中某些阶段,尤其在低度介入产品的购买中更是如此。一位购买固定品牌牙膏的妇女会越过信息收集和方案评估阶段,直接进入对牙膏的购买决策。同时,出于各方面因素的考虑,消费者在购买决策过程的任何阶段都有可能放弃购买,造成购买决策过程的提前终止。但我们还是要用此模式,因为它全面地阐述了参与程度较高的消费者在购买产品时所需的全部思考过程及影响其决策的各种因素。

一、需求确认

消费者的购买行为过程始于其对某个问题或需求的确认,即消费者意识到一种需要,并且有一种解决问题的冲动。需求确认后才是具体的决策过程。

需求确认是由消费者理想状态与现实状态之间的差距引起的,当消费者对情境的希望与情境的实际之间存在差异时就会产生某种需求。需求确认的诱因也就是引起期望和实际状态之间产生差距的原因。在传统的购物过程中,这些诱因受到外部和内部内方面因素的影响,即在内外部因素的交互刺激下,消费者对市场中出现的某种商品或服务发生兴趣,从而产生购买的欲望。

对于网络营销来说,诱发需求的动因只能局限于视觉和听觉——文字的表述、图片的设计、声音的配置,等等。因而,网络营销对消费者的吸引是有一定难度的。网络营销人员必须了解哪些刺激因素可能诱发消费者需求,进而巧妙地设计营销手段去吸引更多的消费者浏览网页,诱导其消费需求的产生。

（一）产品因素

产品因素包含产品的功能、特性、品质、品种和样式等，是满足消费者需要的核心内容，也是影响网络消费者购买决策的首要因素。

1. 突出网上商店的自身特色，吸引网络消费者注意

在传统的店铺购物中，优雅的购物环境及与众不同的店铺特色均有助于激发消费者的购买欲望并促成其形成现场购买。同样，网上商店也需要强化并突出自身特色，为网络消费者提供良好的购物环境。

在浩如烟海的网络购物环境下，在同一时刻，消费者的选择几乎是没有极限的。大量的网站介绍、广告、图片展示作用于消费者的感觉器官，消费者不可能同时反映所有这些事物，只会选择性地对某些事物产生清晰的反映。那么，消费者会有选择性地注意哪些刺激物呢？有三种情况：第一，是与消费者目前的需要有关的。如近期有购买手机打算的消费者，会直接被与手机相关的产品信息、广告、图片等吸引。第二，是与消费者的兴趣相关的。如对汽车比较感兴趣的消费者，往往会被网站上发布的最新款型的汽车广告所吸引。第三，是变化幅度大于一般的、较为特殊的刺激物。当前的网络用户以年青人为主，他们喜好新鲜事物，对新颖、时尚、与众不同的事物抱有强烈的好奇心。

因此，网上商店在站点设计、网页制作方面应注意突出自身站点特色，主题鲜明，在结构和背景上体现出自己独特的一面，体现自身的企业文化和经营理念，避免"千网一面"的现象。同时，提供方便的搜索界面，注意信息的丰富、有趣和及时更新，在网页中将文字、图像、动画、音乐等多种元素融合，提供网站导航支持、站点结构图与其他网站的链接、BBS、Chat 和娱乐栏目，使消费者将轻松浏览、角色扮演、顺利购买和消遣娱乐融于一体，以充分吸引其眼球注意力，诱发消费需要的产生。

2. 产品个性化、独特化

由于目前网络用户多以年轻、高学历用户为主，他们有自己独立的的思想、喜好、见解和想法，对自己的判断能力也比较自负，所以他们对产品的具体要求越来越独特，而且变化多端，个性化越来越明显。

因此，现代企业开展网络营销时，应充分发挥 Internet 的优势，根据消费者的不同特征划分不同的目标市场，满足消费者的个性需要，提供定制化服务，使网络产品集个性、独特、新颖、时尚于一身。例如：海尔在我国率先推出的 B2C 全球定制模式，可以按照不同国家和地区不同的消费特点，进行个性化的产品生产，提供 9 000 多个基本型号和 20 000 多个功能模块供消费者选择。用海尔首席执行官张瑞敏的

话说就是"如果你要一个三角型的冰箱,我们也可以满足您的需求"。在短短一个月时间里,海尔就拿到100多万台定制冰箱的订单。

3. 提高产品的显示效果

网络购物的一个难以避免的弊端是消费者无法见到商品实物,只能通过图片来展示商品。因而使用清晰的图片,动态、三维地表现产品是提高产品展示效果、诱导消费需要的一个重要途径。但是,当大量的 Flash 图片、特征放大展示及三维立体模型被添加到网站上去,在切实提高了产品效果及浏览人数的同时,访问速度也将随之下降。因此,网络营销者应对网络前沿科技保持高度敏感与关注,力求在不牺牲访问速度的前提下,不断提高产品的显示效果。

此外,网络营销者对网上商品的文字描述也是影响网络消费者需求的重要因素。网络营销者对自己产品的描述不充分,语言模棱两可,就不能吸引众多的消费者,且容易使消费者对产品的认识产生歧义。但如果对产品的描述过分夸张,甚至带有虚假的成分,则可能永久地失去顾客。因此,网络购物的商家进行产品描述时,应尽量做到语言描述充分、准确,减少消费者对产品的误解。

(二)价格因素

从消费者的角度来说,价格不是决定其购买的惟一因素,但却是其购买商品时肯定要考虑的一个非常重要的因素。即使营销人员倾向于以其他营销差别来降低消费者对价格的敏感度,但价格始终是消费者最敏感的因素。

一般说来,消费者对于互联网总是有一个免费的价格心理预期,即使网上商品是要花钱的,那价格也应该比传统渠道的价格要低。一方面,是因为互联网的起步和发展都依托了免费策略,因此互联网的免费策略深入人心,而且免费策略也得到了成功的商业运作。另一方面,互联网作为新兴市场,可以减少传统营销中的中间环节费用和一些额外的信息费用,可以大大削减产品的成本和销售费用,这也为网上商品低价销售提供了可能。

对一般商品来讲,价格与需要量之间经常表现为反比关系,同样的商品,价格越低,销售量越大。网络购物之所以具有生命力,很重要的原因之一是网上销售的商品价格普遍低廉。

针对网络消费者追求物美价廉的这种心理,网络营销者可以采取以下两种方式诱导消费需求的产生。

1. "特价热卖"栏目

消费者只要进入专栏,就可以轻松获得各个热销产品的信息以及价格,进而通过链接快速进入消费者认为适合的网站,完成购物活动。

2. 折扣策略

折扣策略是在原价基础上进行折扣来定价的。这种定价方式可以让消费者直接了解产品的降价幅度以促使其消费需求的产生。这类价格策略主要用在一些网上商店,它一般按照市面上的流行价格进行折扣定价。如 Amazon 的图书价格一般都要进行折扣,而且折扣价格有的达到 3~5 折。

我们注意到,几乎所有购物网站的商品都标有"市场价",市场价到底是什么?对于图书类商品,市场价就是封底上标的定价。网站上的每一本书都标有市场价、此网站的优惠价以及各级别的会员价,十分详实、清楚。与之相比,传统书店对于优惠的说明反而没有这么清楚。书店中偶尔的打折通常是在结算的时候给顾客一个"意外的惊喜"。

但对于非图书类商品,购物网站标出的"市场价"则往往不是很有说服力。如果留意商品详细信息页中其他消费者的评论,就会发现,经常会有网友抱怨一些所谓的市场价远高于商场中的销售价,购物网站上的"市场价"只是个先涨价再打折的把戏。当然,这样的评论通常会在第一时间内被网站的管理人员删除。

其实,在现实中,消费者要想在不同商场中对比一个商品的售价是比较麻烦的,上楼下楼,出门进门,货比三家……十分辛苦。但是,在互联网上想了解一件商品的价格就简单多了。通过搜索引擎进行关键字搜索,用不了 5 分钟就能掌握此商品的真实售价。即使是要货比三家也是信手拈来。打折骗局在互联网上更容易被戳穿。"虚假市场价"不会像商家想象的那么奏效。因此,如果在线购物网站能对所标出的市场价做进一步的说明,说明"市场价"的由来,比如,某某专卖店的市场指导价,那么显然会提高"市场价"的可信度,标注"市场价"也才能真正体现此网站的优惠幅度。

(三)便利因素

购物的便捷性是消费者做出购买选择时首要考虑的因素之一。网络技术的出现使传统营销方式面临着巨大的挑战,直销已成为流行的渠道方式。与传统渠道相比,网上营销在满足消费者需要方面具备以下四个方面的优势:一是方便,顾客无论身处何地都可以 24 小时订购商品;二是信息,顾客不用离开他们的办公室或家中就可以找到有关公司、产品、价格、竞争者等方面的可比信息;三是顾客可以不必排队等候，从而节省大量的交易等候时间；四是丰富，消费者可以通过网络商店方便快捷地找到自己想要购买而传统商店中不容易找到的产品，从而起到补充传统商店地域不同或产品短缺的弱点。

出于便利的原因使消费者选择网络购物方式常常基于以下两种情况：一种是自己购买，产品直接送到购物者手中。在这部分消费者中，有些希望足不出户，得到送货上门的服务，有些则希望得到本地没有的商品。另一种是为他人购买礼品，需要送到第三方手中。消费者通过网络购物网站的一站式服务直接将礼品送到朋友手上，节约了包装、送达等一系列繁琐的过程。

当然，要突出网上购物方便快捷的优势，网络营销商还必须注意做好以下两方面工作。

1. 物流配送工作

网络营销商应在物流配送方面做好配套工作，及时将消费者订购的产品准确、完好地送到消费者手中。但据调查，随着网络购物的迅速发展，由快递引发的网购投诉也呈上升趋势。目前，我国还缺乏完全意义上的物流企业，现代物流的发展仍然处于初级阶段，专业化程度较低，协调运行能力弱，且缺乏一种对消费者真正负责的态度，物流企业服务质量参差不齐的现象显著，因而极易导致买卖纠纷，对网络营销商的正常经营与运作造成一定程度的影响。

2. 网站访问的便利性

网站访问的便利性是指网络消费者在访问网站时，认为网站简单、直观和界面友好的程度。消费者可以通过网站方便地获取信息以及网站所提供的交易过程的简单化，是诱发消费需要并促使其最终购买的重要前提。

调查结果表明，在离开网站不购买任何产品的消费者中，有30%是因为在浏览过程中找不到路径。因此让消费者方便地找到信息，让信息容易获得和可以识别是网络营销商获得成功的关键。对消费者而言，网站在使用方面的不方便包括以下几种情况：①信息没有按照一定的逻辑顺序排列，消费者无从下手；②信息在网站中藏得太深，导致消费者查找困难；③信息的展示没有使用有意义的形式；④网站提供的信息没有任何价值或意义。

一般认为，便利的网站应提供短暂的反馈时间，加速交易的实现，最小化消费者所需付出的努力，从而促使其消费需要的产生。

春节是中国很多家庭消费购物的黄金期。然而，消费欲望的集体释放也造成了各大商场人满为患,原本惬意的购物之行在无比拥挤嘈杂的环境中也许成了受罪。其实,我们完全可以换一种更为轻松的方式——只需鼠标轻点,就可以在互联网上购物,没有时间地点的限制,而且充分享受价格优惠和闲适人生。

平均每3分钟卖出一只手表、每30秒卖出一件首饰、每10秒卖出一件T恤……这是在国内购物网站之一易趣网上的交易数据,而著名购物网站——淘宝网2005年上半年成交额更是高达25亿元,超过许多大型连锁超市……众多购物网站乐观的销售数据预示着一场网络购物的盛宴即将开幕。

"在网上购物,我可以买到与众不同的东西。"在石家庄市一家媒体负责娱乐新闻版的甄小姐,从来都是走在时尚最前沿的"弄潮儿",有着一年多网络购物经验的她对各类特色衣服和化妆品情有独钟。她告诉记者,石家庄并不是一个特别时尚的城市,很多商品在其他城市风靡后才到货,于是没有地域限制的网络购物成了最佳选择。她边跟记者聊天,边展示自己新买的点缀着花蝴蝶的绿裙子,据说是现在韩国最时兴的女装,刚刚由购物网站寄过来。

浏览购物网站,点击鼠标竞拍商品,通过QQ与卖家聊天沟通,银行汇款,收到包裹……如此轻松简单的过程,这就是信息时代购物的全部流程。

资料来源:《半月谈》

(四)促销因素

消费者需求具有可诱导性,即可以通过人为的、有意识地给予外部诱因而促使其产生消费需要。网络冲浪者大部分是具有超前意识的年青人,他们对新事物反应灵敏,接受速度很快。网络为我们构造了一个世界性的虚拟大市场,在这个市场中,最先进的产品和最时髦的商品会以最快的速度与消费者见面。网络营销者应充分发挥自身优势,采用多种促销方法,启发、刺激网络消费者产生新的需求,唤起他们的购买兴趣,诱导其将潜在需求转变为现实需求。

1. 开展灵活多样的促销推广活动

网络营销者利用网络技术向虚拟市场传递有关商品和服务信息,以启发需求,引起消费者购买欲望和购买行为,如:网上赠品促销、网上抽奖促销、积分促销等。一般说来,当购物网站推出新产品、产品更新、对抗竞争品牌或开辟新市场的情况下,利用这些推广活动,可以达到较好的促销效果,直接诱导网络消费者消费需要的产生。

② 体验式销售，鼓励消费者试用

截至 2006 年底，中国有 1.37 亿网民，5 450 万台上网计算机，3 000 万人经常上网购物，这些数字背后是巨大的网络购物市场。但与此同时，网络购物的安全与否成为影响网上购物发展的重要因素。中国互联网络信息中心调查显示，网民不进行网上购物的原因中，交易安全得不到保障是最大的担忧。网络骗购更是为这种担忧增添了一层阴影。

由于在网上消费，消费者一般需要先付款后送货，这种远程、不见面的交易更容易诱发人们的投机心理，也就使消费者产生一种潜在的不信任。因此，体验营销应运而生。

人们常说，百闻不如一见，但在营销中，无论是"百闻"、"百见"往往都不如"一用"。消费者通过消费产品和服务而获得的亲身感受最有说服力，最能诱发购买欲望。体验营销就是营销者诱导消费者消费产品和服务，通过消费体验而推动消费者认知，最终促进产品销售的营销手段。通过体验与使用，可增进网络消费者对产品的了解及其对购物网站的信任，并收到促进销售、提升顾客满意度、培养忠诚顾客群体的效果。

2004 年炎热夏日的一天，远在四川攀枝花市米易县的李老师，在网站上看到了泰豪科教 2000 的教育城域网管理软件的介绍，但对这套软件的适用性还存在很多疑惑，直接购买总觉得不放心。这时，清华泰豪技术服务部的小马在网络上为李老师推荐了"自服务"系统，李老师通过这套系统在网上试用软件一段时间后，他的所有疑惑都在系统的 FAQ 上得到了实时解答，于是便放心地在线购买了软件。可在之后组建教育城域网时遇到的技术困难无论是在网上交流还是打电话都无法准确地表达和沟通。在"自服务"系统中的技术人员了解了情况后，迅速远程登陆上了李老师的电脑，将问题一一解决。教育城域网的成功安装和优质的服务后续保障，让该软件随后在整个攀枝花的各个区县也得到了推广。

这就是专注做校园教育信息化系统软件的北京清华泰豪智能科技有限公司（以下简称"清华泰豪"）在电子商务领域的新举措。"别人做电子商务多半重视支付、物流等环节，而我们做电子商务更加注重服务，而且是自助的智能化交互式服务，这是基于我们经营软件商品的特点而提出的，这种服务可以解决我们客户的后顾之忧，让他们能够轻松的购买和使用。"清华泰豪的总经理杜彬告诉我们，如今的清华泰豪能取得拥有 3 万多家客户，年收益

名列行业前茅的业绩,很大程度都源于"自服务"的优势。

3. 关联策略促进销售

关联策略是网络营销者利用商品种类或名称之间的相互联系,以推荐或相关链接的方式为顾客提供与其密切相关的商品信息,以达到促进顾客购买的目的。

从 4.5 万到 40 多万,卓越网在被亚马逊收购之后,其最大的变化就是商品的种类和数量在急速地增长,"大而全"已经成为网上零售业默认的法则。如何让这些产品尽快卖出去?

当当和卓越在最新改版的网站中都添加了智能推荐系统,通过"为您推荐"和"最佳组合"意图提高消费者的单次消费额,可以预见,接下来这种趋势可能从"买过这本书的人也喜欢这本书"延伸到"买这本书的人也喜欢这款香水或这款手机",产品线丰富的优势将在销售的关联性上面得到体现。

除了综合类网站利用关联营销外,一些专业 B2C 网站也据此走出了新路。红孩子作为主打 0~3 岁母婴产品的网站就看到了一条可扩展的经营渠道。红孩子的CEO 徐沛欣认为,用尽量低的成本获得固定的客户才是最重要的,所以在他眼中看到的市场是:0~3 岁的婴儿是他们的母婴产品客户,母亲是他们化妆品的客户,而婴儿的爷爷奶奶可能是他们健康产品的客户。他认为这样的模式可以被称作 B2F(即 business for family)。据悉,目前红孩子的年销售额已经突破两亿元。其实,类似的这种产品分类并不新鲜,新鲜的是经营者看待市场的角度。

4. 将网络文化与产品广告相融合,借助网络文化的特点来吸引消费者

例如:网络营销商可将自己的产品广告融于网络游戏中,使网络使用者在潜移默化中接受了促销活动;也可以通过组建用户俱乐部吸引大批的网友来交流意见,借助网络文化传播实现促进销售的效果。

5. 利用网络聊天的功能开展消费者联谊活动或在线产品展销活动和推广活动

这是一种调动消费者情感因素,促进情感消费的方式。在这方面成功的典型是在线书店亚马逊,通过在网站下开设聊天区以吸引读者,其年销售额递增 34%,其中有 44% 是回头客,早在 1996 年其销售额就突破了 1 700 万美元,充分展示了网上促销的魅力。

6. 有效利用数据库营销

网络营销商可以利用自身所掌握的顾客信息来完成顾客的培养工作。所谓顾

客培养，是网络营销商为了在一段时间延伸顾客购买的广度和深度所提供的相关信息和诱因。正如 Berger 所说，网络营销商需要通过积极提供顾客所需要的信息，邀请他的顾客再回来。比较常用的做法是，网络营销商通过电子邮件等方式给顾客提供有用的商品信息，主动争取顾客，劝诱他们购买，这样的做法相对直接而且成本低廉。

例如，亚马逊会根据顾客过去的购买记录为其提供相关的新产品信息。当有一些折扣销售所针对的产品与顾客过去所购买的产品相关时，在线服装店 Paul Frederick 会通过电子邮件通知给顾客。这种不断提供诱因的循环使顾客不断得到有价值的新产品信息，有效降低顾客的搜索时间，促使其消费需求的产生。

此外，网络营销商还可以与非竞争性的厂商进行线上促销联盟，通过相互线上资料库联网，增加与潜在消费者接触的机会，这样一方面不会使本企业产品受到冲击，另一方面又拓宽了产品的消费层面。

专栏: 用电子邮件将网站的参观者转变成购买者

电子邮件总是能给人们提供产生和保留客户的新方法。以下是一个用电子邮件将网站的参观者转变成购买者的巧妙方法。这项技术用在销售多种商品的网站会有非常好的效果，当然，它也可以用在任何数量商品的网站上。

浏览者放弃浏览是很普遍的，这也是网络零售商的一个大问题。也许人们放弃浏览是由于你的网站导航不明确、价格不合适、商品不能满足或其他因素。但也有许多情况是和你的网站没有关系的。无论你的网站设计得怎么好，很多人是由于其他客观原因离开的，诸如：临时有急事待办、ISP 出了故障、不明原因突然掉线等。也就是说，浏览者离开网站有许多不能被网站控制的原因，但有些办法是可以使这些浏览者返回来的。

通过 cookie 软件，网络营销商能够知道客户在离开前浏览了哪些网页及商品。于是，网站服务人员可以给客户发送这样一封跟进的电子邮件：

尊敬的客户：

感谢你昨天参观了我们的网站＊＊＊＊.com。在我们网站上看到你很高兴。

我注意到你在我们的网站上呆了很短的时间就离开了。也许是一些事情打断了你，使你不能再接着浏览。

以下是你在离开前浏览的网页，万一你要继续浏览，请点击：

***商品：

http://www.***.com/products/12903.html

****商品：

http://www.***.com/products/13849.html

*****商品：

http://www.***.com/products/118594.html

如果你决定在本星期内购买以上任何商品，我们可以给你10%的折扣。在你结算时使用折扣码123456即可获得这一优惠。它的有效期到本周日，即＊月＊日24时。

最后，如果你想知道更多的没有做广告的商品或新的藏品，

请到 http://www.***.com/news.html 订阅我们的实时通讯。

再次感谢你的参观。我们希望随时为你提供服务。

建立一个自动程序，在一些人浏览一天后发出电子邮件。你可以针对不同的参观者发出不同的电子邮件（例如，对新参观者和再次参观者的邮件就可以稍微不同），并测试不同的促销方法（例如，是给个折扣，还是提供免费运输）。

如果有1 000个人浏览了你的网站，而980个人没有购买就离开了，这是一个让他们返回的好方法。

总之，网络销售的特殊性导致其在吸引消费者购买方面存在一定的难度。网络营销人员必须充分了解上述刺激因素，设计更为有效的营销手段去吸引更多的消费者浏览网页，诱导其消费需求的产生。

二、信息收集

当需求被唤起后，每一个消费者都希望自己的需求能得到满足，所以，收集信息、了解行情成为消费者购买决策过程的第二个环节。这个环节的作用就是收集商品的有关资料，寻找购买目标，为下一步的比较选择奠定基础。在这个阶段，消费者会通过各种途径寻找有关商品的信息，以避免决策失误或减少购买风险。

一般说来，在传统的购买行为过程中，消费者收集信息大多处于比较被动的状态，所收集信息的范围、质量也存在一定的局限性。在网络购买过程中，商品信息的收集则主要是通过互联网进行的，信息收集带有较大的主动性，所收集的信息无论是质量还是数量都远远超过传统购买方式。一方面，网络消费者可以根据已经了解

的信息,通过互联网跟踪查询;另一方面,网络消费者又不断地在网上浏览,寻找新的购买机会。

(一)网络消费者的信息来源

网络消费者收集信息主要通过以下四个途径。

1. 个人渠道

个人渠道是指通过家庭成员、亲戚、朋友、邻居或同事等获得的信息。这种信息在某种情况下对购买者的购买决策起着决定性的作用。网络营销者绝不可忽视这一渠道的作用。一件好的商品,一次成功的销售可能带来若干新的顾客;一件劣质产品,一次失败的销售可能使销售商几个月甚至几年不得翻身。

2. 商业渠道

商业渠道是指通过广告、推销员、经销商、展销会等获得的信息。网络营销的信息传递主要依靠网络广告和检索系统中的产品介绍,包括在信息服务商网页上所做的广告、中介商检索系统上的条目以及自己主页上的广告和产品介绍。

3. 公共渠道

公共渠道是指消费者通过大众传播媒体获得的信息。网络实际上就是最好的传播媒体,网络营销者可以通过网络论坛、邮件列表、E-mail 等网络传播工具提升自己产品和服务的社会声誉,最大限度地获得消费者的认同。

消费者上网收集信息,是想全面了解与产品有关的各种信息,所以网络营销者在设计提供产品信息时应遵循的标准是:当消费者看到这些产品信息后就不需要再通过其他方式来了解产品信息。因此,对于一些复杂产品,特别是一些高新技术产品,营销商在详细介绍产品方面信息的同时,还需要介绍一些与产品有关的知识和信息,以帮助顾客更好地使用产品。

4. 经验来源

经验来源是指消费者个人所储存、保留的市场信息,包括购买商品的实际经验、对市场的观察以及个人购买活动的记忆等。从事网络营销的企业应当通过独特的网站设计、良好的营销服务、网上营销工具的恰当运用,使网上购买者对自己的网络购物留下一个美好的印象,对本企业的网站产生特殊的偏好,从而经常光顾本企业的网站。

一般说来,在传统的购买过程中,消费者对于信息的收集大都处于被动进行的状况。与传统购买时信息的收集不同,网络购买的信息收集带有较大主动性。在网络购买过程中,商品信息的收集主要是通过互联网进行的。一方面,网络消费者可以根据已经了解的信息,通过互联网跟踪查询;另一方面,网络消费者又不断地在网上浏览,寻找新的购买机会。由于消费层次的不同,网络消费者大都具有敏锐的购买意识,始终领导着消费潮流。

当然,不是所有的购买决策活动都要求同样程度的信息和信息搜寻。根据消费者对信息需要的范围和对需要信息的努力程度不同,可分为以下三种模式。

1. 广泛问题的解决模式

处于这个层次的消费者,尚未建立评判特定商品或特定品牌的标准,也不存在对特定商品或品牌的购买倾向,而是很广泛地收集某种商品的信息,可能是因为好奇、消遣或其他原因而关注自己感兴趣的商品。这个过程收集的信息会为以后的购买决策提供经验。

2. 有限问题的解决模式

处于有限问题解决模式的消费者,已建立了对特定商品的评判标准,但尚未建立对特定品牌的倾向。这时,消费者有针对性地收集信息。这个层次的信息收集,才能真正而直接地影响消费者的购买决策。

3. 常规问题的解决模式

在这种模式中,消费者对将来购买的商品或品牌已有足够的经验和特定的购买倾向,其购买决策需要的信息较少。

(二)影响网络消费者信息收集范围的因素

网络消费者收集信息的范围主要取决于以下几方面因素。

1. 顾客对风险的预期

顾客在购买商品时,都会或多或少地感知到风险,而网络购物的特殊性则更加剧了顾客对风险的预期。一般来说,随着对购买风险预期的增加,顾客会扩大收集信息的范围,并考虑更多的可供选择的网络供应商及品牌。此外,对于同一商品来说,由于顾客的个性不同,所感知到的风险也不同,因而会影响到其收集信息的范围与努力程度。

与那些风险预期较低的人相比,那些认为风险较高的人会在信息收集方面付出更大的努力,并参看大量的网络论坛、网友留言等。

2. 顾客对商品或服务的认识

如果顾客对潜在的购买了解很多,就不需要另外收集更多的信息。而且,顾客

对商品或服务了解的越多,其收集信息的效率就越高,从而花费的收集时间就越少。另外,一个有信心的顾客不仅对产品有足够的信心,而且对做出正确的决策也感到非常自信。而缺乏自信心的顾客甚至在对产品已经了解很多的情况下也会继续进行信息收集。最后,有先前参与过网络购买或购买某种商品经验的顾客,与没有相关经验的顾客相比,对风险的预期较低,因此他们会减少信息收集的时间。

3. 顾客对商品或服务感兴趣的程度

信息收集的范围与顾客对某种产品感兴趣的程度有相应关系,即对产品很感兴趣的顾客会花更多的时间收集信息。

4. 情境因素

在紧急的情况下买产品时,人们对信息的搜索是有限的。

(三)网络营销者的几点对策

1. 注重消费者教育,满足消费者信息需求

消费者行为具有可诱导性,这就意味着消费者教育对于培育消费者市场的重要性。网络营销者可以通过开设网上培训、网上讲座、消费论坛、建立网上虚拟展厅等一系列措施,使消费者全面了解产品的各方面相关信息,满足消费者的信息需求,促进购买行为的产生。

2. 及时修复问题链接,提高网站的链接速度及网页的响应速度

对于惜时如金的现代人来说,在购物中即时、便利、随手显得更为重要。传统的商品选择过程短则几分钟,长则几小时,再加上往返路途的时间,消耗了消费者大量的时间、精力,而网上购物弥补了这个缺陷。2001 年中国互联网络信息中心发布的《中国互联网络发展状况统计报告》的调查数据表明,基于节省时间进行网络购物的人数占网上消费总人数的 49.29%。这些用户以年轻人为主,因而比较缺乏耐心,当他们搜索信息时,比较注重搜索所花费的时间,如果链接、传输的速度比较慢的话,他们一般会马上离开这个站点。

由于技术、资金和人员等多方面的制约,目前国内网站对链接的管理存在很多问题。很多管理者是在接到客户电话或 E－mail,或者技术部人员偶然发现的情况下去修复坏掉的链接。目前国外广泛使用的是网络链接监视器。这个基于 Tea Leaf Technology 技术的软件可以自动监测每一个链接的状态,一旦出现异常就自动开始检测并修复。网站管理者可以随时通过控制面板或者从网络进入后台察看监视器的工作状态,很多潜在的问题可以被迅速地发现,节约了 60%～90% 的人工查找

时间。

提高网页的响应速度，要求网站对网页语言进行整合。在国内，主要是对 ASP 应用程序进行优化，目前比较通用的做法是将大量的服务器端脚本移入预编译的 COM 组件中，这样就可以有效地提高网页的响应速度。此外，通常静态页面对服务器的负载较小，可以更快地接受客户端的请求，因此网络营销者要想办法让网页"静"下来。

3. 优化有效搜索引擎

根据有关调查显示，近 80%准备网上购物的顾客使用搜索引擎来寻找他们想要的产品。通过搜索引擎的访问者，新用户比例很高，而且所有访问者均具有较强的针对性，具有极高的商业价值。因此，网络营销者应对一些效果好的搜索引擎加大广告投入，并做好搜索引擎的排名工作，以提高被点击的机会。同时，利用网页分析技术优化网站，使从搜索引擎中来的目标顾客更便捷地找到他想要的商品及相关信息，从而增加下单率。

站内搜索是一个顾客查找商品的快捷工具，如果站内搜索功能得到正确有效地执行，就可以避免重复浏览查找商品的过程，缩短购买的时间，从而达到提高转换率的目的。一个功能强大的站内搜索引擎，还能智能识别一个或者多个拼错的关键词，找出最可能符合的商品。

一个组织有序的搜索引擎应该具备如下要求：①搜索引擎应该出现在主页和商品列表最显眼的上方；②在搜索结果中体现商品的价格信息；③错误的搜索发生时，打开友好的用户界面让消费者进行选择；④在搜索结果中显示商品的小图；⑤在搜索结果中提供"购买此产品"链接；⑥分析搜索结果，查看消费者使用过程中出现的高频搜索关键词；⑦利用分析工具监视哪些消费者的购买来源于搜索结果。

三、比较选择

消费者需要的满足是有条件的，这个条件就是实际支付能力。没有实际支付能力的购买欲望只是一种空中楼阁，不可能导致实际购买行为的发生。消费者为了使消费需求与自己的购买能力相匹配，就要在广泛收集信息的基础上，对各种渠道汇集而来的信息进行比较、分析、研究，形成若干备选方案，再根据自己的购物标准、个性心理及产品的功能、可靠性、性能、模式、价格和售后服务，从中选择一种自认为"足够好"或"满意"的产品。由于评价选择的标准会因消费者价值观念的不同而异，所以，对同一方案，不同的消费者会做出不同的评价，其取舍的结果也迥然

不同。

消费者对多种同类商品的比较和评价，实质上是多种同类商品之间的直接较量，是商品争夺消费者的竞争。

值得注意的是，网络消费者在比较选择是否购买某种商品时，一般会综合考虑以下三个条件：

第一，对网络营销商有信任感。

第二，对网络营销商提供的支付方案有安全感。

第三，对产品有好感。

因此，为了促使消费者购买行为的实现，网络营销商除了要重点抓好产品宣传与推广方面的工作外，还需要在营销商自身的品牌宣传方面下功夫。

在目前的互联网上，网站之间的相互抄袭、模仿已屡见不鲜。任何好的创意一旦出现在网站上，就毫无保密可言，后来者完全可以在最短的时间内复制其创意。在这种情况下，竞争就自然而然地集中在品牌上。可以说，网站之间的竞争已经跨过了资金实力、信息丰富程度、交互程度等竞争阶段，而进入到品牌竞争的时期，竞争的焦点已日益集中在客户服务的质量、营销环节处理的好坏、广告宣传和网站知名度、信誉度、美誉度形象的树立等。从国内网站的个案研究中可以发现，大量的网络交易是产生在回头客身上的，在这样的购买活动中，品牌的力量起着举足轻重的作用。

iResearch（艾瑞市场咨询）根据资料整理显示，有购物经验的网民中，在被问到选择购物网站的考虑因素时，61.4%的网民选择知名度高，55.1%的网民选择信誉好，这两个因素排在了首位，选择交易安全性高的比例是40.4%。详见图3-2。

经常在网上购物的罗女士讲述了她的心得。她认为，对没有网络购物经验的人来说，选择网站最重要，比如易趣、当当、淘宝等大型专业网站，交易的人次多、规模大、较规范，相对可靠一些。在选择交易对象时，应参考其交易次数、个人信用度、网友留言等几方面，交易次数越多越可靠，个人信用度在80%以上较可信。"在网上看到了好东西，记下它的品牌、价格，然后到大商场找到实物对比价差，价差合理可考虑网购，如果价差很离谱，一定不能贪小便宜，那样很可能买到假货。"

资料来源：《深圳特区报》

正基于此，我们可以看到，在国内的互联网上，C2C（消费者对消费者的电子商

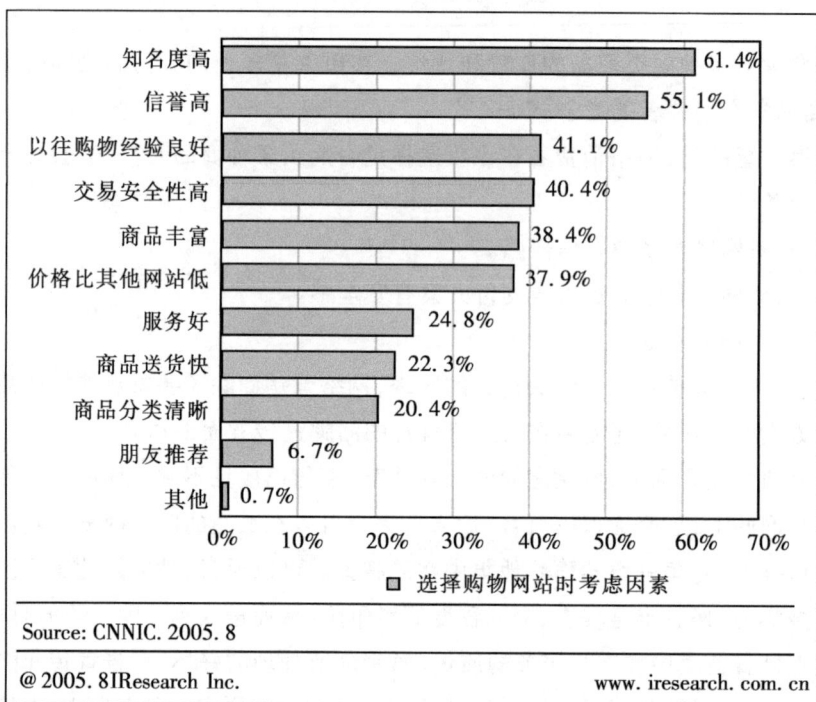

图3-2　有购物经验网民选择购物网站考虑因素分析

务,也称网上拍卖)模式中的卖家越来越重视商品页模板、店铺整体效果的设计以及服务质量和信誉度的不断提高,他们的自有品牌意识已经初步形成并不断加强。从客户体验角度看,目前的 C2C 模式已越来越接近 B2C(商业机构对消费者的电子商务)模式。例如,淘宝网站一直在大力招募国内知名品牌入驻,以此保证产品质量和优质服务。另外,从客户角度来看,商品的信誉、品质、服务都越来越有保障。店中店在入驻时都要跟平台签订协议,缴纳保证金,承诺退货退款等服务。如淘宝商城在入驻时要缴纳几千元保证金,遇到问题淘宝网可以对客户先行赔付。这样可以大大增强消费者的购物信心。另外,C2C 商城都有专门的服务电话和服务条款,可以提供更专业的服务。

四、购买决策

决策是指为了达到某一预定目标,在两种以上的备选方案中选择最优方案的过程。购买决策则是消费者作为决策主体,为实现满足需要这一特定目标,在购买过程中进行的评价、选择、判断、决定等一系列活动。

网络消费者在完成对商品的比较选择之后,便进入到购买决策阶段。网络购买决策是指网络消费者在其购买动机的支配下,从两件或两件以上的商品中选择一件满意商品的过程。

(一)网络消费者的购买决策特点

与传统的购买方式相比,网络购买者在做出购买决策时主要呈现出三个方面的特点。

1. 网络购买者理智动机所占比重较大,而感情动机的比重较小

网络消费者大多是中青年,具有较高的分析判断能力。他们的购买决策是建立在充分掌握商品信息并加以反复评估比较后做出的,对所要购买的商品的特点、性能和使用方法,早已心中有数,以理智购买动机为主。

2. 网络购物受外界影响较小

大部分的购买决策是网络消费者自行做出的或是与家人商量后做出的,较少受到外界环境的影响。

3. 网上购物的决策行为与传统购买决策相比速度更快、效率更高

传统的购买决策,尤其是较为复杂的购买决策,常常会受到多方面因素的影响,同时由于信息收集数量及范围的局限性,消费者在做出决策时往往会持审慎态度,犹豫不决,举棋不定。而网上购物的消费者由于占有大量的参考信息,无形中会加快其购买决策的速度。

(二)网络消费者制定购买决策的原则

网络消费者在实际决策过程中可能采用的决策原则主要有以下几种:

1. 预期—满意原则

网络消费者在进行购买决策之前,已经预先形成对某商品价格、质量、款式等方面的心理预期。因此,在对备选方案进行比较选择时,可以直接将备选商品与个人心理预期进行比较,备选商品越接近心理预期就越容易被消费者所接受,最后从中选择与预期标准吻合度最高的作为最终决策方案。这一方案相对于预先期望,能够达到消费者满意程度最大。运用预期—满意原则,可大大缩小消费者的选择范围,迅速、准确地发现拟选方案,进一步加快决策进程,突显网络购买行为的快速与便捷。

2. 多因素关联的决策原则

这一原则是消费者为商品的各种属性规定了一个最低可接受水平，只有当所有的属性都达到预先规定的水平时，该商品才可以被消费者接受，而对于没有达到这一可接受水平的其他商品都不予考虑。运用这一原则，就排除了某些不必要的信息干扰，缩小了消费者处理信息的规模。但是，这种决策所导致的可接受的商品可能不只一个，因此，消费者还需借助另外的方法做进一步的筛选工作。

3. 单因素分离原则

这种方法实质上是多因素关联原则的对立面。这种决策原则是消费者只用一个单一的评估标准来选择商品，做出最终决策。也就是说，消费者以一种属性（当然是对消费者而言最重要的一个属性，比如说价格）去评价所有可能的备选方案，并从中选择出评价结果最优者作为最终决策方案。

4. 排除法的决策原则

排除法的核心在于逐步排除以减少备选方案。采用这种方法时，消费者首先排除那些不具备所规定的评估标准的最低可接受水平的商品；其次，如果所有备选方案都具有某一评估标准的最低限度要求，那么这一标准也要去掉。因为这种无差别的衡量对选择过程没有用处。总之，这种方法就是不断地以不同的标准去加以衡量，再不断地排除下去，直到剩下一个最终决策方案为止。最后这个方案所具有的独一无二的特征被称为"独特优势"或"关键属性"。

5. 词典编辑原则

这种方法类似于编辑词典时所用的词条排序法。即消费者首先将产品的一些属性按照自己认为的重要性程度，从高到低排出顺序，然后再按顺序依次选择最优方案。也就是说，消费者根据排序中第一重要的属性对所有备选方案进行比较，如果在这种比较过程中出现了两个以上的方案，那么消费者还必须根据第二重要的属性甚至第三重要的属性、第四重要的属性等进行比较，直到剩下一个最终方案为止。

(三)网络消费者购买决策的内容

消费者购买决策的具体内容，可概括为以下六个方面，又可称为"4W2H"的研究方法。

1. WHAT——购买目标决策

即确定购买的对象。在经过一系列的评价选择、方案择优之后，网络消费者将

确定自己的购买目标,具体内容包括商品的品牌、性能、质量、款式、规格和价格等。对于网络营销商而言,应借助相关统计分析资料,研究目标客户的偏好,以决定为潜在消费者提供什么样的商品。

2. WHY——购买原因决策

即确定购买的动机。网络消费者的购买动机是多种多样的,其中代表性动机有求廉购买动机、求便购买动机、求新购买动机、求异购买动机等。对于网络营销商而言,还需要研究消费者购买商品是为了自己消费还是作为礼品馈赠他人,如果是为了自己消费,在包装上便可以不增加顾客购买的压力;如果要馈赠亲朋好友,包装上则要讲究一些。

3. WHEN——购买时间决策

即确定什么时间购买的问题。网络营销商应研究目标顾客购买决策过程中的时间规律性,以适当调整营销对策。比如季节性商品、节假日商品,往往在节假日到来之前是最旺销的时候。这个时候,为了适应购买的时间特征,应建立临时的分销渠道,或者摆出临时摊床。

4. WHERE——购买地点决策

即确定在什么地点购买的问题。网上购物一般有以下三种情况:

第一种是只能通过网络方式进行的购买,即网络消费者通过 C2C 网站,例如淘宝、易趣、拍拍等,去挑选、交易那些个性化或惟一性的网络商品;

第二种是网络购买与网下购买相结合的方式,即网络消费者去一些知名的 B2C 网站,例如卓越、当当等,然后根据具体情况或直接购买,或经过一系列的比较筛选后,在传统商店完成商品的购买;

第三种情况是纯为收集信息进行的网上查询,即使用新兴的购物搜索引擎,例如集泰网,比一比网等进行比较筛选后,最后通过传统商店购买商品。

鉴于上述情况,对网络营销商而言,就涉及到不同销售渠道的选择问题。如果消费者倾向于到传统零售商那里去购买,那么就需要借助中间商实施商品的分销工作;如果消费者倾向于到品牌专卖店去购买,那么该产品就需要讲专卖店,采取直销的形式销售;如果消费者倾向于直接在家里购买,那么就需要采用网上分销的形式,让顾客在家里就可以订购。这样就出现了基于网络购物的多样化分销渠道。

5. HOW MANY——购买数量决策

即买多少商品的决策问题。通常消费者会根据自己的生活方式、购买习惯、使用频率、支付能力以及该网站配送费用的收取情况,决定一次购买商品的数量。一般来说,使用频繁的日用品,消费者每次购买的数量就比较多。

配送费用是网上购物的额外成本,一般以每订单为单位,因此购物时应尽量选择集中购买。如卓越网的配送费收取标准为快递送货上门配送费 5 元/单,订单商品总额满 99 元则免收 5 元配送费。在这样的规则下,消费者常常会增加购买品种与数量,以降低购买成本。

6. HOW——购买方式决策

即确定如何购买的问题。消费者在购买商品时必须决定采用什么方式,包括支付方式及送货方式等等。在支付方式上,消费者可以选择银行转账、邮局汇款、第三方支付(如淘宝支付宝,易趣安付通,拍拍财富通等)或货到付款等;在送货方式上,消费者可以根据自身情况选择平邮、快递或 EMS 方式。

消费者在购买方式上的决策,一方面取决于消费者的个人经济状况、支付能力;另一方面也与消费者对网络购物风险的态度密切相关。一般说来,为降低购物风险,网络消费者常常会倾向于选择货到付款或通过第三方支付方式。

把浏览量变成成交量

这是一篇关于如何探索你的潜在买家客户群的帖子,对于顺利卖出你的宝贝有一定的借鉴作用,认真读完它,应该有所收获!

把浏览量变成成交量,最根本的要求就是让你的目标客户成为你的浏览者,目标客户的浏览就是有效浏览,有效浏览才能成就一笔有效交易。

让你的目标客户最大程度地发现你的商品,根据淘宝目前排名顺序,其中一条主要原因是你商品的下架时间(也就是商品发布时间)。

商品发布的时间是淘宝卖家必须掌握的一个非常重要的环节,将上架/下架时间定在什么时候,关系到您的商品被浏览和有效浏览的数量,进而直接关系到商品的销售量。

从一天的时间上看:商品发布的最佳时间是上午 9~11 点,下午 4~6 点,晚上 9~11 点。

从一周的时间上看:商品发布的最佳时间是星期二~星期四。

上述时间是买家最集中在线的时间,您的商品最容易被浏览到。

总的来说,网络买家的年龄是 18~35 岁之间,其群体性质主要是:

(1)学生族:年纪相对偏小,上网时间比较特殊,往往是晚上十点之后,消费的商品一般追求物美价廉。

(2) 白领族：上网时间偏向于白天，一般是上班时间中相对空闲的时间，比如,周二～周四,周一要处理上周遗留事务,周五要处理本周事务。而一天中一般是早 11 点左右, 等吃中饭前, 或中饭后至一点钟, 或下班前, 即六点前,这段时间相对充裕,但是晚上一般应酬比较多,上网时间在十一点之后。本类人群对商品的品质要求较高,对商品价格不是特别关注。

(3) 游戏族：经常玩游戏,顺便上网买东西,时间一般从下午到晚上,追求的商品更趋向于虚拟商品,行业知识非常丰富,对于价格非常敏感。

(4) 普通上班族：上班时间太忙,或者领导不允许,只有晚上回家才有机会上网,一般是晚上八、九点以后。对商品没有要求,需求五花八门,因为经济上相对有控制,所以一般希望价格上能有优惠。

由此, 你必须首先掌握你的宝贝的买家群体, 再确定商品发布时间, 这样才能将商品浏览量转化为商品有效浏览量。

(四)三种性质的购买决策行为

一般来说,网络消费者有三种性质的购买决策行为。

1. 试购

从消费心理上讲,网络购物能够满足消费者追求个性化的需要,它代表着一种新颖、独特、具有时代特征的消费方式。据中国互联网络信息中心的调查显示,截至 2006 年 6 月 30 日, 中国网民总数为 1.23 亿人, 与 2005 年同期相比增加了 2 000 万人, 增长率为 19.4%。网上购物人群在网民中所占比例达到了 26%, 截至 2006 年 6 月, 中国经常上网购物人数已达 3 000 万, 与 2005 年同期相比,经常购物的网民增长了 50%。在这样的一个示范效应下,很多网民开始涉足网络购物。

由于此前消费者没有网络购物经验,难免心存疑虑。为减少风险,消费者常常会先尝试少量、小额购买,同时往往侧重于精神产品的消费,如通过网络书店购书,通过网络光盘商店购买光盘等。待消费者基本掌握了网络购物的规律和操作方法,并且对网络购物有了一定的信任感后, 消费者才会从侧重于从精神消费品的购买转向日用消费品购买,甚至是家电类商品的购买。

2. 重复购买

消费者对于曾经购买且产生良好体验的商品和网站会发生重复购买行为。这种重复购买行为会减少因决策不当而带来的购物风险,同时增强消费者对该网站及相关商品的忠诚度。

3. 仿效购买

当消费者因多种原因难以做出有效决策，或对自身决策缺乏信心时，可能会采取从众行为，仿效他人或大多数人的购买选择，以减轻心理压力和避免不良后果。正如我们经常看到的，在网络购物中，热卖的产品往往可以左右顾客的购买倾向。网络营销商一旦在产品名称中加上最热门、最畅销的关键词，或在产品的描述内加上以往客户购买的记录和评价信息等，往往可以激起客户的购买欲望。

（五）从决策化为行为的关键一步

购买决策同真正的购买行为并不是一回事。在一般情况下，消费者一旦做出了购买决策，他就会执行这个决策并真正的购买。但是就在消费者即将采购时，也许会出现某些未预料到的情况，从而改变了他们的购买意图。

在传统的购买行为中，消费者大多数的时间和精力是花在选择商品上，而在网络购物中，消费者往往是在结算中心耽误了更多的时间，消费者对于填写这些手续并不感兴趣。据调查，网络购物者常常会因为购买速度方面的原因中止购物，放弃购物车里已经选择的商品，这常让网络营销商们懊恼不已。

实际上一个网上购物的过程只需要"挑选商品——填写送货地址——付款——到货"。这是网上购物流程的概括，也是用户的心理模型。不幸的是，目前大多数购物网站将这一过程复杂化了。"购物车"、"暂存架"、"藏书阁"……这些在线购物网站的专有名词加剧了初次尝试网络购物的消费者的恐惧；"开户、订货、送货时间、礼品包装、付款方式、确认订单……"一长串的购物流程让消费者感觉如同在长征。可以说，当消费者选中了商品准备结算的时候，会发现万里长征才刚刚迈出了第一步。

如果能使购买者的购买速度有所提高，商品废弃率必然会减少。因此，缩减购买的步骤是促成现实购买的当务之急。专家认为，一个有效率的购买流程不应该超过9个步骤，应当使购物者在5分钟内完成购买行为。

对此，网络营销商可以在以下几方面做出改进：

（1）列出必要的购买步骤，尽可能将相关联的信息放在同一个页面上；

（2）提供已选购商品的快速链接，方便顾客再次确认产品的尺寸、颜色等细节；

（3）提供一张已选购商品的小图片，顾客不用浪费时间再重新回到之前的页面；

（4）简易的"添加、修改、删除"按钮与提醒功能，方便顾客的修改；

（5）为熟练的顾客提供快速通道，通过建立顾客信息资料库，进一步简化购物环节。

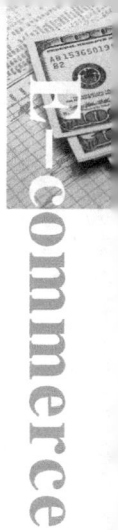

五、购后评价

消费者购买及使用所购商品后,会根据自己的感受进行评价,以验证购买决策的正确与否。一般说来,评价结果存在两种情况:假如所购商品能够在约定的时间范围内及时送到,且完全符合自己的意愿,甚至比预期的还要好,消费者不仅自己会重复购买,还会积极地向他人宣传推荐;相反,假如所购商品不符合其愿望,效用很差或遭遇网络欺诈,投诉无门,消费者不仅自己不会再购买,还会通过各种渠道发泄其不满情绪,并竭力阻止他人购买。可见,购后评价常常作为一种经验,反馈到购买活动的初始阶段,对消费者以后的购买行为产生影响。

商界中流传一句话:"满意的顾客就是我们最好的广告。"在这里,"满意"的标准是产品的价格、质量和服务与消费者预期的符合程度。产品的价格、质量和服务与消费者的预期相匹配,则消费者会感到心理的满足,否则,就会产生失落心理。购后评价是消费者发泄内心不满的渠道,同时也为厂商改进工作收集了大量的第一手资料。

对网络营销商而言,满意顾客的价值有两方面:一方面,伴随着交易次数的增长,顾客的花费会成倍增加;另一方面,除了购买数量及金额的不断提高外,满意顾客还会经常推荐新顾客进来,这是网络营销商提高利润的重要源泉之一。

iResearch 根据《CNNIC2004 年中国互联网热点报告》整理发现:目前国内网上购物尚存在多个需要改善的方面,其中最多人(31.1%)关心的是商品质量的提升,对配送时间有进一步期望的人达到了 21.6%,排在前五位的急需改善的网络购物环节还包括了商品信息描述的详尽与更新程度 (18.4%),商品支付手段的方便性 (18.2%) 以及诚信保障体制 (16.9%),详见图 3 – 3。而上述问题均与购物网站商品及服务水平存在问题而导致顾客不良的购后评价有关。目前,中国一亿多网民中,有过网上购物经历的仅四分之一左右,可以说是与网络购物仍存在大量的问题使顾客存在心理上的怀疑与排斥有关。

第二节　网络消费者满意研究

一、有关消费者满意的理论

对于实施 B2C 模式电子商务的企业来说,需要结合自身资源,分析影响网上顾客满意度的因素,然后从网络消费过程的各个环节入手满足其需要,提高网络消费

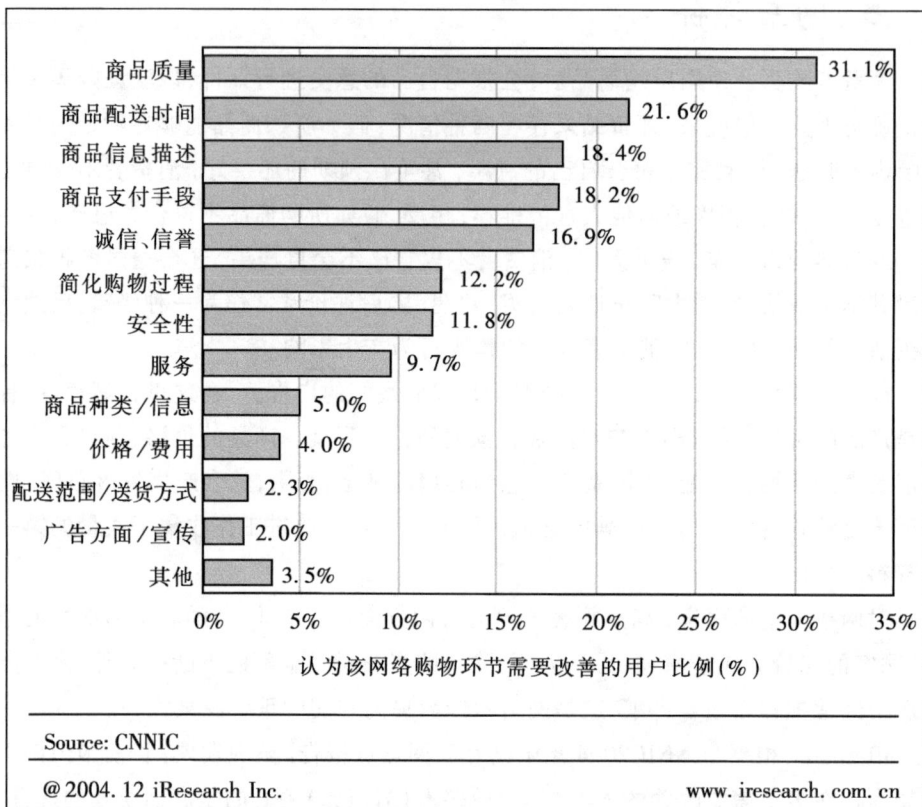

图 3-3　网购用户认为网络购物环节需要改善的方面

者的满意度,进而获得网络顾客的忠诚,以提升企业利润。

　　奥立佛(Oliver)的期望—实绩理论模型在一定程度上能解释网络消费者的满意现象。Oliver 认为,顾客在购买之前先根据过去经历、广告宣传等途径,形成对产品或服务实绩特征的期望,然后在随后的购买和使用中感受到该产品或服务的实际水平,最后在感受到的实绩与顾客期望的比较过程中进行判断。如果感知实绩不能满足期望,则两者的比较过程是积极的,将导致顾客满意,反之,则可能会不满意。在此基础上提出了网络消费者期望—实绩模型(如图 3-4 所示)。

　　参与网络交易的主体有企业、消费者、政府、网上银行等,由于电子商务是基于网络进行的商务活动,它与现实生活中商务活动存在一些不同,因而影响顾客满意度的因素发生了变化。根据图 3-5 给出的网络环境下顾客满意度模型,可以建立B2C 模式下商贸企业的网络消费者的满意度测评指标体系(见表 3-1)。

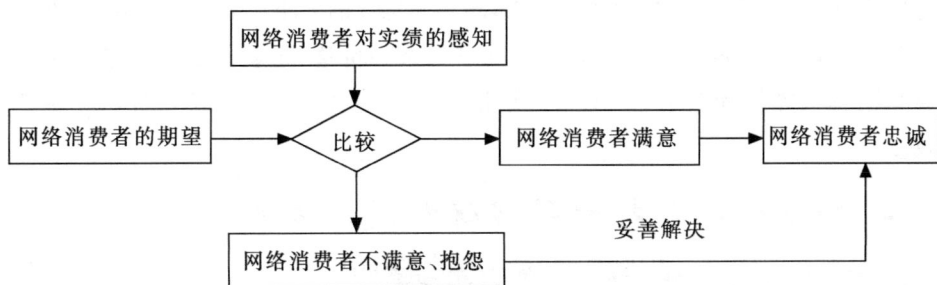

图 3-4　网络消费者期望—实绩模型

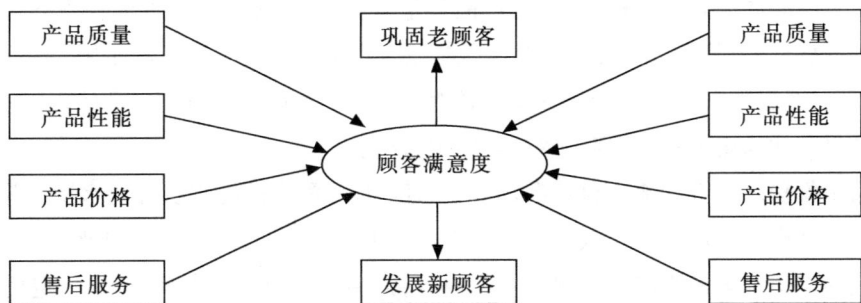

图 3-5　网络环境下顾客满意度模型

表 3-1　网络消费者的满意度测评指标体系

传统指标	网络指标
产品质量	购买便捷性
产品性能	配送速度
产品价格	个性特征
售后服务	互动交流

进一步对指标进行分解:产品质量可以从耐用性、可靠性、可行性等方面考查;产品性能可以从适用性、兼容性以及相关的技术指标等方面考查;购买便捷性可以从付款方便性、支付的安全性等方面考查。由于各个商品或服务不同,其对应的各方面属性也会不同,所以不能给出一个普遍适用的指标体系。

结合给出的指标体系,可以采用排序量表法,将每个指标用 5 级来标度,如非常满意、满意、一般、不满意、非常不满意,分别赋予相应的量化值如 5、4、3、2、1。在网络上进行在线问卷调查,统计调查结果,配合相应的方法如层次分析法确定各指标的权重,就可以加权平均求和算出总体顾客满意度的大小。需要说明的是,在网络经济的环境下,顾客一般会更加注重网络带来的价值,也就是通过电子商务能带给自己哪些方便和实惠,所以,网络消费者可能会对网络评价指标给予更高的权重。

二、网络营销商提升顾客满意度的方法

(一)严格遵循服务承诺制定的可实现原则

所谓服务承诺,是指服务组织明确传播给顾客的关于服务的信息。通常网络营销商会对服务的以下内容进行承诺:产品质量的保证、服务时限的保证及服务附加值方面的保证,等等。这些信息将直接影响顾客对于购物的期望值。如当顾客看到营销商"三个工作日内到货"的承诺时,必然会产生三天内收到所购货品的期望。若实际结果与此承诺不符,顾客必然产生失望情绪。

营销管理之父菲利普·科特勒认为,"满意是一种人的感觉状态的水平,它来源于对一件产品所设想的绩效或产出与人们的期望所进行的比较"。因此,网络营销商应准确地承诺最终能够实现的服务内容,避免顾客形成过高期望,即一定要遵守"承诺制定的可实现原则"。

(二)倾听客户需要,及时表达对顾客的关心

从企业的角度来说,顾客服务的目标并不仅仅止于使顾客满意,使顾客感到满意只是营销管理的第一步。美国维持化学品公司总裁威廉姆·泰勒认为:"我们的兴趣不仅仅在于让顾客获得满意感,我们要挖掘那些被顾客认为能增进我们之间关系的有价值的东西。"在企业与顾客建立长期伙伴关系的过程中,企业向顾客提供超过其期望的"顾客价值",使顾客在每一次的购买过程和购后体验中都能获得满意。每一次的满意都会增强顾客对企业的信任,从而使企业能够获得长期的盈利与发展。

关心,指的是在线零售商主动、定期地回访客户,使其感受到零售商对他们的关注与重视,感受到他们购买产品后所得到的超值价值,以此来促进交易,建立长期的顾客关系。对顾客的关心既体现在确定服务中没有疏漏,表达在线零售商对细节的关注;也体现在当疏漏发生时,在线零售商迅速解决问题的能力。正如一些营销学者所描绘的那样,如果某个顾客不满意,他会告诉他的 5 个朋友,但是在网络上他会告诉 5 000 人。另外,在网络这一虚拟空间中,顾客很容易转向其他的竞争对手,所以在线零售商及时表达对顾客的关心,通过沟通掌握顾客需要就显

得尤其必要。

关心，被界定为某个顾客一直被告之所期望的产品的可获得性、订单的状态，以及网络营销商为提高服务质量的努力程度。服务的失败会影响将来的业务，因为它将削弱顾客与公司之间的联系，降低他们对服务质量的预期，从而影响他们的重复购买。所以，公司所付出的对顾客的关心将有效提高服务质量，而导致更高的在线忠诚。

> **专栏:** 美国比恩(BEAN)邮购公司的客户服务
>
> 　　有一位对该公司怀有好感的顾客曾经将一件已经穿了多年的旧衬衣寄回比恩公司。这件衬衣的袖口磨破的情形很特别，该顾客认为公司可能有兴趣从顾客这里得到这类产品的信息，并在以后做出改进。在附给公司的信中，这位顾客清楚地表明她并不要求任何补偿。
>
> 　　之后没多久，这位顾客接到比恩邮购公司客户服务代表的电话，说是公司想要换一件新衬衣给她，但她原来购买的那一款颜色已经缺货。虽然这位顾客向客户服务代表解释她寄回衬衣的动机，并强调她并不期待公司给她换货，但是这件事对客户服务代表来说似乎很重要，所以该顾客就将自己喜欢的颜色和尺寸告诉了对方。客户服务代表同时告诉这位顾客:因为这件衬衣现在打五折，因此公司将免费寄给她两件衬衣。就在该顾客认为比恩邮购公司的做法已经远远超过自己的期望时，过了几天该公司就把两件衬衣寄给了这位顾客，并且多做了一件事，同时寄给她的还有一张支票，是支付该顾客当初寄回那件旧衬衣时所付的邮资。
>
> 　　正如商业界流行的这样一句格言:当你还在考虑是否该为顾客提供服务时，卓越的公司已经在身体力行。

(三)建立完善的网上售后服务体系

1. 网上售后服务的内涵

售后服务是企业对客户在购买产品后提供多种形式的服务的总称，其目的在于提高客户满意度，建立客户忠诚。

网上售后服务就是营销商借助互联网的直接沟通的优势，以便捷方式满足客户对产品帮助、技术支持和使用维护的需要的客户服务方式。网上售后服务可分为两类，一类是包括产品运送、调换退赔、客户投诉处理等的基本售后服务，另一类是网上产品支持和技术服务等。

由于分工的日益专业化,产品的生产常常需要多个企业的配合,因此产品的支持和技术也相对更为复杂。提供网上产品支持和技术服务,可以方便客户通过网站直接找到相应的企业或者专家寻求帮助,减少不必要的中间环节。如美国的波音公司通过其网站公布其零件供应商的联系方式,同时将有关技术资料放到网站,方便各地飞机维修人员及时索取最新资料和寻求技术帮助。

2. 网上售后服务的特点

(1)便捷性。网上的服务是 24 小时开放的,用户可以随时随地上网寻求支持和服务,而且不用等待。

(2)灵活性。由于网上的服务是综合了许多技术人员知识、经验和以往客户出现问题的解决办法,因此用户可以根据自己需要从网上获得相应帮助,同时可以学习其他人的解决办法。

(3)低成本。网上售后服务的自动化和开放性,使得企业可以减少售后服务和技术支持人员,大大减少不必要的管理费用和服务费用。

(4)直接性。客户通过上网可以直接寻求服务,避免通过传统方式经过多个中间环节才能得以处理。

3. 提升网上售后服务水平,确保顾客满意

(1)完善物流配送体系,做好售后服务工作。据调查,目前绝大多数网站物流配送的成本过高,速度过慢,成为网络消费者最为不满的问题。要突出网上购物方便快捷的优势,网络营销商还必须在物流方面做好配套工作,加强与物流商的协调,使商品能快速、安全的送到消费者手中。

(2)不断完善技术,确保客户信息安全。消费者信息安全是消费者考虑的比较多的一个问题。网上商店应在技术上确保消费者的个人信息安全,这样既保护了消费者的权益,也提高了自身的信誉。同时,网络营销商还要做好与银行、第三方支付公司的协调工作,确保网上支付的安全可靠,从而使消费者放心地进行网上支付,提高消费者购物效率,并进一步突出网上购物的便捷性优势。

(3)及时解决问题。顾客在购买产品或服务后,可能会面临许多问题需要网络营销商协助解决。一般说来,顾客面临的问题主要是产品安装、调试、试用、故障排除,以及有关产品的系统知识等。因此,网上商店应具有完善的顾客互动系统,如设置供消费者免费拨打的咨询电话和投诉电话,在站点上直接提供技术支持和产品服务,以及常见的问题释疑(FAQ)等。这些均有助于消费者形成正面积极的购后行为,一方面可以促使其产生重复购买,另一方面还可以通过消费者口头传播扩大网

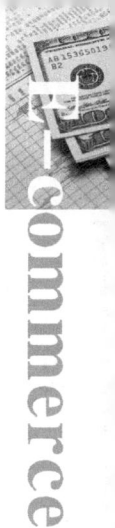

上商店的影响。

对于有些比较难以解决的问题,或者顾客难以通过网络营销站点获得解决方法的问题,顾客也希望公司能提供直接支援和服务。这时,顾客需要与公司人员进行直接接触,向公司人员寻求意见,得到直接答复或者反馈顾客的意见。与顾客进行接触的公司人员,在解决顾客问题时,可以通过互联网获取公司对技术和产品服务的支持。

(4) 设计网上虚拟社区,进一步加强营销商与顾客、顾客与顾客之间的沟通与互动。顾客的购后评价是其购买行为的一个极为重要的环节。在这个环节里,顾客将根据自己的购买体验对本次购买行为做出完整的评价。如果顾客评价的结果是不满意的,那么他们就需要采取一定的措施和行动来达到心理上的平衡。

网络营销商应通过设计网上虚拟社区为顾客提供一个发表言论的空间及心理平衡的渠道,让顾客在购买后既可以发表对产品、对购买过程的评论,也可以提出针对产品的一些经验,或者与一些使用该产品的其他顾客进行交流,通过互联网向其寻求帮助等。实践证明,营造一个与企业的服务或产品相关的网上社区,不但可以让客户自由参与,同时还可以吸引更多的潜在客户参与。

值得注意的是,在虚拟社区里,顾客应享有充分的话语权。无论他们的评论是对商家有利的,还是不利的(除非恶意的),都应保持平和的心态,需要回复的应予以及时回复,且不要以直接删除的方式塞人视听,否则只会欲盖弥彰,导致更为严重的后果。相反,坦诚自己的失误,及时处理并解决问题,将赢得更多顾客的信任与青睐。

(5) 妥善处理顾客投诉。根据美国顾客满意度指数模型(ACSI),当顾客对某一企业所提供的产品或服务不满意时,他们会选择两种渠道来表达这种不满意:一是停止购买该产品或服务;二是向该企业表达自己的抱怨或不满以获得赔偿。

重视并妥善处理顾客投诉,网络营销商至少能获得以下好处:

①避免引起更大的纠纷:在现实生活中,很多大的纠纷往往都是因为小的抱怨未能得到妥善处理导致的。网络使信息传递的速度和范围得到了最大限度的发展,口碑效应凸显,营销商更需要高度关注顾客的态度,有效降低公关危机发生的概率;

②提升营销商形象:营销商对顾客的询问或抱怨做出恰当及时地处理,会使顾客对营销商保持良好的印象,使顾客及潜在的顾客对营销商产生好感;

③收集市场信息:对营销商来说,顾客以投诉方式向营销商诉说自己的不满,

希望营销商能解决自己的问题，实际上是不惜花费时间与精力为营销商提供宝贵的信息，这些信息是顾客真实需要的体现，是普通市场调查难以获得的宝贵信息；

④业务合理化，降低成本：营销商可以从顾客的抱怨中找到修订业务程序的思路与捷径，提升顾客的满意度，降低企业的经营成本；

⑤争取顾客：对于投诉处理结果感到满意的顾客，他们再度购买的比例，比虽然怀有不满却未采取行动的顾客要高得多。据统计，保留这些顾客所需的费用，仅是争取新顾客所需费用的1/6。

处理顾客投诉的方法很多，而利用网络与顾客进行沟通则是最好的方式之一。通过网络工具与顾客进行经常的对话以加强联系，可以在问题发生时处于一种有利的地位。网络营销商可在网站上设立专门的用户反馈区，并设立专门的部门来处理顾客的投诉及建议，形成完善的客户投诉跟踪处理及反馈机制。客户提出的每一份投诉，均由专业人员跟踪解决，力求让每一个投诉者满意。此外，网络营销商也可采用方便快捷、经济且无时空限制的电子邮件方式，来加强与顾客之间的联系，及时了解并满足顾客需要。为达到这一目的，网络营销商必须加强对电子邮件的管理，尊重顾客来信，确保邮路畅通，由专人负责受理不同类别的电子邮件，并且快速回应。

有效的沟通传达了营销商合作的诚意，能够培养顾客的信任与容忍，并直接导致顾客满意度与忠诚度的提高。

通过以上分析我们可以看到，网络消费行为有着一般消费行为的各种共有属性，同时也包含着网络所赋予的特殊属性。对于网络营销人员而言，必须清楚的了解网络消费者购买行为的基本特点，并在此基础上制定富有针对性的营销策略，引导消费者的购买行为，促成交易，赢得消费者的重复购买与信任。巨大的网络市场蕴涵着巨大的商机，只有掌握了正确的方法才能获得消费者的青睐，成为最终的胜利者。

三、针对网络消费者动机的营销策略

消费者动机是复杂而多变的，人们往往无法清楚地表明自己的动机，或者在没有意识到内在的动机的情况下进行了购买。而商家却可以通过消费者的种种动机实行诱导，以多种战略尽可能地满足消费者，使动机转化为行为。

(一)注重网络广告信息内涵，提高有效点击率

网络广告是商家促销的主要形式，同时也是商家与消费者进行信息交流的主

要形式。网络广告在技术上通过设计软件和脚本语言来实现,寄托于网站而存在,通过网民的点击向广大网民传递新产品或服务的信息。它的目标是通过信息沟通使消费者产生某一品牌的认知,从而产生情感以及需要的变化,直至影响其购买行为,最终实现企业的营销目的。

虽然网络广告形式多样,但消费者购买行为主要来源于两种原因:

第一,现实生活中有需求的消费者,会主动收集相关的信息,同时特别关注网络中相关的广告信息;

第二,有某种潜伏需求的消费者,经过广告强有力的引导和激发,最终发掘了潜意识的需求,增强其购买欲望。

消费者的购买行为,直接受人的心理活动支配,因此,在网络广告的策划阶段就应该针对消费者的心理特点做足文章,把广告中强有力的信息直接指向具有某种需要的消费者,作为网络广告信息服务的目标定位,以便广告信息有效地传递。只有消费者即广告信息的受众注意到广告所要传递的信息后,对广告中的产品或服务发生了兴趣,才会进一步点击,了解更详细的信息,从而发生在线注册、留言,或在线订购甚至直接在线支付行为。因此在广告的策划阶段为广告信息的受众做好准确的定位至关重要。要定位好信息的目标是指向哪些群体、哪些阶层、哪些区域等。有了准确的定位,才能确定广告发布的时间,在什么性质的网站上发布,以及以什么形式发布和网络广告的费用预算等具体细节。

然而,随着网民上网经验的增加,对网络广告的新鲜感也逐渐减弱。除非是目标顾客,否则多数情况下网民认为泛滥的在线广告干扰了正常的网上生活,从而产生反感和排斥。在这种情况下,要充分尊重网民是否点击的意愿,与此同时,网络广告的制作者应该从广告信息本身的内容上下功夫,把信息与多媒体有机地结合起来,满足消费者兴趣和情感的需要。优美的网页可以让访问者更多地停留在网页上,使他们对网页上的产品产生更大的兴趣,但真正促使他们决定购买的还是他们所得到的商品本身的信息。因此,一个好的网页广告应该更好地展示商品,在尊重网民的前提下用广告的创意吸引、刺激网民进行点击,创作精品的网络广告作品以达到信息传递的最佳效果。但要注意太片面注重视觉和听觉上的刺激效果,也容易失去广告本身信息传递的意义。

(二)利用虚拟社区,把握顾客需要

前面关于消费者需要动机的论述里提到了人有聚集和交流的需要,虚拟社区就可以满足人们的这类需要。虚拟社区是通过互联网进行交流的社区,在不少人的印象中它只不过是网上的一块聊聊闲天、耍耍贫嘴的地方,似乎体现不出什么商业价值来。殊不知社区中的网民就是潜在的购买力。基于社区的电子商务将交易功能融合到社区的成员聚集中,使交易成为为成员提供服务的过程,不会令客户感受到被强加的推销感,可作为公司与顾客之间一对一联系的渠道。

比如一个与电子玩具相关的社区,商家可以通过人们对市面上出售产品的喜好和评价进行定向跟踪、了解、分析,也可以直接对某种玩具的使用情况提问,网上自然会有人热心地回复,企业因此能适时地、主动地推出满足顾客需要的产品或服务。设想一下,当一个消费者刚在社区里四处打听一种最新式的电动狗时,第二天他的信箱里就来了这种商品的订单,他会怎样呢?迅速准确地把握顾客的需要,恰当地使用推销战略,是抓住顾客的有效手段。

(三)以客户为中心,提高满意度

企业要认识到网站的每个访问者都是一个潜在的顾客,由于他们在购买之前要做出细致的比较分析,尤其是对产品质量及售后服务等方面要求较高的大件商品,如汽车等,他们在了解信息的时候就是在享受服务,网站上的任何信息都有可能是改变消费者行为的因素,如产品的特性、购后担保服务和维修信息、公司的管理人员等。因此,企业需要根据顾客需要充分展示产品的性能,及时回答顾客的提问,尽量使顾客获得完全的信息,享受到优良的售前服务,因而产生信任,进行购买。

要满足顾客需求,就要以顾客为中心。所谓顾客策略,就是把顾客当成自家人,想顾客之所想,不断地使顾客满意。美国的伯民曾说过:"对待每位顾客都应该像对待自己父母、兄弟和姐妹一样。"日本的松下幸之助同样非常看重顾客:"把交易对象都看成自己的亲人,是否能得到顾客的支持,决定商店的兴衰。"所以,只有树立以顾客为中心的营销思想,从顾客出发,以顾客为中心,把顾客当作自家人,才能生产出他们所需要的产品,才能向顾客提供卓越的价值。对于拥有理智型动机的消费者而言,以顾客为中心显得更加重要。

(四)在满意和信任的基础上建立忠诚

顾客满意是顾客忠诚的基础,顾客满意度的大小在很大程度上决定了顾客忠诚度的大小,顾客忠诚度是顾客满意度的直接体现,它能够降低企业留住顾客的成本。尽管在网络营销这个开放的环境中,满意度和忠诚度有时并不对等,但顾客忠诚仍然是企业盈利的保障。与传统营销相比,信任是网络营销存在的显著问题,没有了面对面的交易环节，营销似乎显得有些缥缈，加上一些技术和安全问题，使得网络信任度急剧下降，所以只有在消费者信任和满意的基础上才会产生忠诚。国际上一系列的研究表明，买卖双方的信任关系对发展并维护顾客的回头率与忠诚度起决定性的作用。信任被看作是决定交易过程成败的关键因素，是交易关系进一步发展的催化剂。

在电子商务的交易中，网站是商家与顾客及潜在顾客之间沟通的主要工具。通过网站，网上商家将自己的产品种类、服务、企业简况等信息直接向公众发布，并且必须同时通过提示性信任因素的显示，在公众心目中建立起一种值得信赖的初步印象，进而诱导顾客与自己进行首次网上交易。这些能够通过网站显示出来的提示性因素包括：完善灵活的退换货政策，商家知名度（可通过在报纸、杂志之类的传统媒体上做广告实现），专业化的网站外观，隐私与安全政策，在网站上提供商家的地址与电话号码等。

当顾客有了与销售者打交道的经验后，就开始信任这个销售者了。当顾客同这个销售者有了多次很好的体验后，就忠诚于这个销售者了。因此，不断的满意服务可以培养顾客的忠诚。此外，保证产品质量、制定合理优惠的价格、缩短配送时间、增强产品新颖性、完善网络设施等都是吸引和留住顾客的法宝。

网络营销毕竟有别于传统营销，作为一种新生事物，需要经历长期的探索和实践才能稳步地发展起来。目前，人们对网上交易的可靠性尚存在着普遍的疑虑，要使网络营销深入人心需要各个方面的积极努力，当然也包括对顾客本身的研究。网络消费者的内在心理是不断变化且不易察觉的，企业只有深入了解，随之而变，才能在网络世界中真正赢得顾客。

第四章
影响网络消费者购买行为的环境因素

本章内容提要

　　本章主要分析影响网络消费者行为的营销因素、技术因素和宏观环境因素,从而对网络消费者购买行为的产生原因进行解释。

　　日前,国美电器与国内领先的独立第三方支付企业快钱达成战略合作关系,双方针对国美网上商城业务特点,利用企业快钱在线支付平台,共同打造了一套网上支付解决方案。至此,国美网上商城在原有的依托门店配送人员实现的货到付款模式上,又与企业快钱等第三方支付企业合作建立了网上支付体系,形成多样的支付形式,为消费者提供了安全、高效的网上购物通道。

　　2003 年 1 月运营的国美网上商城,销售额呈逐年增长趋势。2006 年国美网上商城推出视频导购,数字展厅、明星在线、WAP 网站、快乐家电生活秀等视频互动,3D 互动网络直播等展示多元化的栏目,得到业内人士认可。

　　同时,为了电子商务配送服务,国美网上商城在全国一线城市建立了 42 个分站,基本实现全国范围内的区域本地化服务,达到了中心区域 24 小时配送,二级区域 48～72 小时配送到位的能力。同时,遍布全国的 600 多家国美门店的售后体系解决了商品质量售后服务。通过技术的进步和服务提升,国美网上商城将成为集家电信息资讯、产品资讯和在线家电购物于一体的"家电门户网站"。

　　分析人士指出,传统家电零售行业与第三方支付平台结盟,说明网上支付这样一种新的模式正逐渐获得社会的认可。依托独立的电子支付平台,我国家电零售行业的销售模式与交易效率将产生巨大的改变。

　　资料来源:《中国证券报》

相关链接

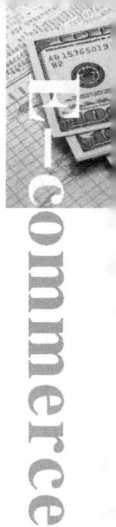

　　网络消费者是网络营销商产品销售的市场,是其直接或最终的营销对象。现代网络技术的飞速发展,极大地消除了营销商与消费者之间地理位置的限制,创造了一个让双方更容易接近和交流信息的机制。互联网络真正实现了经济全球化与市场一体化。它不仅给营销商提供了更为广阔的市场营销空间,同时也增强了消费者选择商品的广泛性和可比性。消费者可以通过网络,获得更多的需要信息,使其购买行为更加理性化。虽然在营销活动中,网络营销商不能控制消费者的购买行为,但他可以通过有效的营销活动,给消费者留下良好的印象,处理好与消费者的关系,促进产品的销售。另一方面,网络消费者的需要和购买行为,都是在一定的政治、经济、社会文化环境中形成并发生变化的。为了进一步掌握网络消费者购买行为的规律性,我们有必要对这些影响消费者购买行为的因素进行研究与分析。

　　影响网络消费者购买行为的因素可以分为两大类,一类是网络营销商所设计的市场营销因素,包括产品、价格、渠道、促销、广告、支付、服务等;另一类是外界环境刺激因素,包括政治法律环境、人口环境、社会文化环境、经济技术环境、物流配送环境等。以上因素均会在一定程度上影响网络消费者的决策过程,最终影响其购买行为。

第一节　影响网络消费者购买行为的市场营销因素

　　所谓市场营销因素,是指网络营销商针对目标消费者设计运用的各种市场策略和手段,是直接影响网络消费者购买需要及行为发生的关键因素。与消费者购买行为直接相关的营销因素有产品、价格、渠道、促销、广告、支付及服务,等等。关于产品、价格、渠道及促销因素对消费者购买需要的促进及影响作用在前一章我们已做了比较详细的分析,不再赘述。本节我们将详细分析网络广告、支付方式及网上服务对网络消费者购买行为的影响。

一、网络广告的发展对网络消费者购买行为的影响

　　网络广告是指企业运用专业的广告横幅、文本链接、多媒体的方法,在互联网刊登或发布广告,并通过网络传递到互联网用户的一种高科技广告运作方式。

　　正如电视出现后,吸引了无数电视迷,同时造就了无数广告大亨一样,网络广告也正在重演历史的精彩镜头。

　　据 CNNIC 统计,从 1998 到 2004 年的这 7 年时间里,中国网民数量增长140倍,截至 2004 年 6 月 30 日,中国网民数量达到 8 700 万,成为仅次于美国而位居全

球第二的国家。2004 年以后,中国网民仍以每年持续 30% 左右的速度增长,2005年突破 1 亿人,2006 年已达到 1.37 亿人。

另据中国社会科学院 (Chinese Academy of Social Sciences) 组织的一项调查发现,平均而言,上海、北京和广州三座大城市居民中约有三分之一的人上网,人口在 10 万左右的小型城市居第二位,上网率高达 27%,发达省会城市的上网率也达到 24%。

中国网民数量雪崩式的增长,让企业家的市场头脑也发生了改变。他们悄无声息地加大了网络广告的投入比例。根据 iResearch 的调研数据显示,2005 年中国网络广告市场规模为 31.3 亿元(不含搜索引擎市场规模),比 2004 年增长 77.1%,是 2001 年的 7.6 倍,占整体广告市场的比重由 2001 年的 0.5% 迅速攀升至 2005 年的 2.3% (见图 4 - 1)。2006 年我国整体广告市场继续高速发展,其中网络广告表现最为突出。据 iResearch 统计,2006 年网络营销市场规模达 60.1 亿元人民币,其中网络广告市场规模 46.6 亿,搜索引擎市场规模 13.5 亿,不含代理商收入,同比增长 44%,所占比重快速提高,占整体广告市场 3.8%,预计 2010 年中国网络营销市场规模为 230 亿(见图 4 - 2)。

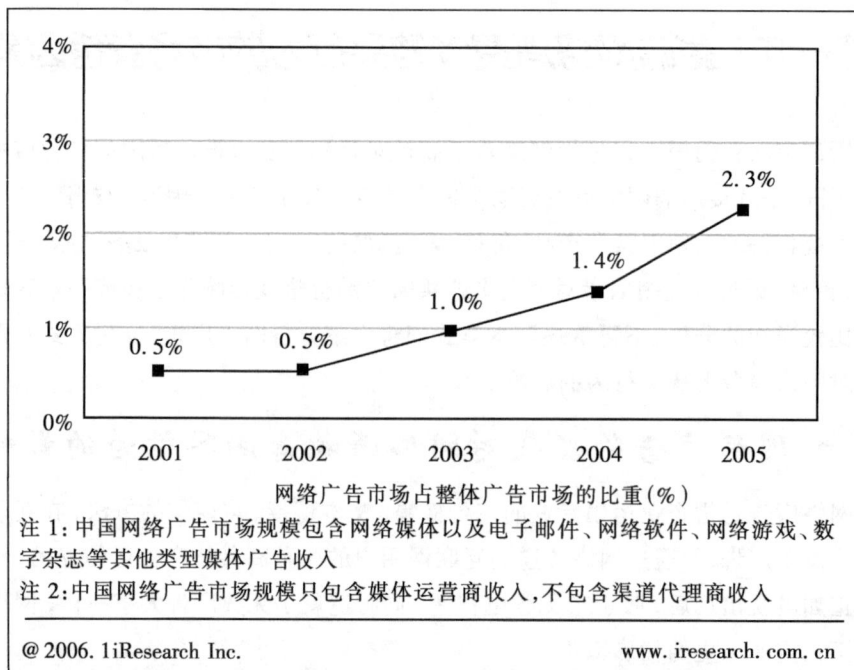

网络广告市场占整体广告市场的比重(%)

注 1:中国网络广告市场规模包含网络媒体以及电子邮件、网络软件、网络游戏、数字杂志等其他类型媒体广告收入

注 2:中国网络广告市场规模只包含媒体运营商收入,不包含渠道代理商收入

@ 2006. 1iResearch Inc.　　　　　　　　　　　　www.iresearch.com.cn

图 4 - 1　历年中国网络广告市场占整体广告市场的比重

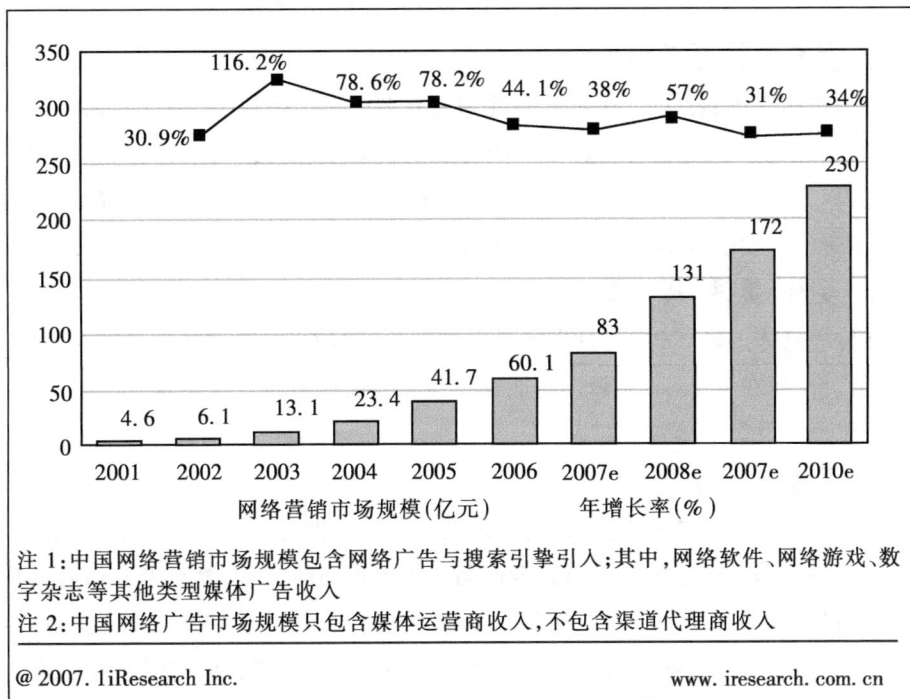

图 4-2 2001~2010 年中国网络营销市场规模

(一)网络广告的优势

与传统的电台、电视、报纸、路牌等广告形式相比,网络广告的优势体现在以下几个方面:

1. 传播范围最广

网络广告的传播不受时间和空间的限制,它通过国际互联网络把广告信息24小时不间断地传播到世界各地。只要具备上网条件,任何人在任何地点都可以阅读。这种效果是传统媒体无法达到的。

2. 交互性强

交互性是互联网络媒体的最大的优势,它不同于传统媒体的单向信息传播,而是信息互动传播,用户可以获取他们认为有用的信息,企业也可以随时得到宝贵的用户反馈信息。

3. 针对性强

根据分析结果显示:网络广告的受众是年轻、有活力、受教育程度高、购买力强的群体,网络广告可以帮助企业直接命中最有可能的潜在用户。

4. 受众数量可准确统计

利用传统媒体做广告,很难准确地知道有多少人接受到广告信息,而在 Internet 上可以通过权威公正的访客流量统计系统精确地统计出每个广告被多少个用户看过,以及这些用户查阅的时间分布和地域分布,从而有助于企业正确评估广告效果,审定广告投放策略,在激烈的商战中把握先机。

5. 实时、灵活、成本低

在传统媒体上做广告,一旦发布后很难更改,即使可改动往往也必须付出很大的经济代价。而在 Internet 上做广告能够按照需要及时变更广告内容。这样,经营决策的变化也能及时实施和推广。

6. 强烈的感官性

网络广告的载体基本上是多媒体、超文本格式文件,图、文、声、像并茂。消费者可以通过便捷的方式了解到其感兴趣产品的更为详细的信息,甚至亲身体验产品、服务与品牌。这种以图、文、声、像传送多感官信息的形式,让顾客如身临其境般感受商品或服务,并能在网上预订、交易与结算的方式,大大增强网络广告的实效。

(二)网络广告的形式

网络广告采用先进的多媒体技术,拥有灵活多样的广告投放形式。常见的网络广告投放形式有:①横幅式广告,又名旗帜广告,是最常用的广告方式。通常以 Flash、GIF、JPG 等格式定位在网页中,同时还可使用 JAVA 等语言使其产生交互性,用 SHOCKWAVE 等插件工具增强表现力。②按钮式广告,以按钮形式定位在网页中,比横幅式广告尺寸小,表现手法也较简单。③邮件列表广告,又名"直邮广告",利用网站电子刊物服务中的电子邮件列表,将广告加在每天读者所订阅的刊物中发放给相应的邮箱所属人。④电子邮件式广告,以电子邮件的方式免费发送给用户,一般在拥有免费电子邮件服务的网站上常用。⑤插页式广告,又名"弹跳广告",广告主选择自己喜欢的网站或栏目,在该网站或栏目出现之前插入一个新窗口显示广告。⑥互动游戏式广告,在一段页面游戏开始、中间、结束的时候,广告都可随时出现,并且可以根据广告主的产品要求为之量身定做一个属于自己产品的互动游戏广告。

随着我国网络广告市场的不断发展,传统的网络广告形式也在不断地演变。近年来,涌现出两种更为有效的网络广告形式,分别是搜索引擎竞价广告及窄告。

1. 搜索引擎竞价广告

搜索引擎竞价广告又称竞价排名,是搜索引擎关键词广告的一种形式,按照付费最高者排名靠前的原则,对购买了同一关键词的网站进行排名的一种方式。竞价排名也是搜索引擎营销的方式之一,于 2000 年被美国著名搜索引擎 overture(2003年 7 月被雅虎收购)开始首次采用,目前被多个著名搜索引擎采用。中文搜索引擎百度、一搜等都采用了竞价排名的方式。

竞价排名的基本特点是按点击付费,广告出现在搜索结果中(一般是靠前的位置),如果没有被用户点击不收取广告费,在同一关键词的广告中,支付每次点击价格最高的广告排列在第一位,其他位置同样按照广告主自己设定的广告点击价格来决定广告的排名位置。

在搜索引擎营销中,竞价排名的特点和主要作用如下:

①按效果付费,广告费用相对较低;

②广告出现在搜索结果页面,与用户检索内容高度相关,增加了广告的定位程度;

③竞价广告出现在搜索结果靠前的位置,容易引起用户的关注和点击,因而效果比较显著;

④搜索引擎自然搜索结果排名的推广效果是有限的,尤其对于自然排名效果不好的网站,采用竞价排名可以很好弥补这种劣势;

⑤广告主可以自己控制广告价格和广告费用;

⑥广告主可以对用户点击广告情况进行统计分析。

2. 窄告

窄告就是网络定向广告,是由天下互联公司推出的,在新浪网、网易、TOM、中华网、人民网、新华网、中国新闻网等上千家权威网站投放的与文章上下文内容智能匹配的网络分众广告。窄告开创了"每次点击最低价 0.2 元人民币、免费展示"的全新收费模式,被誉为"全球价格最低的广告",覆盖 95% 以上的中文网民。相对于搜索引擎竞价广告,窄告通过以下几点优势弥补了竞价广告的不足之处:

首先,从受众价值来看,搜索引擎竞价广告基于搜索引擎,只有习惯于进行搜索的网民,才能经常看到竞价广告。目前,这些网民以年轻人居多,虽然他们能够熟练使用搜索,但是消费能力却较低。"窄告"基于网络新闻,影响的网民以具有浏览新闻习惯、工作稳定、收入丰厚的中青年人士居多,很多处于管理决策层,不仅消费能力更强,决策权也更加集中,"窄告"的主体客户群商业价值较高。

其次，从消费者接触面来看，搜索引擎竞价广告只是在搜索结果的单一页面出现，如果网民不进行以"鲜花"为主题词的搜索，则"鲜花"的竞价广告是展示不了的；而窄告和文章上下文自动关联、智能匹配，属于嵌入式网络广告，比如一个关心汽车新闻的网民，不论是通过搜索后点击，还是通过浏览新闻目录都会浏览到汽车的最新新闻，在新闻旁边和汽车相关的窄告就会自动出现。从这个角度来看，窄告通过嵌入网页文章而发布，不管是通过搜索引擎点击后访问的青少年网民，还是通过浏览新闻而过来的中老年网民都能够全面覆盖。窄告比搜索引擎竞价广告覆盖面更广、曝光率更高。

再次，从价格来看，搜索引擎竞价广告基于单个关键词竞价，也就是说，如果一个企业生产或者销售服装，包括男装、女装，它就必须至少在"服装"、"男装"、"女装"三个关键词竞价，而且都是在搜索引擎结果的一个页面上竞价，竞争激烈，成本上升；而窄告并不是基于搜索引擎，所以一个窄告可以设定多个关键词，可以在新浪、TOM、中华网等全国上千家网站投放，每次点击最低价 0.2 元人民币，而且不点击不收费，这样，客户不用哄抢某一个单一关键词，而且还享受到了全国性的免费宣传，价格也比搜索引擎竞价广告低的多（起价窄告 0.2 元，竞价广告 0.3 元），这样，窄告就克服了搜索引擎竞价广告的单一关键词竞价和竞争过激的缺陷，具有免费宣传和按效果付费的双重功效，价格更低。

最后，从品牌影响力来看，搜索引擎竞价广告的入口比较单一，比如 Google、百度，都各自推出自己的搜索竞价广告产品，但只能在它们自己的搜索引擎结果页面上出现，很难覆盖到大型的门户网站；而窄告属于广告范畴，基于很多媒体组合，影响面很广，拥有包括新浪、网易、TOM、中华网、人民网、新华网、中国新闻网等上千家中国最为权威的网络媒体资源，对中国网民的覆盖面达到 90% 以上，只要投放了窄告，客户的营销服务信息就可以覆盖到全国最权威的网站。可见，窄告克服了搜索引擎竞价广告入口单一的局限，更能通过权威的媒体网络，建立起产品、服务的分众品牌。

由于窄告出色的定位技术及锁定目标客户的能力，被誉为网络广告的"响尾蛇"导弹。

3. 网络广告对网络购买者行为的推动作用

与网络广告市场飞速发展保持同步的，是电子商务的高速增长。2004 年，我国电子商务的增长率为 73.7%，营业额达到 4 800 亿元人民币，约为全球电子商务营业额的 2%；2005 年我国电子商务市场规模达到 6 800 亿元人民币，同比 2004 年增

长了 41.7%。至 2007 年,内地电子商务市场规模预期将达到 17 000 亿元人民币。网络广告对电子商务的推动作用可见一斑。

网络广告之所以能够对网络消费者的购买行为起到直接的推动作用,关键原因在于:

①新型的网络广告方式成本低,覆盖率高,降低了进入门槛,大批中小型企业借助这种针对性极强的促销方式成功地完成了对产品及其网站的推广,为网络消费者提供了更多更好的选择。

②新型网络广告方式对网络消费者有着更强的选择性与针对性。目标消费者可根据自己的兴趣和需要以十分便捷的形式浏览信息,有效促使其消费需要及购买行为的产生。

二、网上支付安全性对网络消费者购买行为的影响

影响消费者是否进行网络购物的一个非常重要的因素是网络购买的安全性问题。当消费者通过网络进行消费时,一般需要先付款后送货,这与传统购物一手交钱一手交货的现场购买方式有显著的差别,这种时空上的分离常常会使消费者有失去控制的离心感。因此,要想促进消费者的网络购买行为,必须设法降低网上购物给消费者带来的这种失落感,在网上购物的各个环节加强安全措施和控制措施,树立消费者对网上购物的信心。

目前,为消除消费者对于网络销售相关环节存在的顾虑,网络营销商通常会采用以下几种支付方式:

(一)在业务流程上采取货到付款的方式

货到付款能极大地降低消费者的购物风险,对增强消费者的信心的确有一定的帮助。但如此一来,网络购物的整个流程就变成:消费者从网上选择商品—订购—商家送货上门—客户付款。网络销售业务已经不是纯粹意义上的网络销售,网站的主要作用只是相当于给消费者提供一个选择的平台,仅仅类似于广告的性质,与网络销售的初衷背道而驰。

(二)采用第三方支付方式

所谓第三方支付,是指在电子商务企业与银行之间建立一个中立的支付平台,为网上购物提供资金划拨渠道和服务的企业。电子支付公司的产生,主要解决了电子商务的支付瓶颈。业内专家认为,银行之所以缺席该行业,是因为逐一给数十万

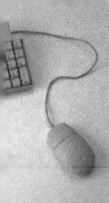

家中小商户开设网关接口的成本过高。而电子支付企业的作用就像通道,一端联系着数十万电子商务企业,一端连接着十几家银行的端口。这样一来,普通网民直接在支付平台上输入银行卡号密码就能完成支付。之后,支付平台再与商户们清算。第三方支付平台在相当程度上解决了此前困扰网络购物的诚信问题。2006 年,淘宝网和易观国际曾共同发布一份调查,99.7%的异地交易买家、99%的同城交易买家考虑优先使用第三方电子支付。

根据 iresearch 调查,2004 年中国第三方支付平台规模为 23 亿元,2005 年交易规模达到 79 亿元,2006 年超过 300 亿元,预计到 2010 年,将高达 2 800 亿元。2006 年,几十家支付公司经手的资金规模超过 300 亿元,数亿笔网上交易得以完成。

第三方支付是一个为了解决网络购物支付问题而产生的行业,一方面,它为网络消费者带来了购物的方便与安全,极大地推动了网络购物的发展,但另一方面,该行业在迅速发展的同时,也存在着竞争同质化、风险控制等诸多问题。

1. 第三方支付存在的主要问题

(1)存在金融风险。

目前,做第三方支付的大都是互联网公司,而不是金融公司,在所需资质方面,两者大相径庭。同时,几乎所有的第三方网络交易平台都存在一个超范围或者是突破现有法律规定的特许范围经营的问题。如国内最大的第三方支付平台——淘宝网旗下的支付宝,其名称、经营范围、交易规则都回避了金融机构和银行服务的概念,但从其交易行为看,它所提供的功能至少包括代收款、贷款、退款、查询、担保等,均属于金融服务方面的功能。作为一个提供相关金融服务的单位,它可能产生大量的资金沉淀,但对于第三方支付这样的非银行金融机构企业,一旦出现问题,后果将十分严重。

2003 年,某小型以出租网上店铺形式存在的电子商务网站因为拖欠商户货款而爆发商户集体抗议的事件。在该网站上,用户购买了商品后,钱先转账给网站,再由网站按一定的时间间隔与商户进行结算。结果到结算期时,该网站用各种借口拖延向商户付款,导致危机。所幸因为该网站规模较小,没有引发更恶劣的影响。

虽然,到目前为止尚未发现较大的事故发生,但处于法律空白地位的电子支付,仍然存在着类似的隐患。

(2)商户黏度持续缺失。

滞后的结算周期问题是商户难以形成对第三方支付商黏度的原因之一。目前来看,有 40%的第三方支付商与商户的结算周期在两周或两周以上,35%的第三

方支付商提供一周的结算周期，而能控制在小于或等于 3 天结算周期的第三方支付商只占到 25%。如此冗长的结算周期状况，也让不少商户为自己的资金安全而感到担忧。

商户的黏度不强本身就让第三方支付商很难形成自己的固定客户群，而银行的牵制与洗牌的加速更是让不少第三方支付商的生存空间被高度压缩，生存压力巨大。

(3) 同质化演绎成长烦恼。

第三方支付企业的历史大多很短。成立于 1999 年的上海环迅和北京首信，是中国最早的第三方支付企业。他们主要为 B2C 网站服务，功能相当于插线板，把银行和商家连接起来，从中收取手续费。

2005 年后，市场环境急剧变化。从事第三方支付的企业猛增至 40 多家，同质化严重，各公司开始不计成本地抢占市场。2005 年初，阿里巴巴推出支付宝，并实行免费政策，对市场的手续费率形成了巨大冲击。由于技术模式雷同，都做网银接口，在产品同质化的条件下，惟一竞争方式就是价格战。"钱景"广阔的支付行业迅速变得无利可图。2005 年之前，北京首信、上海环迅的利润率大概保持在总交易额的 1%～2%。目前，第三方支付企业的利润率已下降了 50%。

鉴于第三方支付目前存在的诸多问题，加强对第三方网络支付平台的法律监管已势在必行。据悉，中国人民银行已在 2007 年发放行业牌照，央行首批发出了 10 张牌照，其余 30 多家拿不到牌照的公司将继续等待新牌照的发放，同时酝酿已久的《清算支付管理办法》也已在 2007 年 6 月出台，这均意味着央行已将互联网纳入监管视野，是该行业进一步走向规范化的前提保证。

第三方支付几乎全部通过"先行赔付"方式降低顾客风险。

关于"先行赔付"方式，在第三章中已有过介绍。2005 年，eBay 易趣"安付通"、淘宝网"支付宝"几乎同时推出"全额赔付"的升级服务，对提高消费者网上支付的兴趣和信心产生了积极作用。然而从根本上来说，所谓"全额赔付"仅仅是企业的一种宣传语，受各种客观因素的限制，这一承诺在实际的交易中往往难以实现。

第三方支付的方式有如下几种。

(1) 中国银联"支付易"。

中国银联推出的支付易类似于一部电话再加上一部无法提取现金的 POS 机的功能，这部 POS 机还能直接完成网上交易，尽管它与互联网并没有直接的连接。用户可以直接在电话的刷卡槽上刷卡完成支付，为网络购物者提供了极大的方便。

但在支付易给用户带来极大方便的同时，它也存在着难以避免的限制因素：①支付易是中国银联与中国电信共同合作推出的，通过走专网的形式，在一定程度上比走互联网的数据安全性要高了一些，信息被盗取的难度也大了许多。但因为是专网输送数据，有效数据的比例集中，一旦专网遭到攻击，带来的损失也将非常严重；②这种支付方式必须是银联和电信运营商之间的合作，需要银联与所有的电信运营商达成合作，以达到最大程度的用户覆盖。但由于固话运营商已经形成了地域垄断，并且也在探索直接介入到网上支付领域的方式，这将给支付易与固话运营商的合作带来一定的阻力；③由于在普通电话上加了刷卡槽，终端的成本比普通电话大幅增加，将直接影响其终端推广。

（2）动态密码。

2006年初，中国建设银行开始尝试动态密码的方式，继而中国工商银行也推出了动态密码卡。用户可以到银行办理相应的手续，购买一张动态密码卡，在进行网上交易时，根据网银提供的对应信息，刮开动态密码卡上的相应位置涂层并填入密码。因为动态密码卡每次都在变化，并且每张动态密码卡只和惟一的账号相对应，这样避免了用户在网上交易时密码被盗的可能性。同时，由于每次填入的密码不断变化，即使黑客盗取了当前输入的密码，下次再输入时，密码也会发生变化。

动态密码卡使用户避免了在网上交易过程中遭遇网银大盗等黑客软件的可能性，在一定意义上提高了安全保障，并且用户也不需要再自行购买数字证书或者电子签名，不失为一个变通的方法。只是动态密码卡的使用次数有限，当次数用完时，用户就要再去买一张动态密码卡，这对网上交易频繁的用户来说仍不太方便。2006年10月中旬，深圳发展银行推出了基于动态密码的密码生成器，通过该生成器，理论上可以无数次生成新的动态密码。但这都需要用户支付一定的费用。

（3）指纹认证。

指纹认证只需要用户拥有一部可以照相的手机即可完成支付。但这一支付方式要求用户必须拥有一部足够能照清楚自己指纹的手机，推广难度较大。

总之，目前的网络支付方式虽然已在一定程度上有了改观，有力地推动着网络消费者的购买行为，但很多问题依然存在，有待解决。

三、网络营销商服务水平对网络消费者购买行为的影响

服务是企业围绕顾客需要提供的功效和礼仪，网络营销服务的本质就是确保顾客满意，这是检验网络营销服务质量的惟一标准。据中国社会科学院互联网发展研究中心公布的《2005 年中国电子商务市场调研报告》显示，产品质量和售后服务已成为网上交易的一大软肋，高居 2005 年影响网上交易的诸多问题之首，用户反映最严重的是网上购物的产品质量和售后服务问题，比例高达 43%。可见，网络营销商服务水平的高低将直接影响顾客的购买行为。

市场营销从原来的交易营销演变为关系营销，市场营销的目标也随之转变为在达成交易的同时还要维系好与顾客的关系，更好地为顾客提供全方位的服务。根据顾客与企业发生关系的阶段，可以将营销分为销售前、销售中和销售后三个阶段。相应地，网络营销产品服务也可划分为网上售前服务、网上售中服务和网上售后服务。关于网上售后服务，在前一章中已有过探讨，本章节中将不再赘述。

（一）网上售前服务

从交易双方的需要可以看出，网络营销的售前服务主要是向目标消费者提供信息服务。网络营销商提供售前服务的方式主要有两种：一种是通过自己的网站宣传和介绍产品信息，这种方式要求营销商的网站必须具有一定的知名度，否则很难吸引目标消费者的注意；另一种方式是通过网上虚拟市场提供商品信息。

值得注意的是，网络营销商除了应向目标消费者提供产品信息外，还应提供产品的相关信息，包括产品性能介绍和同类产品的比较信息。为进一步方便顾客购买，还可以介绍产品如何购买、产品包含哪些服务、产品使用说明等方面的信息。总之，提供的信息要让准备购买的顾客胸有成竹，并确保顾客在购买后可以放心使用。

（二）网上售中服务

网上售中服务主要是指销售过程中的服务。这类服务是指产品的买卖关系已经确定，等待产品送到指定地点的过程中的服务，如了解订单执行情况、产品运输情况等等。

在传统的营销部门中，有 30%～40% 的资源是用于应对顾客对销售执行情况的查询和询问，这些服务不但浪费时间，而且非常琐碎，难以给顾客满意的回答。特别是一些跨地区的销售,顾客要求服务的比例更高,满足其要求的难度也就更大。网上销售的一个特点是突破传统市场对地理位置的依赖和分割,因此网上销售的售中服务则更为重要。这就要求网络营销商在提供网上订货功能的同时,还要提供订单执行查询功能,方便顾客及时了解订单执行情况,同时减少因网上直销带来的顾客对售中服务人员的需要。

如美国的联邦快递公司(http://www.Fedex.com),它通过其高效的邮件快递系统将邮件在递送中的中间环节信息都输送到计算机的数据库,客户可以直接通过互联网从网上查找邮件的最新动态。客户可以在两天内去网上查看其包裹到了哪一站、在什么时间采取什么步骤、投递不成的原因、在什么时间会采取下一步措施,直到收件人安全地收到包裹为止。客户不用打电话去问任何人,上述服务信息都可在网上获得,既让客户免于为查询邮件而四处奔波,同时公司又大大减少了邮件查询方面的开支,实现企业与顾客的共同增值。

总之,网络销售时空分离的特性,进一步增强了消费者对营销商服务的依赖性,也成为消费者在决定是否采用网络购物方式时重点考虑的因素之一。致力于不断提升自己的服务能力与服务质量水平,并在此基础上提升消费者的信任度、满意度和忠诚度,已成为目前网络营销商的共识。

第二节　影响网络消费者购买行为的外界环境因素

人的社会属性决定了作为社会成员之一的每个消费者都要生活在一定的社会环境中,并与其他社会成员、群体和组织发生直接或间接的联系。因此,消费者的购买行为不可避免地要受到外界宏观环境因素的影响和制约。影响网络消费者购买行为的环境因素主要包括政治法律环境、人口环境、社会经济文化环境、技术环境、物流配送环境,等等。

专家指出,网络营销的发展需要特殊的环境:一是成熟的市场机制及信用服务体系,网上直接销售实现了购买和交易的信息过程,是与其实物流程分离的。这个信息过程包含着大量的反映交易双方信用能力的信息及市场机制下的商业规则信息的认同,而其实物流程则是以产品质量、便捷高效的运输服务体系为保证,因而现实经济体系仍是实现网上直接销售的基础;二是拥有先进的网络基础和众多的网民,同时又有高速的网络及低廉的上网费用作为网上消费的物质保证;三是追求创新的社会文化环境。目前我国国内的市场环境仍不够成熟,在一定程度上制约了

网络消费者的消费行为。

一、政治法律环境

（一）政治制度

　　一般而言，政治制度是一个国家或地区的政权组织形式及其相关的制度，它对消费者的消费观念、消费方式、消费内容、消费行为等消费活动具有极大的影响作用。

　　在一定的政治制度下，国家通过制定法律、政策来规范消费者的消费行为与市场经营行为。因此，政治制度必然对消费者的消费购买行为产生重要的影响与制约。

　　在现代文明的政治制度环境中，人们的生活方式、消费观念与消费行为有较大的自由度。我国支持并鼓励广大人民群众正常的、科学的、合理的、健康的消费方式与消费行为，反对、限制、禁止某些不合理、不健康、违反社会道德标准与社会公众利益的消费方式与消费行为。某些国家允许生产与销售的商品在我国是不允许生产和销售的。例如在美国，公民持有枪支不属违法，顾客可以到枪械商店购买枪支，而我国不允许私人购买和拥有武器。在我国，印刷、制作、出版、销售黄色淫秽书刊和视听产品也属违法行为。此外，国家也不允许生产销售侵犯知识产权的商品，如盗版书籍、光盘、影碟、音像产品（录音带、录像带等）、电脑软件等。

　　网络营销作为商品销售的渠道之一，同样要受到国家政治制度的影响与制约，并进而规范和影响网络消费者的购买行为。

（二）国家政策与法规

　　国家政策与法规对消费者的影响表现在以国家强制的方式对其消费行为进行规范。

　　进入 2005 年，我国电子商务进入了第二次快速发展时期，电子商务发展的各种环境正趋于成熟。随着《电子签名法》的实施、第三方支付的崛起、外资加大对我国电子商务市场的投入等，使我国的电子商务市场又一次火爆起来，网上购物日益成为消费者最快捷、最方便的消费方式。

　　但与此同时，不和谐的声音也在响起。中消协提供的数据显示，涉及互联网购物的投诉 2004 年为 3 663 起，到了 2005 年就激增至 7 189 起，增长幅度达到96.3%，增幅居各类投诉首位。其中电子商务的安全、产品质量、售后服务是消费者最担心的问题,在很大程度上影响了网络消费者的消费信心。

法学专家认为,法律法规的保障与基础设施的完备是中国电子商务发展的基础。但目前我国电子商务的法律环境还较为薄弱,主要的问题是权利与责任主体不明晰。目前,中国仅有《电子签名法》、《电子支付指引》、《电子认证服务》、《网上交易平台服务自律规范》等几部有关电子商务的法律法规,广东曾颁布过《电子交易条例》,上海也在制订相关的法规。网络购物作为电子商务的一个领域,其交易模式除了交易双方之外,还涉及交易平台服务商、电信服务商、认证机构、银行等。由于交易模式相对复杂,交易参与者也较多,要界定他们在各自交易中的地位及相应的权利义务比较难。我国现行的法律法规对于 B2C 各方的权利、义务、责任的划分比较明晰,但对 C2C 还比较欠缺,仍需政府加大法规、制度和行业规范的建设力度。总之,只有大力加强法律法规建设,完善网络购物环境,才能保障网络市场规范运行,增强消费者对网络购物的信心。

德国网上购物有规矩

因为担心受骗,德国人上网买东西以前不那么积极。但近年情况发生了巨大变化。由于网上购物有了安全保障,加上价格便宜、操作方便,上网购物的德国人数量正不断大幅攀升。

德国人在网上购买最多的是家电、软件、书籍和 CD 等,也有相当多的人在网上订购家具和汽车。此外,网上预订机票、旅馆和租车等服务也受到网民的欢迎。据估计,全德国所有企业中大约有一半提供网上购物服务,大大小小的网络购物服务商更是不计其数。

网络购物刚在德国兴起的时候弊端也很多,顾客的利益往往得不到保障,一些公司收钱不发货,有的销售商不遵守约定好的发货时间。另外,顾客在发现货物不对时无法顺利退货的现象也不少,不少人因此不敢到网上购物。

德国政府 2000 年颁布了专门针对网上购物的法规,对这种越来越流行的新购物方式进行规范。这个法规特别保护购物者的利益,对商家的约束很严格,消除了人们对网上购物的不信任心理。

根据这项法规,顾客如果对网上购买的商品不满意,可以在两个星期内退货。与在普通商店购物一样,顾客退货不需要说明任何理由,而且邮费要由商家出。法规还规定,提供网上销售的商家必须对货物或服务进行十分详细客观的介绍,并出具公司的详细地址和联系方式。若商家被发现有任何隐

瞒和欺骗行为,都会受到严厉惩罚。

　　此外,针对以前消费者担心的信用卡支付安全问题,法规特别加强了对信用卡持有者的信息保护。提供网上销售的商家必须严格保护信用卡信息,提供信用卡的银行必须对持有者负起根本责任。如果在网上购物时消费者因信用卡信息被盗而受到损失,银行将为顾客支付损失的部分。不过目前看来,德国人网上购物时通过邮局代收货款比较普遍,只有少数人通过银行转账或使用信用卡。

　　由于相关法规大大消除了人们对网络购物的不安全感,德国的网上购物最近几年大幅增长。以前只有大的网上商家赢得顾客的信赖,如今小的网上销售商也同样有机会。据有关部门统计,2004年上半年,德国网上零售额达到53亿欧元,与2003年同期相比增加近60%。

　　在德国,网上的产品介绍与实际服务是一致的。比如在网上预定旅馆的时候,旅馆网页上会明白地介绍服务和收费情况,包括房间内部的设施以及早餐是否包含在住宿费里等等,没有哪家旅馆会提供虚假信息。这种透明的服务让人放心,也使得网上交易更得人心。

　　俗话说,货比三家。针对顾客这种心理,另一个网上服务行业应运而生,那就是网上价格咨询公司。这些公司负责搜集各种网上销售商提供的商品和服务信息,把不同商家介绍同类产品或服务的网页链接汇聚到一起,供消费者参考。

资料来源:新华社

二、经济人口环境

　　众所周知,市场是由具有购买欲望同时又有支付能力的人构成的,人口的多少、购买力水平的高低直接影响市场的潜在容量。现从影响网络消费者消费需要及购买行为的角度,对经济及人口因素做如下分析。

(一)人口总量

　　一个国家或地区的总人口数量多少,是衡量市场潜在容量的重要因素。我国现有13亿人口,超过欧洲和北美洲人口的总和,目前,我国已被视为全世界最大的潜在市场。

　　如此庞大的市场基础决定了我国在线购物市场的广阔前景。根据中国互联网络信息中心发布的第19次中国互联网络发展状况统计报告中的数据显示,截至

2006 年底，我国网民人数达到了 1.37 亿，占中国人口总数的 10.5%，北京市网民普及率也首次超过 30%。报告同时显示，与上年同期相比，中国网民人数增加了 2 600 万人，是历年来网民增长最多的一年，增长率为 23.4%。另据统计，2006 年有将近 30% 的网民曾经有过在线购物行为。自 1994 年中国全功能联入国际互联网，在 10 多年的时间里，每十人中就有一人是网民。10% 的网民普及率是互联网发展的高速拐点，突破 10% 之后，中国互联网将迎来更快速的增长期。

另外，根据计世资讯的统计，2006 年我国网络购物市场的成长继续延续 2005 年以前的增长趋势，购物总额超过了 300 亿，只是因为市场基数的扩大，增长速度有所放缓，但是 64.85% 的增长速度在整个互联网产业中仍属于快速发展的领域。随着我国网民数字及有在线购物行为的网民比例不断提高，网络购物市场的前景将会无限美好。见图 4 - 3。

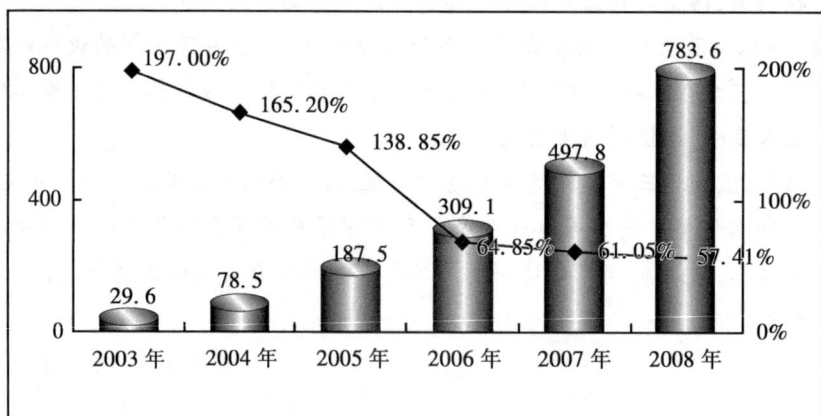

信息来源：计世资讯（CCW Research） 2007/01

图 4 - 3　2003 年至 2008 年中国在线购物市场规模变化

(二)我国网民的结构特点及发展趋势

1. 性别

根据中国互联网络信息中心发布的《第 19 次中国互联网络发展状况统计报告》中（以下简称《报告》）的数据显示，截至 2006 年底，我国男性网民占 58.3%，女性网民占 41.7%。男性依然占据网民主体。从普及率的角度来看，男性网民占中国男性总人口的 11.9%，女性网民占女性总人口的 9.0%。互联网在男性中的普及程度仍然要高于女性。与上年同期相比，男女网民所占比例略有变化。男性网民占全

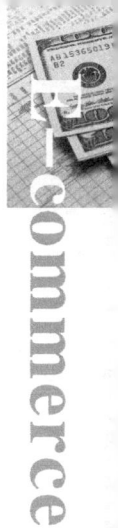

体网民的比例从 58.7% 下降为 58.3% ；女性网民所占的比例上升为 41.7% ，女性网民的增长速度略高于男性网民。

2. 年龄

《报告》显示，网民中 18~24 岁的年轻人所占比例最高，达到 35.2% ；其次是 25~30 岁的网民（19.7%）和 18 岁以下的网民（17.2%）；31~35 岁的网民占 10.4% ；35 岁以上的网民所占比例都比较低，36~40 岁的占 8.2% ，41~50 岁的为 6.2% ；还有 3.1% 的网民在 50 岁以上。35 岁及以下的网民占 82.5% ，35 岁以上的网民占 17.5% ，网民在年龄结构上仍然呈现年轻化的态势。

从普及率上来看，18~24 岁间网民的普及率最高，达到 38.8% ，同比高出 10.2 个百分点。25~30 岁间网民普及率以 25.0% 居第 2 位。由此可见，年龄在 18~30 岁之间的人相对于其他年龄段的人，更加容易接受并使用互联网。

3. 文化程度

报告显示，网民中文化程度为高中（中专）的比例最高，达到 31.1% ，其次是本科（25.8%）和大专（23.3%）。文化程度为本科及以上的网民比例为 28.5% ，文化程度为本科以下的网民比例达到了 71.5% 。可见，文化程度为本科以下的网民仍然占据大多数。

4. 个人月收入

报告显示，个人月收入在 500 元以下（包括无收入）的家庭网民所占比例最高，达到 29.5% ，其次是月收入为 501~1 000 元和 1 001~1 500 元的网民（比例分别为 18.1%、13.6%），11.2% 的网民个人月收入在 1 501~2 000 元，个人月收入在 2 000 元以上的网民所占比例为 27.6% 。低收入网民仍然占据主体。从绝对数看，个人月收入 2 000 元及以下的网民从 7 870 万人增加到 9 919 万人，增长率为 26.0% ；个人月收入 2 000 元以上的网民从 3 230 万人增加到 3 781 万人，增长率为 17.1% 。

5. 职业

报告显示，网民中学生所占比例最多，达到了 32.3% ；其次是企业单位工作人员，占总数的 29.7% ；排在其后的是自由职业者，所占比例为 9.6% ；事业单位工作人员所占比例为 8.6% ；学校教师及行政人员所占比例为 6.2% ；国家机关、党群组织工作人员所占比例为 4.3% ；其他职业的网民所占比例都比较小。

6. 婚姻状况

报告显示，未婚网民占 57.8% ，已婚网民占 42.2% 。未婚者目前仍然是中国网民的主体。与上年同期相比,已婚网民所占比例增长了 0.1 个百分点,未婚网民所占比例相应有所下降。从绝对数看,已婚网民增加了 1 108 万人,达到 5 781 万人,增长率为 23.7%;未婚网民增加了 1 492 万人,达到 7 919 万人,增长率为23.2%。已婚网民的增长速度要略高于未婚网民。

综上所述,目前中国的网民仍然以男性、未婚者、35 岁及以下的年轻人为主体,但与去年同期相比,女性网民的比例、已婚者网民的比例、35 岁以上网民的比例都有所上升;文化程度为本科以下的仍然占据网民的大多数,与 2005 年同期相比,这一比例略有上升;从网民个人月收入来看,个人月收入在 2 000 元以上的网民所占比例较低;学生网民仍然比其他职业的网民要多,但与去年同期相比,其在网民总体中所占比例略有下降。

网民结构的变化,对网络购物的促进作用是显而易见的。

(1)女性网民比例的上升将直接促进网络购物的发展。

随着现代女性工作生活方式的改变,网络购物已逐步成为女性购物的一种新渠道和新趋势。网络商店因为展示空间更为灵活,互动性强,渠道成本低廉,在商品丰富性和高性价比方面具有传统购物不可比拟的优势,还能提供生动、实用、人性化的生活资讯,适应了繁忙的都市女性的消费需要。因此,网络购物更适合白领女性等都市人群。随着网上购物的流行,繁忙的都市女性成了各大购物网站的追逐目标。

据中国社会调查事务所(SSIC)在北京、天津、上海、哈尔滨、广州五地进行的中国女性消费专题调查表明,尝试过网上购物的女性占 61%,都市女性已逐渐成为网上购物的主力军。

(2)网民结构的整体发展趋势将进一步推动网络营销的发展。

从调查结果来看,网民结构的发展趋势正逐渐向着收入更高、年龄更大、素质更高的方向发展,这同时意味着网民现实购买力的提升,对于网络购物的发展将起到积极的促进作用。

(三)消费者收入因素

市场容量的大小,归根到底取决于消费者购买力的大小,消费者的需要能否得到满足,主要取决于其收入的大小。

消费者的经济收入水平既存在着差异,又处于不断变化之中。个人的收入水平状况很大程度上影响着消费者的消费行为。若消费者的收入水平较低,则限制了其消费商品的数量、质量和消费活动的范围,促成其形成节俭、求实、求廉的消费心理,生活中以精打细算的消费方式为主;若消费者的收入水平高,则其消费能力、购买能力强,购买商品的数量、质量、品种、档次均较高,消费范围也更宽,促使其形成求新、求美、求奇、好胜、攀比等消费心理,生活中以讲求生活质量、跟上时代潮流的消费方式为主。

据报告显示,现阶段网民中低收入者仍然占据主体,这就决定了当前网络营销仍应以物美价廉的低价位商品为主,促销方式也应继续集中于打折、买赠等方式,突出体现网络营销的独特优势,吸引更多的网民尝试网络购买行为。

三、社会文化环境

(一)文化对消费行为的影响

文化是一种社会现象,同时又是一种历史现象,具有历史的连续性。文化对人的影响几乎每时每刻都在发生,人类的任何行为往往都具有鲜明的文化色彩。文化又是人类欲望和行为最基本的决定因素,消费行为本身就是一种文化行为。文化对人们的购买活动产生重要的影响。人们所处的社会文化环境不同,则他们的购买行为存在差异。

人类的文化烙印是后天形成的。人类从有生命开始起就生活在家庭、社会的环境之中,从其父母、同学、邻居、朋友、亲戚等各种社会关系中学到知识、技能,接受各方面的文化教育、熏陶,其行为不可避免地会打上一定文化色彩的烙印。文化对人的影响常常是无形的、潜移默化的。有许多影响我们往往感觉不到或者没有特别意识到,而思想行为却不知不觉受到文化的制约。要使人们接受与原有文化观念相异的新观念,需要一定的时间,这也正是网络经济在我国的发展速度明显慢于美国的原因。

在传统的消费活动中,人们习惯于与真实的人和商品打交道,所谓"眼见为实",同时也依赖传统的信用工具和信用体系。而网络经济的发展必然要求实现从"熟人经济"向"陌生人经济"的过渡,或者说从"直接经济"到"间接经济"的过渡。这一转变需要人们的价值观念、购物方式随之发生变化,而消费者在传统经济中长期形成的交易习惯、行为规范、价值观念短期内仍将对其消费心理与消费行为产生影响。正如查克·马丁所指出的:"ATM 刚问世时,有人说,不会有人用的,人们宁愿跟'真正的人'打交道。现在,消费者却花钱使用这样的机器。但是,这需要时间和习惯的改变,一旦人们意识到它的好处之后,使用 ATM 的习惯就渐渐融入了人们的日常生活之中。"

美国是一个缺少传统的国家,新事物更易于被人们接受和推广,进而成为其不断创新的动力。创新文化是其社会文化的一个重要内容,从而直接对美国人民的消费观念和行为产生极大的影响。对美国人来说,互联网是其日常生活的一部分,就像刷牙和洗澡一样。2006 年,《时代周刊》在其年底封面中画出一个大大的"YOU",令全世界大吃一惊,但美国网民早就见怪不怪了。当很多国家还沉迷于电视营造的梦境中时,互联网已经将美国人带到新的世界里面,美国网民数量有力的说明了这一点。2007 年,美国人口大约是 3 亿,在 2006 年 4 月时,Pew 互联网和美国生活项目曾经做过统计,使用互联网的人数占其成年人口的 73%,达 1.47 亿人。2005 年,美国上网人数为 1.33 亿。与日俱增的网民数量,显示出互联网向其现实生活渗透的强劲速度。据美国电子市场研究公司 Com Score Networks 报告称,2006 年美国网上零售业的营业额(未包括旅游业)高达 1 021 亿美元,比前一年激增 24%。其中 11 月和 12 月假日旺季的销售额最高,达 246 亿美元,比前一年高 26%。专家预测,未来几年电子商务在美国将会继续以强劲的势头增长。

(二)网络文化与传统文化的区别

今天网络已逐渐走进了我们的生活。在这个过程中,网络不仅影响了我们现实中的社会文化,它本身也在构建一个不同于现实的网络世界,这个网络世界经过遍及全世界各个角落的不同种族、不同民族、不同国家、不同社会的各种各样的人群的参与、建设、创造,正在形成自己的文化,一种没有国界、人与人之间可以达到零距离的文化。

网络文化,是指与网络时代相关的人们的交往活动、价值观念与生活方式。网络空间与现实生活有许多共性,比如都有一定的规范,网络空间有现实世界同样的功能等等。但是两者相比,网络空间有其自身的特色,比如更为自由、信息交流更为多样化等等。在网络空间中存在的文化自然也有其不同于现实文化的特征。

网络文化与传统文化相比具有以下特征:

1. 网络文化的开放性

传统文化具有条块的特征,也就是说不同的群体有不同的文化,不同的行业有不同的文化,不同的地域有不同的文化。不属于这一群体,不进入这一行业,不处于同一地域就很难进入该领域的文化。换句话说,就是在获得或者共享某一文化的时候,必须首先具有某一身份。而网络文化对可以上网的人来说没有这样的预设门槛,对所有有条件上网的人来说,网络是完全开放的,没有条块的划分和限制。

2. 网络文化的平等性

正是因为网络上所有的信息、文化都是开放的,可以共享的,所以网络上所有的人在获取信息的时候就是平等的,不像在现实生活中信息的拥有往往成为权力的来源,成为不平等的原因。在网络上,信息的开放使得这种不平等降到了最低限度。平等性已成为网络文化的一个重要特征,在网络上人们之间没有尊卑之分,可以非常平等地交往。

3. 网络文化的包容性

不同的文化在网上的地位是相同的,对差异的区分和尊重是网络时代的一种文明表达。在这种包容性的发展中,网络文化成为一种全球性的文化。

4. 网络文化的个人化

网络信息纷繁复杂,每个人都可以在网络上根据自己的需要选择自己感兴趣的信息,个人的自主性空前提高,致使思想认识、价值观念、思维方式的个性化、多元化、复杂化的特征也更加明显。

5. 网络交往的匿名性

在网络中,相互交往的人往往并不知道对方的真实身份,这种交往具有很强的"虚拟性"。各种虚拟的或电子的共同体可以在网络上自由地发表自己的观点,对社会其他群体和机构产生非常大的影响。网络世界互动关系的虚拟性改变了人们的工作方式和生活方式,增大了人们感性上的隔膜。

(三)网络文化对网络消费者行为的影响

1. 网络文化的发展为人们提供了多彩多姿的生活方式

在互联网上,消费者不再只是被动的信息接受者,他们可以参与自己感兴趣的生产或生活过程,成为生产者和创造者;消费者可以从远程网上选择最优的教育和医疗服务,可以通过虚拟社区,享受交友、娱乐、购物的乐趣,这些都极大地改变着人们世世代代延续下来的传统生活方式。从中国用户希望在网上获得的信息来看,39.6%的用户希望获得商业资讯,32.8%的用户希望获得金融信息,80.4%的用户希望获得科技信息,42%的用户希望获得社会新闻,24.8%的用户希望获得休闲信息。这些都说明了人们追求的生活方式是多样化的。互联网带来的深刻革命不仅创造了全新的经济,同时也为消费者创造了全新的生活方式。

2. 网络文化的发展为人们提供了多种多样的行为方式

网络文化的发展,为网民提供了真正的自由空间,使人们的行为方式也随之发生变化。人们可以将喜爱的信息随心所欲地发布给他人,也可以用各种方式下载自己感兴趣的任何信息;人们可以在网上购物、网上投资,甚至网上求职、网上征婚,充分享受网络带来的方便与快捷,避免了现实生活中的往来奔波。互联网的发展,打破了传统行为模式的束缚,为人们提供了多种多样的行为方式。

3. 网络文化催生博客营销

博客营销,简单来说,就是利用博客这种网络应用形式开展网络营销。博客是指网络日志(网络日记),英文单词为 BLOG(Wed Log 的缩写),是继 Email、BBS(Bulletin Board System 的缩写,意为"电子布告栏系统"或"电子公告牌系统")、ICQ("I seek you"的缩写,是一个网上寻友名单程序)之后出现的第四种网络交流方式。博客这种网络日记的内容通常是公开的,自己可以发表自己的网络日记,也可以阅读别人的网络日记,因此可以被视为网民的个人思想、观点、知识等在互联网上的共享,具有知识性、自主性、共享性等基本特征。

博客大致可以分成两种形态:一种是个人创作,另一种是将个人认为有趣的有价值的内容推荐给读者。博客因其张贴内容的差异、现实身份的不同等有各种称谓,如政治博客、记者博客、新闻博客等。

CNNIC《2006 年中国博客调查报告》中最夺目的数字莫过于对整个博客市场容量的描述。报告显示:截至 2006 年 8 月底,中国博客作者规模已达到 1 750 万,其中活跃博客作者(平均每个月更新一次以上)接近 770 万,注册的博客空间数接近 3 400 万。从活跃博客的注册年份构成来看,2002 年以来,博客规模每年都以 2~3 倍的速度快速增长,目前的规模较 2002 年增长了 30 多倍。而博客读者目前已达到 7 500 万以上,其中活跃博客读者高达 5 470 万人。另据赛迪顾问报告,到 2007 年,中国博客用户将接近 1 亿。当博客已成为一种时尚、一种潮流、一种趋势时,其所蕴藏的巨大信息爆发力及舆论影响力,是任何一家平面媒体难望项背的。

在网络时代,博客的力量正在被越来越多的人及企业所关注。这场类似于 14 世纪欧洲文艺复兴的博客流,正在不断推动着民间思想及文化进入百花齐放的时代,而对于整个商业社会及企业而言,博客的意义则远非只是个人话语权力的自由释放那样简单,它所带来的信息传播、话题引导以及可能带来潜在的舆论危机,正在深刻改变着商业运行规则。

在博客网站上,有价值的博客内容一经发布,会吸引大量的潜在客户浏览,从而达到直接向潜在客户传递营销信息的目的。用这种方式开展网络营销,是博客营销的基本形式,也是博客营销最直接的价值表现。

可以说,博客营销的不断深入及应用范围的不断扩张,开辟了一个全新的营销平台。这个营销平台强调的是互动、意图、身份识别和精准;而它的核心内容就是与传统意义上"广泛传播"相对应的"小众传播",即所谓的精准营销。通过博客,营销的本质回归到口口相传的口碑式营销上来,强调互动传播,强调小众传播影响大众传播,让传播的效应从数字上的成功(点击率、PV 数)转移到传播的质量上来。

4. 网络文化易导致网络信任危机

所谓网络信任危机是指在网络环境中人与人之间缺乏必要的信任,人们对网络安全、网络信用体系缺乏足够的信任,从而导致网络人际交往和网络营销发展的困境。

由于网络中的大部分行为具有匿名性,"网络中没人知道你是一只狗"的观念大行其道,网民自我角色意识淡化,良心机制在网民行为中的自我监督作用减弱,使网络行为变得漂浮不定,网民互相之间缺乏足够的信任。消费者担心购买到的商品货不对板,担心网上支付出现问题,从而直接制约了网络购买行为的发生,而这些问题的实质就是信用的问题。即使是在传统的商品购买行为中,买方和卖方也存在着信息不对称现象,而网络的虚拟性更提高了这种不对称的程度。买方接触不到商品,很多商家的真实身份又难以查明,所以,消费者只能以赌一回的心态看待商家的信用。

我国实行市场经济的时间还不是很长,信用基础十分薄弱,整个社会还没有真正树立起信用道德评价标准和约束机制,还缺乏基本的信用风险控制和管理制度。因此,整个社会在加强信用制度建立的同时,更应该加强行业自律。随着社会的发展,竞争的加剧,那些不讲诚信的商家将被淘汰出局,讲求信用的商家最终会在市场中站稳脚跟。

四、技术环境

影响人类前途最大的力量是科学技术。当前世界科技发展迅猛,呈现出新的趋势和特点。IT 技术的发展一日千里,不仅使得网络从深度与广度上更加迅速地将社会、企业、消费者连接在一起,而且也大大地推进了网络营销的发展,使其从一个概念性的营销工具,真正变成为一种提升企业竞争力的模式。

新技术的应用丰富了网络购物的功能,更加丰富了网络购物的商品列表。在网络购物发展初期,商家推荐产品只能依靠文字及简单的图片,网络消费者无法形成对商品的直观认识,从而严重限制了消费者能够在网络上购买的商品种类,致使图书、音像制品等低价值的商品成为在线购物的主流。

随着现代视频技术的不断发展,虚拟现实技术、三维浏览技术、浮动广告技术、Flash 技术等先进技术已普遍地应用到了购物平台网站中,大大丰富了网络购物的直观性和可体验性,从而使网络购物的商品列表也极大的丰富起来。商品种类的丰富,直接推动了网络购物市场规模的持续增长。

五、物流配送环境

网络营销可以用下面的等式来表示:

网络营销 = 网上信息传递 + 网上交易 + 网上支付 + 物流配送

没有现代化的物流运作模式支持,没有一个高效的、合理的、畅通的物流系统,网络营销所具有的便捷优势就难以充分发挥。

随着网络营销规模的不断扩大与发展,网络营销商对物流的需要越来越高。而作为实体流动的物流活动发展相对滞后,从某种程度来说,物流已成为制约网络营销发展的瓶颈。正如中国电子商务协会秘书长杨卫东指出的:"随着电子商务在我国的进一步广泛应用,物流对电子商务的限制作用日益突出。我国物流发展水准的低下,已经成为电子商务发展的一大瓶颈。"

据中国仓储协会的调查以及相关政府部门的统计数据显示,目前我国物流业整体还不发达,物流费用在 GDP 中的比重相对很高,据估计约占到我国 GDP 30% 左右,这意味着每年有 30% 的国民资源白白浪费在商品流通的中间环节。而欧美发达国家的物流费用一般在 GDP 的 10% ~12% 之间。现有的网络营销商没有自己的物流配送系统,而国内缺乏系统化、专业化的全国性货物配送企业,商品的长途运输、邮递需要巨大的成本以及时间上的延迟,导致网络营销商很难满足消费者在等待订购商品发送的时间要求,很大程度上影响了消费者网络购物的积极性。

当然,和电子商务的迅猛发展相比,即便是发达国家的物流,其发展速度也难以和电子商务的发展速度并驾齐驱。在我国,物流更是处于经济领域的落后部分,一个先进的电子商务和一个落后的物流,形成非常鲜明的对比。网络经济、电子商务的迅猛发展势头,会加剧物流的瓶颈作用。这个问题,表面上看是我国物流服务方面存在的问题,但究其根源,背后的原因是我国为物流服务运行的物流平台不能满足发展的要求。所以,在关注电子商务、网络营销的同时,以更大的精力建设基础物流平台系统和与电子商务配套的配送服务系统,逐渐改善我国的物流平台,建立物流产业,是需要引起决策层和经济界重视的问题。

卓越网的物流配送方式

2006 年,卓越网将华东区网络销售中心从上海搬到了苏州工业园。在引入了亚马逊的库存管理系统之后,苏州仓库比原来设在上海的大了整整 5 倍,配货员的配货效率从每小时 72 件货物提高到了 125 件,库存的差异率减少了 60%。

卓越网苏州运营中心的另一个功能是提升物流配送的效率。在组建了自己的配送队伍之后,卓越已经能在全国绝大多数城市实现货到付款,像在上海的客户,早上下订单,据说当天下午就能送到。而即便在北美"老家",亚马逊在物流配送上也没有过这样的亲力亲为,主要是与第三方物流合作。

卓越的投入有其考虑。曾有人用"成也配送,败也配送"来形容电子商务与物流的关系:电子商务是信息传播和物品交易的虚拟平台,而物流则是确保物品准确无误到达目的地的根本。"给我一个支点,我将撬起整个地球",商务的"杠杆"越来越显现出四两拨千斤之势,而利用现代信息化手段的仓储与配送环节或许正是这个有效的支点。

卓越网被亚马逊收购以后,引入了亚马逊全球库存管理系统,弥补了自己库存管理方面的不足。最显而易见的效果,便是更加灵活的仓储管理。系统可根据客户的数据,来选择放置地点。对于库房中的任一位置的货物,系统都会有清晰的记录。

其次,透明度也是使整个库房的效率提高的重要因素之一,工作人员能十分便捷地了解到货物在库房哪个位置或是处于哪个状态。这就需要通过类似工厂的"看板",即每个流程的每个环节的实时状态都能被看到。如果发生问题,管理层能在问题发生的最短时间,以最快的速度来解决。

在和大东家亚马逊保持步调一致的情况下,面对国内市场不同的特点和现实情况,卓越因地制宜地开发了一些相对应的本地模块。如一般的图书都会有一个 ISBN 的标准书号。这在国外是惟一的,但在国内的情况却不同,不同的图书可能会有相同的 ISBN。如果两本以上的图书共享同一个 ISBN 的话,国内就需要开发一些新的程序给库房员工或是客户一个界面,弹出所有的图书及信息,再由人工去选择。

在整个物流环节中,最后一公里的工作需由配送来完成。卓越网结合国内的情况,开通了 308 个城市的货到付款服务。由于在国内还没有一家物流公司具有完善的全国性配送网络,所以卓越网构建了一支自己的配送团队,

采用自办物流和第三方物流相结合的方式进行配送，并与当地配送商合作，进行优势互补。

为充分体现卓越网"给客户最好的体验"的经营理念，卓越网自己开发了一套客户反馈系统，从一些数据中来看客户投诉原因、有无延迟收到包裹等，并通过随机抽取订单，发送 email 给客户，了解配送员的服务以及包裹有无延误，以此来考察是否达到亚马逊的服务水平。此外，卓越网还为客户提供了订单跟踪功能，通过该系统，客户可以实时查询订单状况，包括订单是否已经处理，库房是否已经发货，需要几天能够到达等等。有了订单的追踪，就能给客户更多的透明度，使客户更加放心。

总之，线上的虚拟供应链只有和线下的物流配送系统相配合，才能将购物网站的优势充分发挥出来，信息化正是推动物流作业高效有序的一个助手。

上网淘家电　别忘看售后

目前，除了部分厂家和商家开设了网上商城外，一些网上商业交易社区里也出现了不少销售家电的商铺。在这些交易社区的商铺里，小到美甲器、电吹风等护理类小家电，大到彩电、冰箱、洗衣机等几乎无所不有，甚至还出现了开价上万元的大尺寸平板电视的身影。

记者在调查中发现，网上交易社区的家电售后服务缩水现象非常突出。消费者上网淘家电时，还要多留个心眼。

1. 家电售后服务缩水严重

"7 天包退，15 天包换，主要部件 3 年包修。"这是国家对大部分家电做出的"三包"规定。不过记者发现，网上交易社区里销售的家电无法正常享受"三包"规定的不在少数，退换货的规定非常苛刻，有的商铺售卖的洗衣机、冰箱只承诺 1 年包修。

在一个销售 32 英寸液晶彩电的商铺里，记者甚至看到卖家的售后服务说明是这样写的："您如果对购买到的商品有任何与描述不相符或不满意的情况，请不要随便作中评或差评，及时联系我们，会为您妥善解决。请确保维持货物的安全和包装的完整，在您收到商品的 12 小时内可以无条件退货。退货按照原来的包装送原提货点退回，所产生的运输费用由买家承担。因为液晶显示器是易碎品，在您不满意而退货时，因为您的包装不善造成商品破损，产生的损失将由买家承担。"虽然液晶彩电的国家统一"三包"规定尚未出台,但只承诺"12 小时内无条件退货",而且"退货费用由买家承担"等规定也让记者大跌眼镜。

记者随后联系到这位卖家,卖家表示自己是该品牌的代理商,液晶彩电是新的,所有的售后服务可以享受日后生产企业提供的统一"三包"服务,至于退货的特殊说明,是要防止有些买家恶意购买。"网上交易和实际生活中肯定有区别的啊",该卖家表示。

2. 二手家电鲜有售后承诺

新家电的售后服务打了折扣,二手家电的售后服务更是令人担忧。

记者发现,二手家电大量涌入一些网上交易社区。这些二手家电的卖家,有的是淘汰自己家中旧家电的普通卖家,有的是专营二手家电的维修经营者、经销商。记者在调查中了解到,一些卖家表示对二手家电提供 1~3 个月不等的包修服务,而有的二手家电干脆就没提及有关的售后问题。

记者在一个商铺里看到,卖家称有一批"宾馆剩余物资"的 21 英寸彩色电视机,一口价 380 元,"欢迎团购"。记者经过多日努力,才联系上这位上海的卖家。他在网上跟记者交流时说,买多了可以再便宜一些。当记者问到彩电质量问题、售后服务怎样的时候,他表示彩电"用了五六年,还比较新,质量绝对没问题。"建议记者可以上门调试,但他也只是受当地某宾馆委托卖这批彩电,如果一星期内出现质量问题可以另换一台,过后则不再提供包修服务。

资料来源:《中国消费者报》

第五章
影响网络消费者购买行为的
个人、心理因素

本章内容提要

　　本章主要介绍影响网络消费者购买行为的个人特征、购物导向、消费者网络经验以及网络消费者的心理活动过程，以求为企业制定网络营销战略和营销工具的选择提供依据。

　　林立人是深圳一家从事数码产品网上销售公司的总经理，在他的商业生涯中，诚信问题始终是一个挥之不去的难题。比如，他曾为取得一位西安客户的信任，急中生智使出了把公司的房产证复印后传真过去的怪招。但就是这样的招数也无法取得客户的信任。最后，客户为了确信这个房产证就是林立人本人的，直接打了国土局的咨询电话，经过国土局证实后，才把款打过来。

　　"如果每一笔生意都是这么做的话，增加的成本是不可计量的。"林立人不无感慨地说。所以，当既能付款又有信用保证的第三方网上支付公司出现时，他毫不犹豫地选择做一个"尝鲜者"。

　　今天，越来越多的企业开始关注网上支付这种新付费方式。上海快钱信息公司的 CEO 关国光说："2005 年，纯互联网的业务占到了我们业务总量的90%，像搜索、游戏、交友等业务。但进入 2006 年，令我们惊讶的是，增加最快的竟然是传统行业。"

相关链接

消费者就是从占有和使用商品的过程中获得价值的最终用户。随着生活水平的提高、生活节奏的加快，消费者的购物行为发生了极大的变化，时间因素已经成为现代消费者最关切的问题，因此节省消费者的时间和精力是现代零售商店吸引消费者、创造财富的最佳武器，提高购物效率和方便程度也成为现代零售业的竞争战略之一。

网络营销正是迎合了现代消费者和零售商的这种要求，因而得到了快速、蓬勃的发展。根据中国互联网络发展状况统计报告（CNNIC），我国互联网络用户中有45.51%的人是出于节省时间的原因而进行网络购物，32.57%的人是出于操作方便的原因进行网络购物。然而网络营销的市场与传统实体市场有着很大的不同，诸如文化和环境上的差异，导致了网络消费者的购买行为与传统的消费者购买行为存在着较大的不同。电子商务环境下网络消费者购买行为所产生的较大的变化，使网络零售商不得不重新寻找适合于网络销售的营销战略和营销工具，而不同的网络营销战略的制定和网络营销工具的取舍决策，都应基于对网络消费者购买行为的认识和分析研究的基础上。否则若仅仅将传统的营销战略或营销工具照搬到网络营销中，网络零售商的决策可能会发生重大的偏差或失误。

消费者购买行为，即消费者受营销和环境的刺激产生需要直至最终作出购买决策的整个过程。消费者购买行为主要受外部因素和个人因素的影响，即消费者购买行为是外部决定因素（I）和个人决定因素（P）的函数（Boone Kurtz，1998）：

$$B = f(I, P)$$

其中，外部决定因素包括：文化影响、社会影响和家庭影响；个人决定因素包括：生命周期阶段、职业、经济收入、生活方式、个性、自我观念以及心理因素等。这些多方面的因素将综合在一起对消费者购买行为产生作用。

国内外研究经常考察的个体特性因素包括消费者人口统计特征、消费者的网络经验和消费者购物导向。

第一节　个人特征对网络消费者行为的影响

一、不同网络文化阶段下网络消费者行为特征分析

文化可以被定义为某个人群共同具有的关于价值、信仰、偏好和品味等的一套整体观念，它对消费者购买行为具有最广泛和最深远的影响。不同的国家和民族有

着不同的文化,具有不同文化背景的消费者将形成各自不同的价值观、信仰、审美观念、生活方式等等,从而也就导致了千差万别的消费行为。

互联网的出现和发展,不仅是科技上的革命性突破,其意义还在于对当代人类文化产生了重大而深远的影响,形成了独具特色的网络族群(net-society)和网络文化(net-culture)(Tim North, 1994)。

由于访问互联网需要具备计算机、网络以及其他一些相关的基础知识和相应的条件,使互联网用户与一般人群在统计特征上形成了较大的差别。从统计资料中可以看出,互联网用户中大部分是男性而且以年青人为主,大多数人都接受过大学(包括大专)以上的高等教育,平均收入水平要略高于总人口水平,从事的职业以信息技术、科研、教育、咨询服务等为主。这些互联网用户借助于网络进行交流和沟通,逐渐地形成了普遍认同的网络文化,比如网络礼节(netiquette)、对开放和自由的信仰以及对创新和独特的事物的偏好,等等。在互联网中还存在着诸多的亚网络族群和相应的亚网络文化,比如那些出于共同的兴趣或爱好(网络游戏、音乐等)而形成的新闻组(newsgroup)、虚拟社区(virtual community)、聊天室(chat room),等等,这些亚网络族群中的成员往往具有相同的网络价值观并且遵循相同的网络行为准则。

论及文化的主题,当然离不开历史的内容,因此了解互联网的发展简史,有助于更好地把握网络文化的精髓及其对网络消费者购买行为的影响。互联网的发展大致经历了如下过程。

(一)开创阶段

这一时期的用户主要是一些科研工作者,在他们的努力和推动下,互联网发展成为一种共享科研资源和方便学术交流的优秀工具。这些人可以被称为互联网发展历史中的先驱者,大多数都是计算机科学家和工程学家,他们在建立互联网络并推动其科研应用的同时,形成了一些约定俗成的规则和开放自由的信仰,这些规则和信仰就是网络文化的雏形,其影响一直延续到现在。

(二)商业化阶段

"商业性互联网交易协会"(Commercial Internet Exchange Association)的成立标志着互联网商业性应用的开始,商业化应用的成功使互联网展现出巨大的潜力,并得到了历史性的飞跃发展,摆脱了仅限于研究和学术领域时发展缓慢的境况。这一

阶段的互联网用户可以被称为早期追随者，集中于信息技术领域的从业人员和公司，他们承续了先驱者所创立的传统并加以发展，其从事的工作主要是互联网商业应用的研究开发，这一阶段的网络商业行为以企业与企业间（Business-to-Business）的交易为主。

（三）大众化阶段

此阶段可细分为三种形式。这一阶段的早期主要是一些尝新者，这部分用户接受过良好的教育，能够率先感受到网络化的发展趋势，并且具有打破传统消费观念的冒险精神，对他们来说上网或网络购物是将自己与其他人区别开来的一种手段或方式，因此这一时期的发展更多的是一种虚荣效应（虚荣效应是一种连带外部负效应，是指拥有只有某些人才能享用的或独一无二的商品的欲望）的体现。随着电子商务的深入发展，各种相关技术逐渐趋于成熟，应用变得更方便，将会有越来越多的消费者打消原来的疑虑，认可和接受电子商务环境下的消费观念和消费方式，这部分消费者属于潮流或趋势的接受者。更进一步，网络和电子商务将触及生活的方方面面，成为生活中必不可少的一部分，这时人们的生活形态和生活方式已经发生了根本性的变化，绝大部分消费者都会认为网络消费观念是理所当然的，并且网络购物也将构成消费者购物活动的绝大部分，网络和电子商务才算完成了大众化的普及过程。

在这一阶段，网络消费者将出现指数级的增长，网络空间（cyberspace）中开始出现多种文化相互冲突碰撞的现象，但在相互影响之下逐渐融合为一个意义更广泛的网络文化。当然，在这统一的网络文化之下多元化仍将并存。与此同时，企业与消费者间（B2C）的交易额将迅速上升，最终将占据网上交易额中的大部分。

网络文化虽然只存在于虚拟的网络空间中，但必然会影响到网络消费者的实际消费行为。例如，在电子商务发展的初期，网络消费者中的大部分是信息技术领域的从业人员，因而网络文化更多地表现出一种对信息的崇尚，体现在购买行为上就是计算机和相关产品以及通讯类产品占了相当大的比例。随着电子商务向纵深发展，网络消费者的结构变得较为复杂，网络文化开始表现出多样性的特征，影响到消费行为也趋向于多样化，所购买的商品中信息技术类产品的比例逐渐下降，而其他种类产品的比例则逐渐上升，商品组合开始出现多元化的趋势。

为了更清楚地说明问题，表 5 - 1 对以上分析进行了总结。

表5-1　互联网发展阶段对比

发展阶段	开创阶段	商业化阶段	大众化阶段		
用户特征	先驱者	早期追随者	追求新奇刺激	潮流接受者	普及型消费者
网络文化	排斥商业行为	引入商业因素	追求新奇刺激	文化冲突碰撞	多元文化并存
行为表现	科研学术应用	商业应用研发	网络冲浪交友	网络购物娱乐	多样化发展
产品组合	自由共享软件	信息技术产品	新颖奇特商品	实体产品为主	服务娱乐为主

二、个人因素的影响

根据创新扩散理论,早期的创新使用者具有一些如收入高、年轻、教育水平高等统计特征,许多实证与调查支持以上的观点。中国网络热点调查显示网络购物者主要是男性、18～30岁、未婚的学生、教师或技术人员,平均月收入在500～2 000间。哈佛曼(Huffman,1996)研究表明,网络购物者往往是男性、白人、受过高等教育、收入较高,在计算机或相关领域工作,但随着网络人口的普及,人口统计特征的影响将逐步下降。与国外相比,网络购物在我国还处在初期发展阶段,某些人口统计特征还是具有一定的影响作用。

网络消费者的行为或购买决策不仅会受到网络文化的影响,而且也会受其个人特征的影响,诸如性别、所处年龄阶段、受教育程度、经济收入、个性以及使用互联网的熟练程度等方面都会对此产生一定的作用。

(一)性别

在传统实体市场中,男性与女性的购物行为存在着较大的不同,这种不同也同样出现在网络市场中。比如男性网络消费者在购物时理性成分居多,往往在深思熟虑之后才做出购买决策,而女性网络消费者购物时的感性成分则比较多,往往在浏览到自己喜欢的商品时就会下意识地放入到购物车(shopping-cart)中。另外,男性网络消费者的自主性较强,他们往往会自己去寻找关于商品价格、质量、性能等方面信息的资料,然后自己做出判断;而女性网络消费者的依赖性则较强,当她们做出购物决策时往往会比较在意其他人的意见和评价。

(二)年龄阶段

互联网用户的主体是年轻人,处于这一年龄阶段的消费者思想活跃、好奇、冲动、乐于表现自己,既喜欢追逐流行时尚,又喜欢展现独特的个性,这些特征在消费

行为上表现为时尚性消费和个性化消费两极分化的趋势,因此,在网络市场中时尚性和个性化的商品就显得更受消费者的欢迎。

(三)受教育程度和经济收入的影响

因为受教育程度与经济收入水平具有正相关关系,因此将这两种因素对网络消费者行为的影响放在一起讨论。统计数据表明,互联网用户中大多数人都接受过高等教育,平均收入水平要略高于总人口水平,那么网络消费者的受教育程度和收入水平是如何影响其消费行为的呢?因为网络消费者的受教育程度越高,在了解和掌握互联网知识方面的困难就越低,也就越容易接受网络购物的观念和方式,越是受过良好的教育,网络购物的频率也就越高。另外,绿地在线(Greenfield Online)公司的研究发现,网络消费者的收入越高在网上购买商品的次数也就越多。

在网络时代,互联网络所连接的消费者群无论是在收入、教育水平,还是在消费品味、购物标准上较之一般的消费者都有明显的不同,他们的人本化(个性化)需要更趋明显。因为在线上购物必须是在网络环境下进行,而能够成为网上购物者的前提必须是上网者。通过网络使用者特征的描述,将有助于现阶段实现网上销售的工商厂家界定潜在顾客的特性,选定目标市场,制定与之相适应的营销战略与营销管理模式,以满足目标市场特定顾客群的异质性需要,形成并巩固企业的顾客网络。

就目前而言,网络消费者消费群体多为社会中坚者,这个群体在以下几个方面表现出特有的基本特征:

1. 年龄与性别特征

据有关资料显示,目前全球网络用户已超过 1.5 亿人,这 1.5 亿人的年龄基本都在 18 岁 ~35 岁之间;其中男性使用者约为女性的 2 倍,但女性比例有持续增长的趋势。

按一般的人口统计研究,任何一个国家都有 1/3 的小孩和 1/3 的老人,而真正从事工作的人口数一般只占总人口的 30%,而男性从业人口约占全部人口的 1/5 到1/6。按此计算,这 1.5 亿网络人口相当于 7 亿至 12 亿人口的国家或地区,比欧洲的总人口或美国和日本两国合计的总人口还多,而他们的消费水平、购买能力比这些国家居民的平均消费更强。

2. 教育程度、收入水平与职业特征

网络用户的使用者多属于受过现代高等教育的高学历者,60% ~70% 的人受过大学以上的教育,年收入一般平均超过 5 000 美元,上网的用户中近 25% 的家庭

年收入超过 8 万美元。从职业上说,近 50% 是专业人员或经理阶层,他们的教育、经济和社会条件明显较高。当然,随着互联网络的发展,中低收入群体上网的比例有逐渐增加的趋势。

3. 地域和民族性特征

因为互联网络突破了空间和地域的界限,企业面对的是不同国家、地区和民族的网络顾客。不同国家或地区的政治环境、经济条件、技术发展水平、法律制度、社会文化背景、风俗习惯、宗教信仰的不同,导致同阶层、同一职业、同一收入水平网络顾客的购买行为和习惯的极大差异性,这就给网络顾客购买的个性化又增加了民族性、地域性的特征。因此,网络环境条件下,由市场主导型变成了顾客主导型,市场细分成为网络营销企业环境研究与分析的重大课题。

在传统的市场营销中,企业所遵循的观念是市场导向,由于技术手段的制约,企业无法了解和掌握面对的市场中每一个个体顾客的实际需要,也无法针对每一个个体顾客来设计其独特的产品,企业只能将所面对的市场在很大程度上看成是同质性市场。从而根据市场调查统计结果出现频次最高的需要特征来设计产品,最终将产品通过既定的销售渠道推向市场。然而,在网络时代,企业所面对的网络顾客与传统的消费者有质的变化,他们的消费心理和行为更加理性和个性化,他们有各自的选择和期望,他们希望在任何时间,任何地点,以最低的比较价格得到满意的产品和服务。可见,由这样的消费群体构建的网络市场与传统市场也发生了根本的变化,网上销售的企业也面临着一个相当繁杂的环境,面临着一个更大的难题:如何赢得新型顾客?这其中包括一系列观念的、技术的、社会的、文化的等方面的革新和变革,最终导致企业经营管理模式和营销战略的变革。

三、网络消费者的购物导向

传统理论认为,购物导向在消费者的渠道偏好中起着非常重要的作用,它指个体对购物行为的总体倾向。李等人(Li et a1, 1999)认为消费者购物导向可以分为 4 种:便利型,重视购物的便利性;体验型,重视产品购物前的试用与体验;娱乐型,重视购物的乐趣与社会交往;价格型,消费者对价格非常敏感。不同的购物导向对网络购物的偏好有所不同。互联网作为一种购物渠道,便利是其最大的优势。消费者可以轻易地在任何时间、任何地点、搜寻并购买自己所需要的产品,避免了实体商店购物的一系列麻烦。因此对于便利导向的消费者而言,网络购物提供的效用比较大,比较容易使用,也越倾向于网络购物。然而另一方面,网络渠道也存在无法接触产品、缺乏娱乐性等缺陷。在网络上,消费者无法真正地触摸到、感觉到及试用产品,对体验导向消费者而言,网络购物变得十分地不方便和不确定,从而更倾向于传统的购物方式;此外,网络购物环境下,商品的展示、买卖双方的交互及交易过程都是通过冰冷的互联网与计算机完成的,它无法满足消费者购物时的人际互动、社会交往等方面的需要,因此网络购物对娱乐导向型消费者的吸引力比较低。最后,价格导向消费者对网络渠道没有明显的偏好,虽然网络渠道比传统的销售渠道能够提供更低的价格,但是中国物流、配送系统尚不发达导致送货成本比较高,而该部分成本通常由消费者承担,这会抵消掉网络的价格优势。

第二节　个人认识、使用、评价网络的情况对网络消费者行为的影响

影响消费者网络购物的另一个重要因素是消费者的计算机、网络经验。李等人(Li et al, 1999)指出,网络为一种新兴的购物方式,消费者需要具备一定的相关网络知识与技能,如检索信息、了解零售网站的信息、使用计算机与购买程序等。随着消费者网络经验的增加,掌握的网络购物技能及信息资源也随之增加,从而越有可能在网络上购物。其次,宫琦和费尔南德斯(Miyazaki, Fernandez, 2001)指出,尽管风险是阻碍消费者网络购物的重要原因,但是大多数的风险感知源自于消费者对这种全新远程购物方式的不熟悉,因此单纯的网络经验、技能可以降低对风险的感知,从而提高购物意向与实际购买。

一、网络消费者的网络经验

测量消费者网络经验的指标可以细化为:计算机使用年限、网络使用年限、平均每周使用网络时间等。通过对消费者网上购物研究发现,感知网络购物容易、感知网络购物有用、消费者网络经验、收入和体验型购物导向是决定消费者网络购物决策的 5 个关键因素。根据这一些结论,网上零售商应当重点针对收入较高、网络经验丰富的消费者制定营销策略,其次网上零售商还应进行资源整合,提高消费者对网络购物有用及容易使用的感知。另外,网上零售商应当致力于降低消费者不能体验产品的不便,如提供尽可能详尽的图片说明、赠送试用或者通过某些技术模拟试用产品,或者通过提供社区让消费者交流或提供以往购买者的评价等,以便于消费者对产品质量等方面做出评价,减少体验的要求。

(一)网络的可靠性和安全性

目前人们普遍认为影响网上购物的主要因素是网络的可靠性和安全性。网上购物的支付方式主要是银行信用卡,还有一些利用手机支付的。由于目前许多网站的可靠性及安全性较差,容易受到黑客和病毒的攻击,所以消费者一般不敢使用信用卡支付,担心自己的账户或密码被盗。

(二)网站进入的方便性和可行性

进入网站的可行性、网页下载的速度等对消费者的网上购买行为影响很大。如果消费者无法进入你的网站,何谈进行购物;网页下载的速度快慢同样会影响消费者光顾网站的次数。这些都影响着消费者的网上购买行为。目前宽带技术的运用已经大大提高了上网的速度,但这一问题依然不容忽视。

(三)企业形象

企业形象是企业通过外部特征和经营实力表现出来的被消费者和公众所认同的企业总体形象。企业的知名度、信誉度是传统营销模式的企业资产,而在网络营销环境中同样如此,它对消费者的购买行为同样产生重要影响,一般而言消费者比较倾向于购买传统企业的名牌产品。主要是因为消费者认为这些企业的信誉较好。

(四)网站设计

网站设计的艺术性也是吸引用户浏览的因素之一。

二、使用互联网的熟练程度

网络消费者对互联网的熟悉或使用熟练程度同样也会影响其行为。为了便于分析,此处仅从网络消费者的每周上网时间角度进行分析。当消费者刚刚接触网络时,对互联网的认识还处于比较低的水平上,操作应用也并非很熟练,这时的消费者对互联网充满兴趣和好奇,其行为主要是通过实验和学习力求认识和掌握更多的互联网知识,但由于对互联网还存在比较高的恐惧心理,因此网络购物行为发生的比率较低。随着消费者每周上网时间的增加,对互联网也就越来越熟悉,操作应用也会越来越熟练,而消费者对互联网的恐惧心理也会逐渐降低,这时的消费者把互联网看成一种日常事物,并开始进行各种各样的网络购物活动。随后网络消费者的行为就开始出现分化:一部分消费者由于刚开始时的新奇和神秘感已逐渐消失,就会逐渐削减每周上网时间直至某一固定水平,只在必要时才会上网,并且形成了固定的浏览网站(网络商店)和消费习惯,这里把这部分消费者称为喜新厌旧者(A);另一部分消费者仍在互联网上花费大量的时间,他们把网络空间看作了现实社会的替代品,在互联网上学习、交流、消费购物、娱乐等,因为他们认为可以在网上找到更多的乐趣而且也更方便,这里把这部分消费者称为网络黏滞者(B)。为了便于理解,将这一因素的影响绘制成如图5-1所示图形。

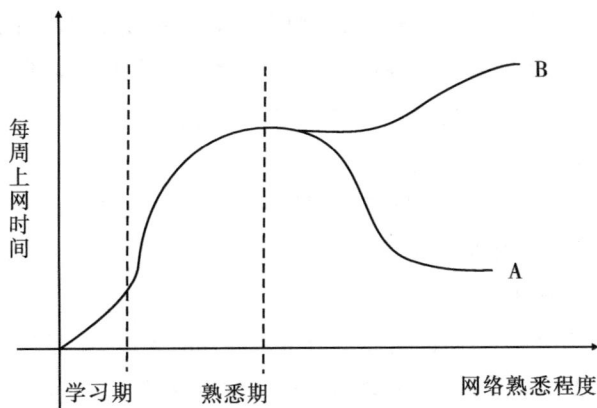

图5-1　网络熟悉与行为

(资料来源:叶文. 网络消费者购买行为研究. 南京经济学院学报,2001-4(35).)

三、网络零售商店气氛设计的影响

　　商店气氛通常是指商店用来树立形象和招徕顾客的物质特征。商店在门面外观、店内布局、商品陈列等方面的不同会营造出不同的气氛,并且会直接影响到消费者的心理感受或情绪,从而导致消费者的行为出现较大的变化。在电子商务市场中,网络零售商店由于没有传统零售商店那样的实体依托,因此很多经营者会忽视商店气氛营造的问题,但实际上这一问题对网络零售商店依然重要,只不过是换了一种新的形式表现出来。比如,传统商店中的销售人员可以为消费者提供参考意见和其他的信息或服务,在网络商店中这一功能就转化为"帮助菜单"(help menu)和"常见问题"(FAQ)列表,如果某一网络商店的网站上没有这两项基本要件,就会使该网络商店缺乏一种以顾客为上帝的气氛。

（一）商店界面设计的影响

传统实体商店可以通过门面装潢来展示自己与众不同的形象，从而吸引消费者的光顾。对于网络零售商店来说，由于没有实体建筑物的依托，与网络空间一样，它的存在其实只是一种虚拟的想象中的概念，其于现实中的体现是在网络消费者计算机终端上所显示的万维网页（webpage），网页是网络零售商店与网络消费者相互交换信息和执行各种交互活动的媒介，因此称之为网络零售商店的界面（interface）。由此可见，网络零售商店界面设计的好坏将会对网络消费者的第一印象产生重要作用，很难想象一个界面设计混乱、不协调的电子商务网站会吸引网络消费者的注意或进入浏览、购物。通常，网络零售商店界面设计得优良与否将会使网络消费者产生如下几种行为。

（1）立刻离开：当消费者访问某个网络零售商店时，若网站界面设计与消费者的审美严重不符，或者由于网页设计过分复杂导致出现严重的传输延迟现象时，消费者会毫不犹豫地离开。

（2）浏览：网站的界面设计引起了消费者一定的兴趣，但消费者仅仅在网络商店中浏览而没有发生购买行为，或者消费者浏览后导致了延迟的购买行为，即消费者在浏览了后继的其他网站后重又回到该网络商店购买商品的行为。

（3）浏览并购买：消费者在浏览网络商店的过程中，网站的界面设计刺激消费者产生了某种需要并引起相应的购买行为。

由此可见，一个有效率的网络零售商店的界面设计应当能够促使网络消费者产生后两种行为，网络零售商店的优势就在于完全可以利用现有的信息技术达到这一目的。例如，网络零售商店可以通过虚拟现实标记语言（VRML）设计一个三维图形界面，以模拟实际的购物环境，使消费者有身临其境的感觉；另外还可以使用数据库技术记录消费者的年龄、性别、爱好、购买偏好等个人资料信息，针对这些不同的信息为消费者提供不同的交互式购物界面，消费者也可以利用网站提供的软件程序定制自己所喜爱风格的界面，极强的针对性和互动性提高了达成交易的概率，而这些在传统的零售商店中是不可能实现的。

（二）商品陈列的影响

传统型商店可以通过不同的商品陈列方式达到展示商品和吸引消费者购买的目的，但是在虚拟的网络空间中没有了店堂和货架的概念，取而代之的则是网页、商品分类目录和店内商品搜索引擎，所列出的也不再是商品的实体，而是有关该商

品的说明介绍和图片等等,这必然也会影响到网络消费者的行为。

在网络零售商店中,商品实体和商品的说明介绍以及其他相关资料是分离的,消费者无法像在传统的商店中那样购物,通过与商品实体的直接接触来了解商品的质量和适用性,比如在传统的服装商店中,消费者可以通过抚摸来了解服装的质地,通过试穿以了解衣服是否合身等等。网络零售商店对单个商品的介绍只能依赖于文字说明和图片信息,这些资料是否详细将会极大地影响网络消费者的购买决策,一个文字说明太少而且图片模糊不清的商品是很难激发起消费者的购买欲望的。

(三)信息技术的新功能影响

网络零售商店可以利用信息技术来完成传统商店无法完成的功能,例如提供店内商品搜索引擎,甚至允许第三方比较购物代理对本店商品进行搜索和比较,这些新功能亦将会使网络消费者的行为出现变化。一般来说,消费者是"认知吝啬"的,即消费者会尽量降低认知的努力程度,因为在认知过程中,信息搜寻、评价比较以及决策思考都需要花费时间和精力,也就是说消费者的认知过程是有机会成本的,这一机会成本的高低随着个人条件的不同而不同,消费者购物的总成本是商品价格和其机会成本的总和。在传统实体市场中,由于消费者认知的机会成本非常高,因此消费者的购物决策往往是选择基本符合自己需要和偏好的商品;在电子商务市场中,通过使用网络商店自有的搜索引擎或第三方比较购物代理等一些智能化的工具,极大地节省了购物所花费的时间和精力,网络消费者认知的机会成本显著降低,从而能够做出更符合自己需要和偏好的购物决策,提高了购物决策的质量和效率。例如在消费者搜寻信息阶段,比较购物代理会根据用户注册的个人信息寻找符合其偏好的产品,使消费者可以直接进入,对选择品牌组进行深入评价和比较的过程,而不必经历对全部品牌组、知晓品牌组和考虑品牌组的搜寻过程。

四、网络购物的环节影响分析

(一)购物网站浏览

调查显示,在浏览过购物网站的被访者中,男性(62.0%)多于女性,年龄绝大多数在35岁以下(83.1%),受教育程度多为大专及以上(75.0%),未婚(包括离异/丧偶等)占到64.5%,学生约占30%。从另一个方面看,有浏览购物网站经历的女性占所有女性网民的比例要高于男性;年龄为18~35岁年龄段的被访者浏览过购物网站的比例高于其他年龄段;受教育程度为大专/大本的浏览过购物网站的比例较高,而为初中及以下/博士的比例却较低;未婚和已婚的浏览过购物网站的比例差不多,但其中鳏/寡/分居/离婚的比例却高达90%;学生中浏览过购物网站的比例却不高,最高的为企事业管理人员;调查结果显示,收入越高浏览过购物网站的比例也较高,其中个人月收入为3 000~6 000元,家庭收入为4 000~7 000元的比例最高。

与全体网民的结构相比较,浏览过购物网站的网民在性别和年龄结构上具有较强的一致性,但大本及以上的比例要远高于全体网民,未婚所占的比例也高于全体网民(如图5-2所示)。

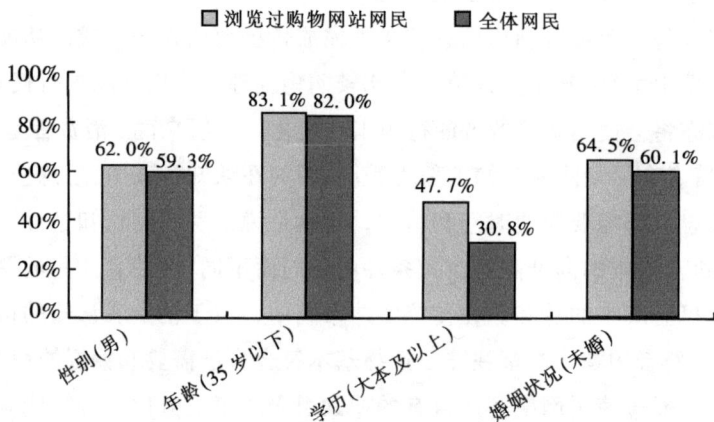

图5-2 网民浏览购物网站频率分布

对购物网站的浏览频率如图5-3所示。可以看出绝大多数为每周一次到每月一次,达到了53.8%。频率高于每周一次的也有大约1/4。浏览频率较高的被访者占了相当的比例,说明浏览很容易成为一种惯性行为,他们很自然的将浏览购物网

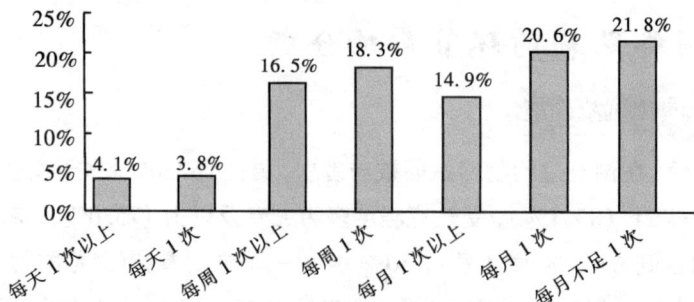

图5-3 网民浏览购物网站频率分布

站作为重要的信息来源。浏览次数多的人极有可能转成网络购物的体验者。

对购物网站的认知途径主要有下面三种方式：广告、网上搜索和朋友等介绍，如图 5-4 所示。广告以网站广告和网站链接的方式最多，此外还有传统媒体广告等方式；网上搜索已经成为网民认知购物网站的重要工具，有 1/3 的用户曾经使用搜索引擎来查找购物网站；朋友等熟人的推荐介绍也是被访者认知购物网站的重要途径。

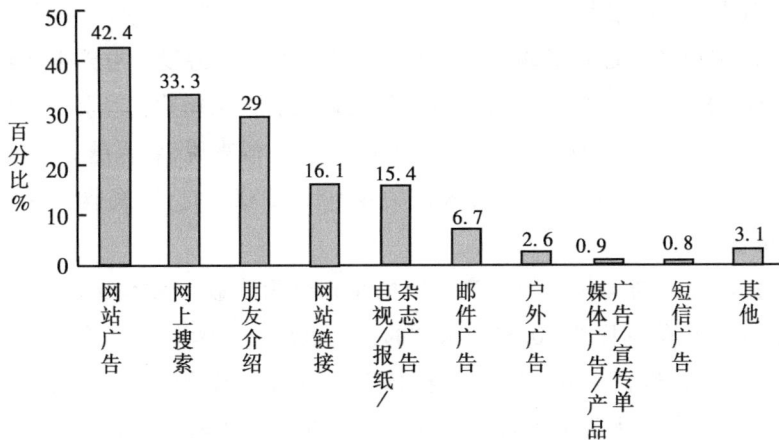

图 5-4　对购物网站的认知渠道分布

浏览购物网站的主要目的有寻找特定的商品和查询价格，网站吸引用户登陆的因素有商品种类齐全、查询方便、商品价格低以及商品信息量大等。因此购物网站欲增加其吸引力，可以通过增加特色商品的种类等方面来入手。此外，网站设计的艺术性也是吸引用户浏览的因素之一（见图 5-5）。

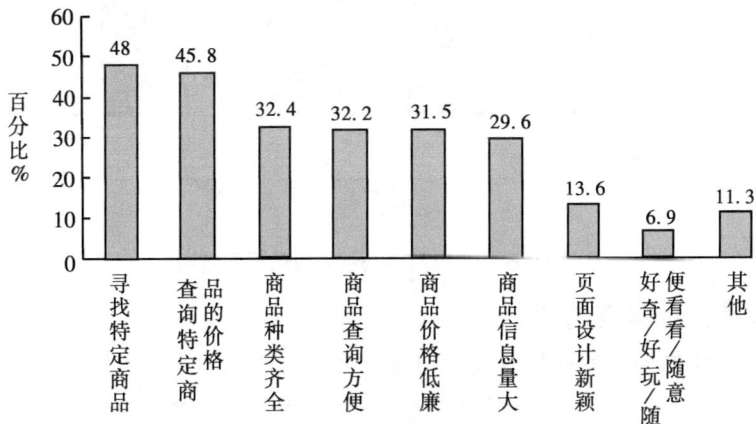

图 5-5　浏览购物网站的原因分布

(二)网络购物特征

在有过网络购物经历的被访者中,男性(63.0%)多于女性,年龄绝大多数在 35 岁以下(82.7%),其中年龄为 18~24 岁的占 46.6%,受教育程度以大本为最多 (40.8%),高中(包含同等学历)/大专/大本加在一起占 85.8%,未婚(包括离异/ 丧偶等)占 2/3,学生约占 1/3,其次较多的有专业技术人员和企事业管理人员。从 另一个方面看,有网络购物经历的女性占所有女性网民的比例大于男性;年龄为 18~24 岁的被访者有过网络购物经历的比例高于其他年龄段,总体上年龄越大, 有过网络购物经历的比例就越低;受教育程度越高有过网络购物经历的比例越高; 未婚人群有过网络购物经历的比例高于已婚人群;一般来说,收入越高有过网络购 物经历的比例也较高,其中个人月收入为 4 000~5 000 元,家庭收入为 5 000~ 6 000 元的比例最高。

与全体网民的结构相比较,高学历的特征最为明显,大本及以上所占比例 52.4%,远高于全体网民的 30.8%,未婚的比例也高于全体网民。这说明不论是浏 览购物网站,还是进行网络购物,目前大部分还是相对较高学历人群的常用服务, 网络购物并没有普及到每个普通网民。因此,网络购物的发展不仅仅依赖于网民数 量的增加,而网民中间特定人群更深度的开发同样具有较大潜力。见图 5-6。

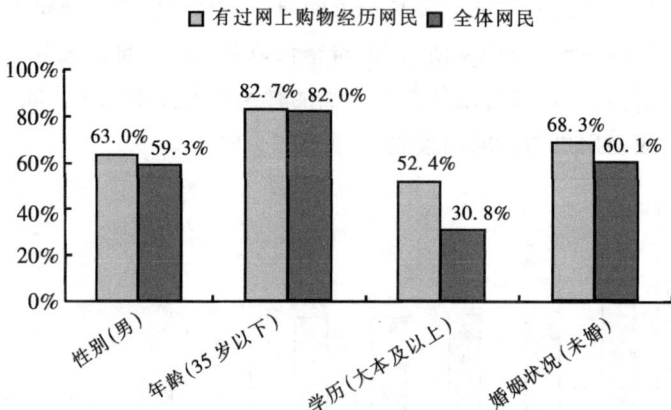

图 5-6 有过网络购物经历的网民结构

1. 选择网络购物的原因

有过网络购物经历的被访者他们选择网络购物的原因主要有方便、价格低以 及商品多样性,如图 5-7 所示。价格虽然很重要,但已经不是最重要的因素,方便、 省时省力是更多人的选择理由,如何更进一步发挥网络购物此方面的优势,是吸引

和维持网民进行网络购物必须要做的一个重要方面。见图 5 - 7。

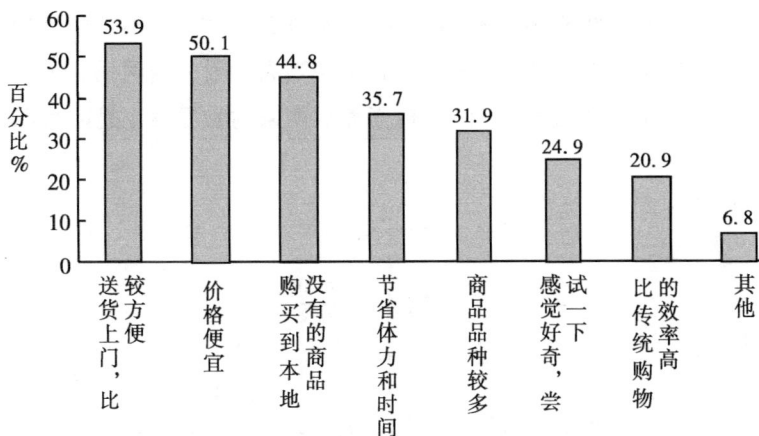

图 5 - 7　网民选择网络购物的原因分布

2. 不选择网络购物的原因

在没有购买经历的网民中,没有尝试网络购物的原因主要有对网站不信任,怕受骗,担心商品质量问题和售后服务,质疑其安全性,程序繁琐麻烦,担心付款和配送等。另外,有部分网民已经准备通过购物网站进行购物,但在结算过程中,由于网上结算步骤太繁琐或者被要求填写的个人信息太多而中途放弃了。实际上这部分网民是网络购物最可能的潜在用户,也是最值得争取的一部分。因此一套完整的诚信机制,完善的配套服务,更安全的网络环境,更简洁的购物流程,更友好的购物界面,更深的宣传和推广,对推动我国网络购物的进一步发展是必需的。见图 5 - 8。

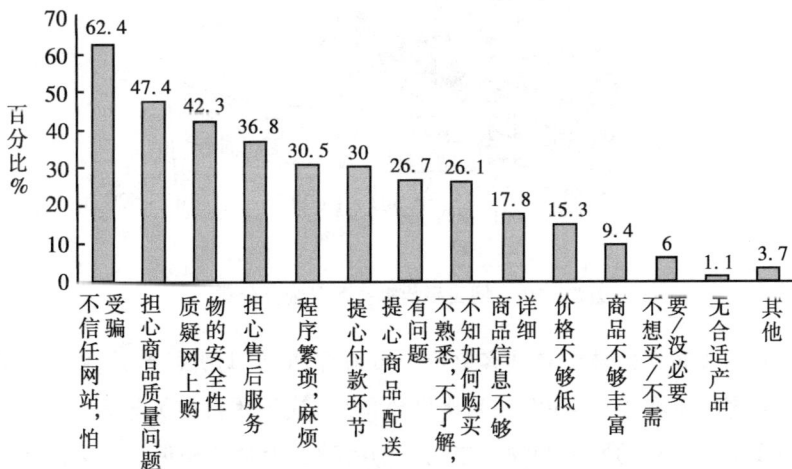

图 5 - 8　没有尝试网络购物的原因分布

3. 网络购物行为特征

(1)购买频率。被访者网络购物的购买频率如图5-9所示。不低于每月一次的约为50%，说明有购买经验的网民其购买频率相当高。因为当网民有了网络购物的体验之后，会不自觉的演变成一种习惯，而养成网络购物习惯正是购物网站所期望的。

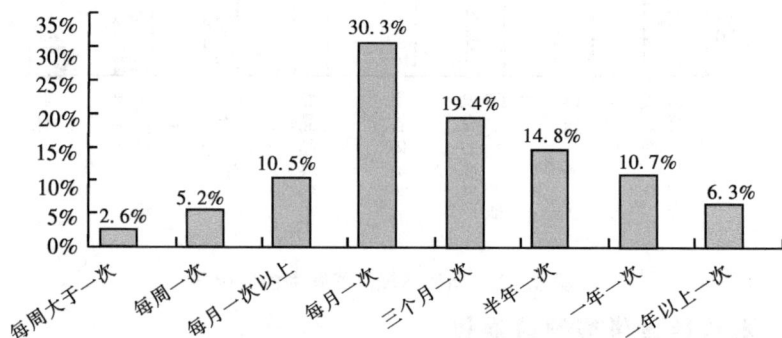

图5-9　网民网络购物频率分布

(2)客单价。目前有购买经验的网民其购买频率相当高，不低于每月一次的约为50%。这些购物者每次网络购物平均客单价的分布如图5-10所示。客单价多在500元以下，占88%，但在101~500元之间的有40%。这与网民购买的商品种类主要是图书和音像制品是相吻合的。

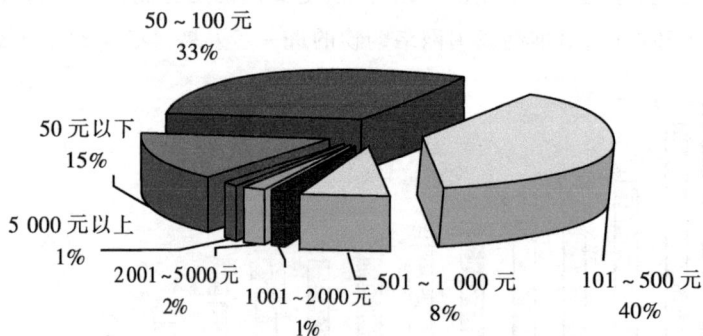

图5-10　网民平均每次购买金额分布

从不同购买频率的被访者其客单价分布来看，它们无明显差异，购买频率较高的被访者其客单价在101~500元间比例要稍高。这说明目前无论是经常性的网上购物网民还是偶尔性的网上购物者在购买物品种类上具有相近性。见图5-11。

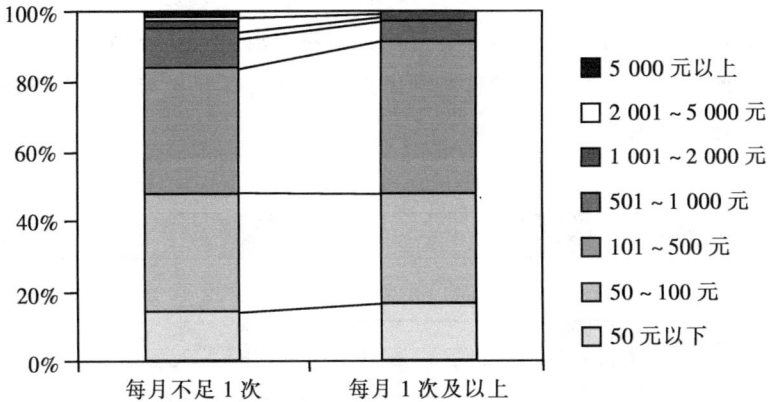

图 5 - 11　不同频率的网络购物客单价分布

（3）付款方式。在被访者中超过 40% 的人选择汇款或者网上支付的方式进行付款，此外比较多的选择为货到付款。这与 CNNIC 的调查报告中的调查数据是极其一致的，网上支付比例升高说明我国的电子支付状况得到较大改善。

（4）未来购物意愿。在被问及未来是否会网络购物时，有过网络购物经历的被访者选择"会的"比例超过了 90%，而没有网络购物经验的网民也有超过 60% 打算尝试，明确表示"不会的"比例均低于 10%。有购物经历的网民未来购买意愿要强于无购买经历的网民，说明尝试过网上购物的网民对网上购物的优点具有更强的认同感，会更习惯网上购物的消费方式，这往往容易让购物网民形成网上购物的习惯。因此，如何让网民迈出尝试网络购物的第一步很重要，这势必会产生跟进购物效果。这也正是目前购物网站需要解决的首要问题之一，毕竟没有购物经历的网民占大多数，他们是巨大的市场潜力。见图 5 - 12。

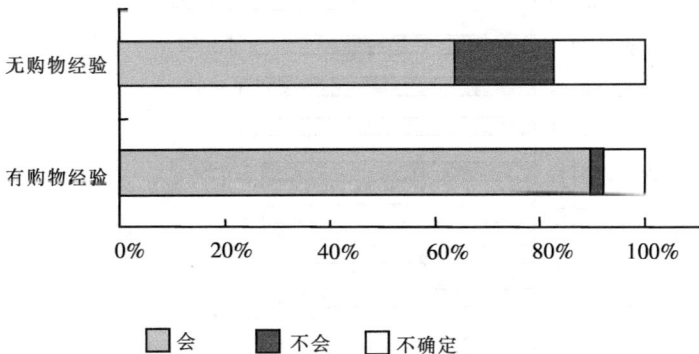

图例：会　不会　不确定

图 5 - 12　网民未来是否会进行网络购物

（5）价格期望。在问及"当网上商品价格比商城价格低多少会选择网络购物"时，绝大多数的选择均在30%以下，其中无购物经验者选择不考虑价格因素的比例要高于有购物经验的网民，对有些网民来说价格并不是影响其是否进行网络购物的关键因素。见图5-13。

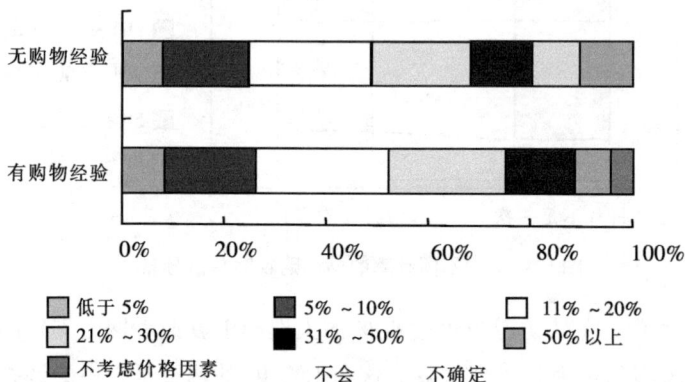

图5-13　期望网络购物商品价格

4. 网络购物各环节的满意程度

在对各个环节的满意程度进行评价时，1分表示非常不满意，5分表示非常满意，分值越高表示满意程度越高。所有环节的评价大多数都以3~5分为主，选择1~2分的比例较少。从评价平均值来看，订单准确性、付款安全性以及商品种类的评价较高，售后服务、价格和商品质量的平均值较低。见图5-14。

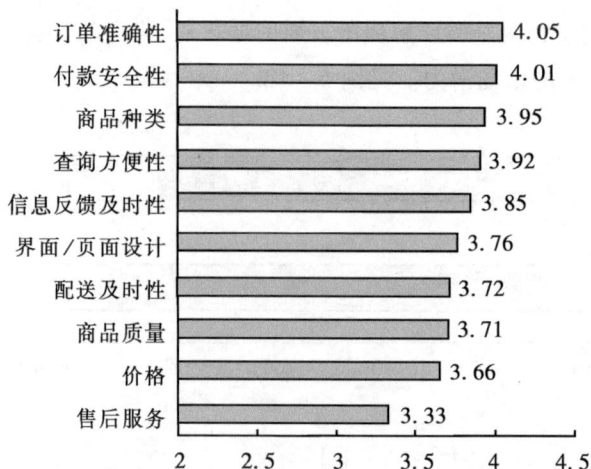

图5-14　对各个环节评价的平均值

5. 建议与改进因素分析

(1)用户意见。用户认为网络购物应该改进的方面分布如图 5—15 所示。商品质量、配送及时性、信息描述、支付手段、诚信是被最多提到的几个方面,其次像简化购物过程、安全性以及售后服务也被较多提及。

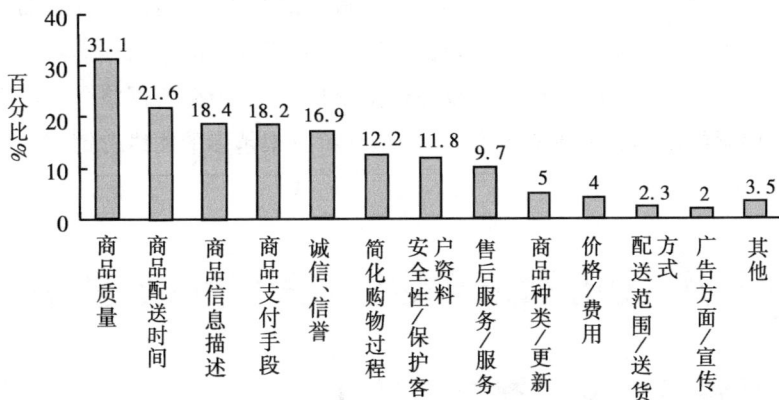

图 5—15　应该改进方面分布

(2)环节改进因素分析。根据对各个环节的满意度评价以及选择因素分析,建立"满意度—重要性"矩阵,如图 5—16 所示,其中亟待改进环节为重要性较高而满意度评价较低的商品质量和配送及时性问题;而从购买者认为重要性较高同时比

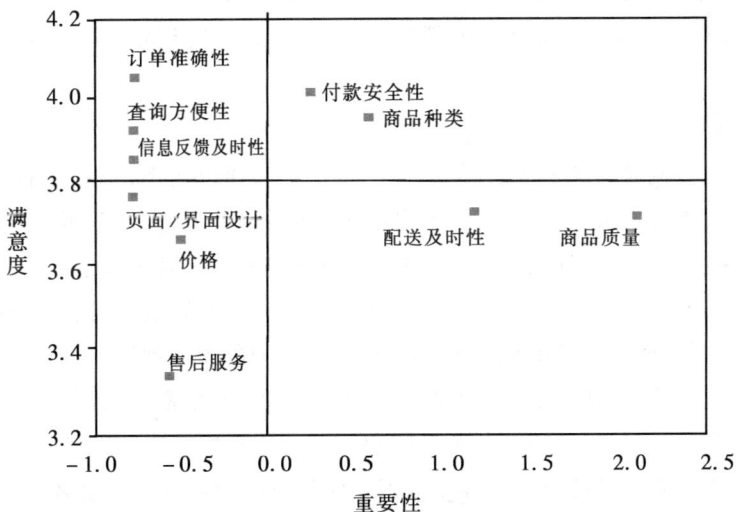

图 5—16　"满意度—重要性"矩阵

(资料来源:中国互联网络热点调查报告·CNNIC)

较满意的商品种类上看，网上购物在商品的种类上比传统购物方式具有一定的优势；而订单准确、查询方便、信息反馈及时等方面，购买者满意度指数比较高，说明在经历了多年的购物发展后，网上商家的技术和服务水平也得到了不断地提高；在购买者眼中，页面设计、价格和售后服务也是网络商家需要注意和改进的地方。

总之，在网络营销中消费者的行为发生了极大的变化，既有文化变迁的因素影响，也有消费者个人因素变化的影响，还包括零售商店转型的影响，等等，电子商务的发展现在还处于婴幼期，这些影响现在还不十分明显。但随着网络营销继续深入发展，这些因素的影响必将越来越突出，相信会有越来越多的网络营销理论研究者和实践应用者关注这一问题。

第三节　心理因素对网络消费者行为的影响

一、网络消费者心理活动过程

（一）心理活动的认知过程

网络消费者的心理活动，首先是从对商品的认知开始。这一过程构成了消费者购买商品的认识阶段和知觉阶段，是网络消费者产生购买行为的重要基础。网络消费者认知商品的过程，就是消费者对商品个别属性的各种不同感觉并加以联系和综合的反映过程，主要是通过消费者的感觉、知觉、记忆、思维等心理活动来完成的。

1. 感觉

感觉是对刺激物的反应。感觉可定义为"个人通过选择、组织并解释输入信息来获得对世界有意义的描述之过程"（菲利普·科特勒）。人们对相同的事物、同样的情境，往往会产生不同的感觉，主要是因为三种感觉过程在起作用：

（1）选择性注意。人们在日常生活中会接触到大量刺激，如网页上铺天盖地的广告信息，就会使人应接不暇。据统计，广告发达的国家和地区，人们平均每天要接触 1 500 多条广告，但实际上绝大部分要被过滤掉。网络消费者所注意的都应是与当前需要有关的刺激、所企盼的刺激和超出正常刺激规模的刺激。这种过程的特点就要求网络购物网站或电子商务企业诉求时尽量能引起网络消费者的注意。

（2）选择性曲解。网络消费者注意到的刺激，并不一定就予以接受。人们多把所获取的信息与自己的意愿结合起来，按自己现有的思维模式决定接受与否。以先入

为主的思路来解释信息的情况比较多。

(3) 选择性记忆。对于接触过的信息,人们一般只记住那些符合自己的态度和信念的信息,而其他则可能被遗忘。

2. 知觉

网络消费者通过一定的途径,获得有关网络商品的各种信息及其属性资料,并经过神经系统,将有关信息从感觉器官传递到脑部,产生对商品个别的、孤立的和表面的心理印象。然后随即甚至同时对感觉到的商品信息进行综合整理,在头脑中构成对商品的整体反映。这就是知觉过程,比对商品的印象和感觉又深入了一步。

感知是网络消费者对商品的外部特征和外部联系的直接反映,是认知的初级阶段。通过这一阶段,网络消费者得到为进一步认识商品的必要材料,形成记忆、思维、想象等一系列复杂的心理过程,在此基础上对商品产生情感信任,采取购买行动。网络消费者还以表象形式向思维过渡,进入认知的高级阶段,从而把握商品的一般特征和内在联系,全面地、本质地认识商品的品质,进而影响网络消费者的购买决策。

3. 学习

学习是指经验所引起的个人行为的改变。人类行为大多来源于学习。学习是由于驱使力、刺激、诱因、反应和强化等的相互作用而产生。在网络营销的信息传播过程中,网络消费者由于需要,通过学习获取有关消费信息,改变对某些商品的印象和态度,从而产生购买行为,这是主动学习的类型。而对一些价格低廉、属于经常性购买的商品和服务,网络消费者的关心度较低,则不通过学习,就采取购买行动,然后改变印象。当网络消费者对购买的选择产生不满,则是一种行为改变——印象改变——学习的模式。

另外,人们通过实践和学习,形成了自己的信念和态度,这些又反过来影响人们的消费行为,也需要注意分析研究。

认识网络消费者的认知过程,有助于制订相应的营销策略,通过有效地营销信息传播,影响认知两个阶段的相互转化、交替发展,促进网络消费者的认知,为增加对商品的好感奠定基础。

(二)心理活动的情绪过程

在接收网络营销信息和购买商品时,网络消费者会受到生理性需要和社会性需要的支配,引起不同的内心变化和外部反应,并对商品构成各有特点的情绪色彩。根据是否满足其消费需要,或产生愉快、喜爱等积极态度,或产生愤怒、烦闷等消极态度。这种对待客观现实是否符合自己需要而产生的态度的体验,就是网络消费者心理活动的情绪过程。情绪过程是网络消费者心理活动的一种特殊反映形式,对是否接受网络营销信息,是否进而采取购买行动有着重要的影响。

普通消费者的情绪,往往通过神态、表情、语气和行为等表现出来,形式可能多种多样,表现程度也有明显的差异。对网络消费者而言更多表现在心理情绪上,总的来看,可分成三大类:积极的、消极的和双重的。

在网络购买过程中,网络消费者情绪的产生和变化,要受到购物网站的网页设计、网络购物环节、商品、个人情绪和社会情感等因素的影响。这些也会表现在接收网络销售信息的过程中。网络消费者对于网络销售信息的接受,是积极的,还是厌恶的,还是无所谓的,也会受到这些因素的影响。比如,在一个舒适的上网环境中,会比恶劣的环境中接触信息的心情畅快;表现形式新颖、形象优美的网络广告作品,会更使人赏心悦目;适度的网络销售信息传递会使人得到一种满足,而那种地毯式轰炸、没完没了的灌输,就会令人闻而生厌,产生腻烦。因此,也要注意网络消费者的情绪过程,力争网络营销信息传播在愉悦的过程中进行,对网络消费者产生积极的影响。

(三)心理活动的意志过程

网络消费者的意志过程,是在购买过程中表现出有目的地、自觉地支配和调节自己的行动,努力克服各种障碍,从而实现既定购买目的的心理活动。它对网络消费者购买过程中的行动阶段和体验阶段有着较大的影响。

消费者的意志过程有以下两个基本的特征。

1. 有明确的购买目的

网络消费者为了满足自己的需要,总是经过思考,明确购买的目的,再有意识、有计划地按照购买目的去支配和调节购买行动。网络消费者这种意志与目的性的联系,集中体现了人的心理活动的自觉能动性。

2. 是排除干扰、克服困难的过程

实现既定的目的,实际上是一个复杂的过程。网络消费者在从拟定网络购买计划到实施网络购买计划之间,需要一定的意志行动,排除和克服各种各样的内部的以及外部的干扰和阻碍,把决定购买转化为实行购买。作为意志,一方面可以人为推动达到既定目的所必需的情绪和行动;一方面又可以制止与预定目的相矛盾的

情绪和行动。通过这两个方面的作用,使人能够克服各种障碍和困难,实现既定目的。

　　网络消费者产生一定的需要和动机,经过认知、情绪和意志的心理活动过程。这三个方面是有机统一、相互联系、密不可分的。意志过程有赖于认知过程,但又促进认知过程的发展和变化。情绪过程对意志过程有着很大的影响,而意志过程又会反过来调节情绪过程的发展变化。

二、网络消费者个性心理特征

　　网络消费者在购买活动中所产生的感觉、知觉、记忆、思维、情感和意志等心理过程,体现了人类心理活动的一般规律。但人们的购买行为,实际上又是千差万别的。构成差异的主要心理基础,就是网络消费者的个性心理特征。作为网络消费者来说,其个性心理特征具体表现在一个人的能力、性格和气质等方面的个别特征上。

(一)能力

　　能力是人能够顺利地完成某种活动,并直接影响活动效率的个性心理特征。人既需要观察、记忆、想象、思维和注意等一般能力,也需要视听、运算、鉴别、组织、检验等特殊能力。两种能力彼此联系相互促进,共同发挥作用。

　　由于人的素质、社会实践、文化教育和主观努力等不尽相同,人们的一般能力和特殊能力不仅存在着质量和数量上的差别,而且在发展水平上也是不等的。这就构成了人的能力的个别差异。反映在购买活动中,由于能力的影响,有的网络消费者对商品的识别能力、评价能力、决断能力和语言表达能力等较强,则能独立自主地、迅速地做出购买决定。反之,就会犹豫不决、优柔寡断、不知所措,难于决定是否购买。

(二)气质

　　气质是人的典型的、稳定的心理特征,表现为人的心理活动的动力方面的特点。个体间的气质差异,使每个人在各种活动中的心理活动表现出不同的动力型,形成各自独特的行为色彩。气质主要是由神经过程的生理特点所决定的,具有较明显的稳定性和持久性。同一种气质类型的人,尽管进行活动的动机不同、内容不同,但在行为方式上却表现出相同的心理动力特点。

　　公元前 5 世纪希腊人希波克拉底曾把人的气质分成多血质、黏液质、胆汁质和

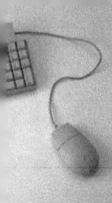

抑郁质四种类型，但不很科学。巴甫洛夫从高级神经活动的学说，提出人的气质表现为兴奋型、沉静型、活泼型和安静型四种方式。气质对消费者个体的购买行为影响比较深刻。网络消费者具有的特殊的言谈举止、反应速度和精神状态等，都会不同程度地将其气质反映出来，或急躁，或沉稳，或怯懦，或随意，等等。了解人的气质类型，有助于根据网络消费者的各种购买行为，发现和识别其气质方面的特点，进行积极的引导。

(三)性格

性格是人对客观现实的态度和行为方式中经常表现出来的稳定倾向，是人个性中最重要、最显著的心理特征。性格与气质相互渗透，相互作用，气质对性格的形成和发展有影响，性格又促使气质的变型。而性格更能突出反映个体的心理面貌。

人的各自不同的习惯了的行为方式，首先取决于对现实的态度，比如对待社会、集体和他人的态度，对待劳动、学习和生活的态度等；另外也取决于人的各自的认知、情绪和意志这些心理活动过程的不同特点，从而构成人们的不同性格，形成某个人与他人明显的差别。表现在消费活动中，其个体性格则对购买行为方式起决定性的作用。有的比较外露，有的比较内向，有的比较理智，有的则比较情绪化等。需要通过观察、交流或调查分析等手段，认识网络消费者的个性特征，掌握其性格类型，正确了解判断不同的个体性格对购买态度、购买情绪、购买决策和购买方式等的影响。

综上所述，网络消费者的能力、气质和性格等个体心理特征，是构成其购买行为的重要心理基础，并产生较大的影响。准确地分析和认识网络消费者的个体心理特征，对于提高网络营销效果有着重要作用。

三、网络消费者的社会心理特征

人是生活在社会、组织和群体之中的，因此，其所具有的心理状态和心理现象又不可能是孤立的、个体性的，而必然是社会性的。这种社会性的心理，以及在此基础上发展起来的社会态度，对网络营销信息传播效果有着根本性的影响。因此，我们不仅要研究了解网络消费者的个性心理特征，更要把握其社会心理特征。

研究表明，个人在群体行为过程中，往往会失去个人应当具有的或者个人情境下具有的个人的本性，在群体心理过程压力下，个人会做出个人情境下一般不会采取的行动，这就是失个性化。应该说，失个性化并不是人的积极心理现象，也不是人的全部群体心理过程。但是，网络消费者在接受网络信息传播时，会明显地产生失

个性化现象,受到群体心理过程的影响。而在群体情境下接受网络营销信息就有其特有的规律和现象,主要有相互模仿、相互感染、社会性遵从等。

(一)模仿

　　模仿是社会心理学的一个重要方面,许多社会性行为都是模仿性的,模仿行为具有普遍性。从个人发展角度看,儿童幼小时模仿他们的长辈,青少年时模仿他们所能接触的其他人。国外有句格言:"模仿是最真挚的奉承形式",即反映了这种现象。而从市场的商品销售、广告传播来看,在繁华街头设摊售货、设置广告,会招致人们的注意。这种群体行为是自发产生的,往往依赖于参与者的相互刺激。这种相互刺激,首先就是模仿。大众传媒广告就可利用模仿的社会心理特征,进行促销活动。如新产品上市,即大量列举用户销售的情况,说明商品或劳务被消费的情景,刺激人们模仿,加入到消费者、使用者的行列。

(二)感染

　　感染是一种群众性的模仿,即把感情或者行为从人群中的一个参加者蔓延到另一个参加者,是群体行为赖以存在、发展的另一种刺激。感染有以下两种。

1. 情绪感染

　　情绪感染指的是把一群人的情感统一起来,使个人放弃平常抑制其行为的社会准则,个人行动主要由自己的情绪发动。如果所有参与者的态度、信念和价值都基本一致,情绪感染便容易发生,会促进个体之间的模仿过程。如在中秋节、元宵节前投放有关月饼、元宵等食品的广告,会使消费者个体受到节日食品气氛的感染,得到较好的传播效果。而当所有参与者的注意力都集中在一个特定的人或事物上时,就会加剧情绪感染。如运用当红明星做广告,利用当前流行话题推销商品或劳务,消费者个体往往易于接受这些情绪暗示,采取购买行动。如,印有著名球星乔丹影像的运动服装一时成为年轻人的畅销品;北京申办奥运,带有其标志物的各类用品,也会吸引人们。

2. 行为感染

　　行为感染是指以行为方式从一个人向另一个人乃至许多人的传播。应用在网络营销上,需要进行整合营销传播。这样可能会更加感染目标消费者,取得更好的传播效果。

(三)遵从

人们生活在社会、群体中,无论是否有个人主见,其主观是否有一定程度的正确性,却终究要服从群体。个人与他人或群体意见、观念和态度之间寻求一致性的倾向,就是遵从。由这种倾向性导致的行为,就是遵从行为。这是影响、决定人们行为的更为深刻的社会心理现象。

遵从产生的原因,主要是由于人受到信息和规范方面的压力。因为在现实生活中,有关客观世界的许多信息,甚至包括我们自身的信息,也都来自别人。如旅行迷了路,要询问别人;不会使用电脑,也要学习请教。另外,人们总有一种遵从规范、同化于群体的内在倾向,这就是规范压力。

(四)角色

人在社会或群体中,最终都还要固定或相对稳定在一个角色上,扮演一个角色。角色是人们期待某一特定社会位置上的个人所具有的一种行为模式。从个人的角度看,它是人所处的一种地位以及由此决定的态度与行为的复合体。对于群体心理过程来说,角色既是一种心理现象,也是社会群体心理分析过程的一个阶段。角色是系统而稳定地影响广告传播的一个重要因素。

我国也正处在重要的社会转型期,不同的年龄、职业,不同的社会层次,构成了多种比较复杂的消费群体。我国网络消费者除具有人类共有的一些心理特征外,还受到我国社会文化等因素的影响,形成一些特有的心理特征,也应该认真分析,力争适应我国网络消费者的心理需要,以得到预期的网络营销效果。

第六章
网络消费安全与网络消费者行为

本章内容提要

本章通过介绍消费者知觉基本理论，分析了网络消费者网上购物风险、类型及其影响因素，并提出了降低网上购物风险知觉的方法。

在网上买到心仪的商品，通过邮寄、快递送达自己或朋友手中，网络购物的飞速发展推动了快递业的繁荣。然而，消费者在承担网购风险的同时，有时竟还需为快递引发的问题埋单。记者日前从消费者协会了解到，随着网络购物的迅速发展，由快递引发的网购投诉也呈上升趋势。

家住历城区仲宫镇的刘小姐最近就遇到了一件烦心事：外地的朋友在网上选购了一件饰品，作为送给她的结婚礼物。然而货到济南时，快递公司却以刘小姐住在二环以外为由拒绝送货上门，要求她自行到公司领取。刘小姐多次与快递公司、卖家协商解决，均遭到拒绝。快递公司称"二环以外不送货"是公司规定，卖家则表示这是快递公司与刘小姐之间的问题，与自己无关。刘小姐无奈，只好请市区的朋友代为接收。

网上卖家承诺"送货上门"，快递公司却以种种理由拒绝，与刘小姐有类似遭遇的不在少数。历下区消协工作人员告诉记者，2006年他们共受理了22起网络购物投诉，与往年相比，涉及到消费者与卖家、快递公司三方冲突的投诉明显增多。由于网上商家多半不承担"三包"责任，一旦发生退货、换货问题，不但条件苛刻难以兑现，因此产生的邮寄、快递费用也往往要由消费者自己埋单。

网络购物不受地域限制，不论身在何处都可买到各地商品；而卖家提供的送货上门服务也为买家提供了方便。记者了解到，网购的特殊性带动了快递行业的发展，易趣、淘宝等购物网站数百万的单日成交量中，绝大部分都是通过邮寄、快递或 EMS 等将商品送到消费者手中。根据调查，省城大小快递公司、邮局等接受的网购快递订单也在逐年上升。

足不出户便可买到心仪商品，省时、省力也是许多人青睐网购的主要原因。然而，由于网上店铺缺少必要监管，快递托运也无相应法律严格规范，快递过程中一旦发生问题，卖家、快递公司经常互相推脱责任，消费者权益很难得到保障。

资料来源:《齐鲁晚报》

相关链接

不同的人对于同一事物或同一事件，往往会有不同的认识和反应，也会产生不同的影响。在消费领域，对于同一消费对象或同一消费方式，不同的人也会产生不同的反应，从而导致各种不尽相同的消费行为。网络消费就是典型一例。因此，有必要利用心理学的相关理论，分析在网络消费过程中消费者对网络消费安全的知觉及其与消费行为的关系。

第一节 消费者知觉基本理论

知觉是人脑对直接作用于感觉器官的客观事物的各种属性的整体反映。知觉是在感觉的基础上形成的，因此，对消费者知觉与其消费者行为的分析和研究，应从感觉及感觉与知觉的关系开始。

一、感觉

(一)感觉概述

感觉是人脑对直接作用于感觉器官的客观事物个别属性的反映，是客观世界在人脑中的主观映象。通过感觉，人们不仅可以反映外部客观事物的各种属性，还可以反映自己身心的状况和变化。比如，人们能够感觉到自己的姿势和运动，能感觉到自己身体内部器官的舒适、疼痛、饥饿等。为适应人们社会活动的需要，人的感觉是多种多样的，各种不同的感觉使人们在认识事物时能够从各个方面了解事物

的个别属性和特点。但是感觉这种心理现象并不反映客观事物的全貌,而只反映事物的个别属性。

消费者的感觉,是指消费者借助感觉器官,对各种商品、服务、信息以及自身需要的直接反映。消费者对商品各种属性的感觉,是通过不同的感觉器官完成的。在购买活动中,消费者一般是借助触觉、视觉、听觉、嗅觉和味觉等五种感觉来接收有关商品的各种信息。例如,我们常说的食品的"色香味",就是指人们通过视觉、嗅觉、味觉产生的对食品的感觉,而人们形容如巧克力的"丝般柔滑",就是指人们通过舌头等感觉器官所感受到的触觉。

俗语说"百闻不如一见",在消费者对外界事物的感觉中,视觉是最重要的一种。有研究显示,人们凭感觉接受到的外界信息中,83%来自眼睛,11%来自听觉,3.5%来自嗅觉,1.5%来自触觉,1%来自口感和味觉。因此,在现代商品营销过程中,很多针对商品的包装及陈列等细节,诸如商品的开架售货、漂亮的包装、讲究的销售现场布置和装饰等,都是为了能给消费者带来更美好的视觉感受,尽可能地吸引更多消费者的视线和注意力。而在网络时代,"眼球经济"等说法也反映了视觉对人们感觉的重要性。

1998年,张朝阳在向公众推出搜狐网站的同时,将"眼球经济"的概念介绍给了大众。张朝阳在北大讲座时说:"再好的产品,如果不与'注意力与瞩目性'相结合,也创造不了市场价值"。 张朝阳、潘石屹通过高调地宣传、频繁地出镜使自己成为公众人物,事业也因此更上一层。以李宇春为代表的"超女"在公众的关注和认可下,为自己的人生和事业发展带来新的契机。正如英特尔前总裁葛鲁夫所说:"整个世界将会展开争夺眼球的战役,谁能吸引更多的注意力,谁就能成为下世纪的主宰"。注意力形成经济,争夺眼球形成竞争,成为当今世界经济发展的一大特色。

感觉是消费者接触商品的最简单的心理活动过程,它使消费者获得有关商品的各种信息及其属性的资料。感觉是消费者认识商品的起点,通过感觉,消费者才能取得进一步认识商品的必要材料,进而形成并获得对商品属性全面、正确的认识,在此基础上,消费者才能在认识商品的过程中产生各种情绪变化,确认购买目标,做出购买决策。因此,在一定意义上可以说感觉是消费者一切知识和经验的基础。

(二)感觉的特性

1. 感觉的适应性

在学习感觉的适应性之前,首先应了解一个概念,叫感觉阈限。不同客体刺激对人所引起的感觉是不同的,也不是所有的外界刺激都能引起人的感觉,刺激强度太强和太弱,人都不会有感觉,比如我们听不到频率低于 20 赫兹和高于 2 000 赫兹的声音。人的感觉器官只有在一定刺激强度范围内才能产生反应,这种范围即是"感觉阈限"。

感觉阈限分为绝对阈限和差别阈限两种。绝对阈限是指能被感觉器官感觉的刺激的最小量,比如能被人耳朵所听到的最小的声音,能被看到的最小的字体。差别阈限则是指能引起差别感觉的刺激物的最小变化量。差别阈限不是一个绝对数值,而是第一与第二种刺激相对应的相对数值,第一个刺激越强烈,第二个刺激就越不易被感觉到。比如一件价值在 1 万元左右的商品价格变动 5 元左右,一般并不被人注意到,而当变动在 100 元左右时,才会使消费者感到价格变动。也就是说,当外界刺激出现变化时,消费者能否感觉到,要取决于原来刺激的强度和其变化程度。通常个体可察觉到的刺激强度变化量与原刺激强度之比为常数,这就是著名的韦伯定律,这一定律在市场营销中应用较多,比如企业对商品提价时,则一般应以不超过消费者对价格的差别阈限为宜,而如需降价促销则恰好相反,应将价格调整到消费者能明显感觉到的幅度。除价格的变动外,企业也常在消费者没有察觉的前提下对产品的大小、包装等加以改变。

在商业营销活动中,消费者的感觉阈限是一个非常重要的考虑因素。比如做广告宣传时,一般广告画面字体大小应以消费者能够比较轻松地看清楚广告内容为限,同时,又要充分利用消费者的差别阈限,如采用不同字体或对比明显的色彩,使自己的广告能够吸引消费者的视线,从众多的广告中被发现。

不同的人,阈限的范围是不同的;同一个人在经受刺激后,阈限的范围也会改变。"入兰芝之室,久而不闻其香;入鲍鱼之肆,久而不闻其臭",当感觉器官受持续刺激时,刺激强度保持不变,但引起的神经冲动却越来越少,这种现象就被称为感觉的适应性,也就是说,感觉只在它刚发生时才是强烈的,以后就越来越弱。感觉适应性有视觉适应、嗅觉适应、听觉适应、味觉适应、触觉适应等。当一个人从明亮的地方进入到黑暗的屋子时,会逐渐从看不清东西到慢慢分辨清楚,就是视觉的适应性使人们适应了黑暗的环境。在选购香水时,闻了太多香水,反倒发现和分辨不了香水的香型,则反映了人们嗅觉的适应性。感觉适应对不断激发消费者的购买欲望是不利的,因此,要使消费者保持对消费刺激较强的感受性,就要调整刺激的作用时间并变化其表现形式。比如对商品的广告宣传,为防止消费者因感觉适应而使广告失去效果,就可以采用间隔一段时间播放并不断调整广告的内容和方式。

2. 感觉的对比性

同一感觉器官接受不同刺激会使感觉发生一定变化的现象，即为感觉的对比性。感觉的对比性一般表现为在感觉上会加大不同刺激间的差异，又可分为同时对比和继时对比两类。

几个刺激先后作用于同一感觉器官时产生继时对比现象。人们在吃完糖或蜂蜜之后再吃水果总是觉得比平时要更酸一些；而在关掉吵闹的音响之后会觉得格外的寂静，这些都是感觉的继时对比现象。

几种刺激同时作用于同一感觉器官时产生同时对比现象，这一现象在视觉中表现较为明显，正如俗语所说"红花还需绿叶衬"、"黑白分明"，红色的物体在绿色背景中就会显得尤其鲜艳，同样的一个黑色的图形，在白色的背景下就会显得比较突出，而如果放在一个暗色的背景中就不那么显眼。

3. 感觉的补偿性

某种感觉有缺陷，可以由其他感觉来补偿，从而并不影响或降低消费者对商品的总体认识。比如街头流行的小吃臭豆腐，虽气味难闻，但并不影响喜爱食用的消费者寻味而至，就是因为其对消费者味觉的刺激产生了补偿作用。感觉的这一特性可被运用于商品销售策略中。如果商品存在某方面不足，销售者可以强调商品其他更多、更重要的优点，以使消费者"爱屋及乌"，增强购买信心。

4. 感觉的联觉性

这是一种刺激产生多种感觉的心理现象。人体各种感觉器官并不是隔绝彼此而是相互影响、相互作用的，一种感觉器官接受刺激产生感觉后，还会对其他感觉器官的感觉产生影响。例如，当有的人听到刺耳的声音时，不但听觉上会感到难以忍受，皮肤和毛发也会出现反应，而轻音乐、抒情的乐曲等却给人以轻快、放松的感觉。人们最易产生联觉的是颜色，我们日常把白色、蓝色等颜色称为冷色，而把红色、黄色、橙色等称为暖色，就是因为人们会对颜色产生冷热不同感觉这种联觉性的缘故。颜色还会引起轻盈(白色，各种浅色)或沉重(黑色、褐色、深蓝等)的感觉。另外，颜色还有象征意义及感觉，比如，红色象征革命、热烈、喜庆；绿色象征生机、和平、安全；黄色象征温暖、富贵、豪华；蓝色象征晴朗、豁达、深远；白色象征纯洁、轻快、真挚；黑色象征沉重、神秘、悲哀等。因此颜色也是商品包装和广告中最重要的元素之一。消费者在同时接受多种消费刺激时，经常会出现由感觉间相互作用引起的联觉现象。例如，人们对食品不但追求味道，而且讲究"色香味俱全"，也是因为赏心悦目的食品会使人的味觉感受增强之故。巧妙运用感觉的联觉特性，可以有效

地对消费者行为进行调节和引导。

二、知觉

(一)知觉概述

所谓知觉,是人脑对直接作用于感觉器官的客观事物各种属性的整体反映,这种整体反映是人们对感觉到的信息进行选择、组织和解释,使之成为一个有意义的和连贯的现实映象的过程。

知觉是在感觉的基础上形成的,是多种感觉所形成的一种综合认识和综合反映,是对感觉加工、认识的结果,但又不是感觉的简单相加,二者即有联系又有区别。知觉以感觉为基础,二者往往同时出现,常被统称为感知。消费者只有在感觉到商品在颜色、形状、气味等各方面的属性,才有可能形成对商品的整体知觉。感觉到的个别属性越充分、越丰富,对商品的知觉就越完整、越正确。但知觉是建立在事物各个个别属性内在联系基础上的事物的整体映像,比感觉更依赖于人的主观态度和知识经验,是对客观事物的整体认识和本质认识。例如,当某一消费者进行布料选购时,眼睛看到布料的色彩明艳、图案大方,触摸手感光滑,这些视觉、触觉是对布料个别属性的感觉,当消费者在此基础上,根据自己的经验和各种知识,对商品的属性进行综合评价并得出对这一布料的整体印象,就形成了对这一商品的感知。与感觉相比,知觉对消费者的影响更直接、更重要,知觉的形成与否,决定消费者对商品信息的理解和接受程度;知觉的正误偏差制约着消费者对商品的选择比较;并经知觉形成对商品比较完整的认识。

感知是消费者一系列心理活动的最初阶段,任何消费者购买商品时都要通过对自己感觉得到的印象综合分析,才能决定是否购买,因此也可以说,消费者的购买行为取决于其对商品引起刺激的知觉。

(二)影响消费者知觉的因素

消费者的知觉主要是由外部刺激因素和内部主观因素决定的。

1. 外部刺激因素

外部刺激物的一些特征会对人们的知觉产生影响,这些外部刺激因素主要包括刺激物的大小、强度、色彩、活动、位置、距离等因素。刺激物的大小会影响人们关注这一事物的概率,一般大的刺激物比小的刺激物更易被人们所知觉。刺激物的强度如音量大小、色彩明亮程度、出现频率等也会影响人们的知觉。同样,刺激物的色

彩和活动也会影响人们的知觉，因为鲜艳的色彩和移动的目标更易吸引人们的视线而被知觉到。而就刺激物的位置而言，一般处于人们视野正中的物体比处于边缘的物体更容易被人注意和知觉，且一般距离人们更近的刺激物更易被知觉。在对消费者的广告宣传中，这些因素的影响运用较为明显。经销商们总是在醒目的位置，用大幅的广告牌、鲜艳的色彩来吸引消费者的注意，网络广告设置中也常应用这些因素，如很多网站将广告设置为弹出广告并制成 FLASH 动画模式等，都是为了通过这些外部刺激因素来影响消费者的知觉。

2. 内部主观因素

知觉是对客观事物的整体认识和本质认识，在知觉过程中，人脑对大量离散的感觉信息进行选择、组织和解释等处理，这种信息处理要受到消费者个体的需要、期望、知识、经验等诸多因素影响，它比感觉更依赖于人的主观态度和知识经验，因此对于同一消费对象或消费方式，不同的人有不同的反应，从而产生各自不尽相同的消费行为。

(1)消费者的需要对知觉的影响。消费者的各种需要对其选择什么作为知觉对象、怎样理解和解释这些对象有很大的影响。例如，当不同的消费者走进同一家百货商店时，不同的人对商店内的商品感知往往存在一定差异，饥饿的人首先察觉到的是蛋糕屋里飘来的香味，而女士们则更多地会先看到琳琅满目的各种化妆品和服装，男士也许只看到了门口陈列和展示的电子产品，儿童则只对玩具充满了兴趣。消费者的需要，包括生理需要和精神方面的需要，都会对消费者知觉对象的选择及知觉的形成有很大影响。消费者的态度对知觉也有一定影响，一般情况下，消费者喜爱的商品品牌比不喜爱的商品品牌要较快地被感知到。

(2)消费者的期望对知觉的影响。消费者的期望可以说是一种潜在的需要，它驱使消费者去感知某种对象，也即是说，消费者的知觉往往集中在期望购买的商品上。消费者的期望对知觉的影响常被销售者应用于产品的设计、包装和命名中，希望提供符合消费者期望的商品而强化消费者知觉，进而促发消费者的购买行为。

(3)消费者的知识、经验对知觉的影响。知识、经验对人们的知觉有非常巨大的影响。首先，知识、经验影响知觉的内容，人们对某一事物的知识、经验越丰富，对它的知觉内容就越丰富，因此，同样一首乐曲，有的人只是听出它的动听，但有的人就能从里面听到高山流水，原因就在于不同的听者音乐知识的不同。其次，知识、经验能提高知觉的速度和知觉的准确性，这也就是为什么战士实际阵前对敌前总要进行多次的练习以积累一定的作战经验，从而提高在战场上对具体战况知觉的速度和准确性,这样才能做到战无不胜。

(三)知觉特性

知觉是对客观事物带有主观色彩的综合性的认识活动,它与消费者心理活动各个方面都有着密切联系,因此分析消费者知觉的特性,对于分析和研究消费者行为具有重要意义。由于知觉产生的特殊过程及各种内外部因素的影响,知觉具有如下特点。

1. 知觉的主观性

人们在感知客观事物的过程中,常常把对事物的知觉与自己的想象、猜测和态度、偏好等混淆在一起,使知觉带有很大主观色彩或不真实的成分,这就是知觉的主观性。例如,黑泽名导演的著名影片《罗生门》,分别从强盗、妻子、丈夫和旁观者的角度讲述了一个诱拐和绑架伐木工人的妻子并谋害其丈夫的故事,但是影片中的四个故事却是不同的,因为每个参与者以不同方式知觉这一事件,每个人的知觉都带有了自己的主观色彩。因此,人们同时看同样的事件,每个人也诚实地报告自己所见,但每个人报告的内容却是不同的。在消费者对商品的认识过程中也是这样,一些消费者在购买某种商品之前,就表现出倾向某些信息而抵制另外一些信息,因此,在商品的选购过程中,也容易从主观意志出发来评价商品的优劣。

2. 知觉的选择性

人们在感知客观事物时,常会优先的、有选择的感知一定的事物或一定事物的某些属性或方面,这种在知觉时把某一对象从众多客观事物中或把某一属性从事物的诸多属性中优先区分出来并加以清晰反映的特性,叫知觉的选择性。

个体的接受能力是有限的,而同一时间作用于人的感觉器官的刺激物是非常众多而复杂的,因此,人不可能在同一时空内知觉所有刺激物,而只能有意或无意地选择其中一部分做出知觉反应,而将其他事物当成知觉的背景。比如,在嘈杂的酒会上,交谈的双方却能听得见彼此的谈话内容,此时,周围其他人的声音则成为了一种背景。过马路时,人们总是关注于来往的车辆和行人,道路两旁的建筑物则成为知觉的背景。消费者在同一时空内不可能感知所有商品,只能感知其中少数商品,而对其他商品则视而不见、充耳不闻。

知觉对象的选择,一般依存于知觉对象特点等客观因素及知觉者本人的主观因素。

(1)客观因素。

①对象本身的特点。具有与众不同特征的对象易于被知觉到,比如,响亮的声

音、鲜艳的色彩、个性的发型、怪异的旋律等,都会引起人们的注意并使人清楚地知觉。

②对象和背景的差别。对象与背景的差别越大,越容易从背景中区分出来并被清晰地反映。我们常说的"万绿丛中一点红",反映的就是在色彩差异的情况下知觉对象的被选择。对象和背景之间的差别包括颜色、形态、刺激强度等多个方面的差别。比如,在固定不变的背景上,活动的刺激物就容易成为刺激的对象,夜晚闪烁霓虹灯广告格外引人注目的原因也正在于此。

(2)主观因素。

①兴趣、需要和动机。个体对自己感兴趣或认为有价值的对象更易知觉,而同时会将其他对象忽略而转为背景。如《论语》记载"子在齐闻《韶》,三月不知肉味",反映的就是孔子在听了动听的音乐之后,注意力集中于音乐的美好旋律而食不知味。而在消费领域,女性消费者对服装等商品更易觉察和感知,而儿童对玩具更为敏感,也是由于消费者的兴趣不同而使其选择了不同的知觉对象。一般来说,能满足人需要、符合人动机的事物,会更容易被知觉到,而且这种知觉的强烈程度同人们需要和动机的强烈程度呈正比关系。

②情绪状态。知觉个体的情绪状态对其知觉的选择性也有很大影响。一般,心境良好、兴致佳时,知觉的选择面就广一些;而反之当知觉个体心情忧郁的情况下,知觉的选择面就会变得较窄一些。

3. 知觉的整体性

客观事物都具有多面性,即多种属性,因此,当客观事物作为刺激物对人发生作用时,是它的各个部分或各种属性分别作用于人的各种感觉器官的,但是人在知觉时却是把客观事物作为一个整体来知觉,这就是知觉的整体性。

"一叶落知天下秋",当人们在感知一个熟悉的对象时,即使未能感觉到它的全部而只是感觉到它的个别属性或主要特征,就可根据以前的经验而知道它的其他属性和特征,反映出对它的总体认识和知觉。比如当人们看到一些残缺的霓虹灯时,能够根据它剩余的部分而推断出霓虹广告的本意,而看到一些缺少个别笔画的字时,人们也能很容易知觉到其内容。

当人们在感知一个不熟悉的对象时,则倾向于把它知觉为具有一定结构的有意义的整体。此时,在空间上彼此靠近的刺激物、彼此类似的刺激物、具有内在连贯性的视觉对象和结构上封闭的元素,往往易被知觉成一个整体。接近、相似、连续和封闭被称为知觉组织的四个原则。

消费者在对商品知觉的过程中,总是把商品的各种属性如品牌、价格、包装、质量等各个方面综合在一起,形成对商品的知觉并影响其购买行为。而在针对消费者的营销活动中,则常有意识地针对消费者知觉整体性的四个原则来开展商品的宣传或设计。比如,某些商品经营者会利用消费者知觉的相似原则,向消费者力图展示自己的产品与某些名牌产品在样式、包装和性能上的相似性,以期望能使消费者形成对自己产品较好的感知并产生购买欲望。

4. 知觉的连贯性和理解性

"一朝被蛇咬,十年怕井绳",个体容易根据自己已有的知识和经验分析当前的事物。消费者习惯根据之前购买商品的使用经验,判别和知觉眼前的商品并做出购买决策,这就是知觉的连贯性。知觉的连贯性可以成为消费者连续购买某种商品的重要因素,但同时也可以成为阻碍消费者接受新产品的重要因素。比如一些买过包装很好但质量很差的商品的消费者,其经验中对于包装较好的商品就有一定戒备心而影响其对商品的感知。在网络消费过程中,一旦出现个别不良商家欺骗消费者的行为而使其利益受损,可能就会使这个消费者在以后的消费过程中,不再选择网络消费这种消费方式。知觉的理解性是指消费者对于客观上不能表现出来的商品属性,可以通过以前获得的有关知识和实践经验来理解所知觉的商品。比如,消费者总习惯根据广告宣传频率高低来判断一个企业资金是否雄厚,总习惯于把包装好的商品理解为质量高等。

消费者知觉的连贯性和理解性与其判断能力和过去的消费经验关系密切。但在消费者的知觉中,有一些是符合商品的实际情况的,有些则不免有些片面和扭曲甚至是错误的。因此,销售者在宣传和促销过程中,就有必要引导消费者正确地理解商品,避免出现片面的甚至错误的理解。

三、错觉

人们对客观事物的知觉并不总是正确的,在某些情况下,受背景干扰或某些心理因素影响,人对外界刺激的感知产生主观歪曲,则会形成对客观事物不正确的知觉,即各种错觉现象。错觉现象在生活中十分普遍。《论语·两小儿辨日》中两个小孩对早晨和中午的太阳大小产生争执,其原因就在于两人对太阳所产生的错觉。日常生活中常见的错觉有长短错觉、形重错觉、大小错觉、图形错觉、颜色错觉、运动错觉、音响错觉、触觉错觉、时间错觉等,而以各种视错觉最为多见。例如法国的国旗就是按照视错觉进行校正制成的。法国国旗由蓝、白、红三色带组成,最初三种色带宽度一样,但由于视错觉的缘故,人们总觉得蓝的比红的宽,后来设计者特地加大白色和红色宽度,蓝、白、红比例最终确定为 30:33:37,三色带看起来才一样宽。

错觉不同于幻觉。错觉是在外界刺激下产生的,其实质是人对刺激的知觉表现出主观性和歪曲,即人对客观事物的不正确的知觉。而幻觉是在没有外界刺激的情况下产生的,是人的一种虚幻的知觉。

错觉产生的原因有主观和客观两个方面:从主观方面看,错觉与个体过去的体验、情绪有关,有时也可能是几种感觉相互作用的结果;从客观方面看,错觉大多是在知觉对象所处的客观环境发生了某种变化的情况下产生的。在人们的日常生活中,错觉大量存在并被广泛利用。如在空间较小的商店内装上大镜子,会让人有空间变大的感觉。同样身材的人,穿竖条纹的衣服一般总感觉要比穿横条纹的衣服看起来更苗条一些。同样,色彩也会给人带来各种错觉,一般冷色调的衣服会使人显得略瘦一些,而暖色调的衣服则使人显得稍胖一些。因此,在市场营销活动中,了解错觉对消费者知觉客观事物的影响,掌握错觉原理并加以适当运用,对于吸引消费者的注意,刺激消费者的购买行为具有重要作用。

第二节　网络消费中的购物风险知觉

随着信息技术的发展,互联网已经成为一种重要的商业手段,网上购物已逐渐被公众接受,网络消费成为网络经济发展的一个热点问题。但目前,网络消费发展仍然不尽如人意,相对传统购物方式,消费者网上购物金额较少,且经常在网上购物的比例更少。各种调查结果均显示,网络消费安全是影响网络消费发展的最主要原因。也就是说,消费者不采用网上购物方式的主要原因,是因为网络消费者比实体商店购物存在更高的风险,对这一风险的知觉是影响消费者网络购买行为的主要因素。

一、网上购物风险知觉概述

在消费活动中,人们不但会对商品、信息等外界刺激形成一定知觉,同时也会对自己已经或即将要进行的购买决策产生知觉。消费者的任何购买决策,一般都难以在消费活动结束前预料其优劣,也就是说,任何一个消费者在决定购买某种商品时,都可能在购买活动带来满足和愉快的同时,带来一些其所不希望不愿意的损失或潜在的危害性。因为购买决策的结果经常是不确定的,这种风险被消费者清楚地意识到并反映在知觉中,就构成了消费者在购买决策过程中的风险知觉问题,进而对消费者行为产生影响。风险知觉是指当消费者不能预见其购买决策的结果时所面临的不确定性。这一定义包含了风险知觉的两个重要内容,即不确定性和后果。而这种被消费者所知觉到的购买决策中存在的风险则被称为"知觉风险"(也作"感知风险")。

在商品购买过程中,消费者可能会面临各种各样的风险。这些风险有的会被消费者感受到,有的则不一定被感觉到;有的可能被消费者夸大,有的则可能被缩小。因此,消费者在购买决策前所知觉到购物风险与实际风险可能并不一致,两者甚至会出现很大的差距。如抽烟致癌的现实风险是比较大的,尽管在香烟的外包装上都会有明确的提示"吸烟有害健康",但很多吸烟者实际并没有知觉到这一风险,在这种情况下,消费者所知觉到的购物风险小于实际风险。而核能源的开发和利用的客观风险很低,但是很多人却谈核色变,则是知觉风险大于实际风险。

对购物风险的知觉是消费者对购买决策中存在的客观风险的主观感受和认识,这形成消费者对某一购买活动的风险态度,进而影响消费者的行为。同样,在网络消费领域,当消费者进行网上购物决策时,也会产生网上购物风险知觉,进而影响其网络消费购买决策及其网络消费者行为。如果消费者主观认为网上购物风险很高,那他就不愿意选择这种购物方式。因此,从消费者对网上购物风险的知觉角度研究消费者的网上购物行为具有非常重要的意义。

在网络消费者进行网上购物时,消费者对商品的感知只能通过网络上卖方提供的图片和介绍等有限的信息,以视觉为主并结合其他感觉及想象等来实现,而无法像传统消费方式中那样眼见、耳闻、手触,实实在在地运用自己的各种感觉器官来全面地感知消费对象,这种感知显然比现实消费过程中对商品信息的掌握要有限得多,买卖双方对彼此信息的掌握亦极为有限,网上购物方式下货款的支付又往往是通过银行转账和商品的邮寄来实现,因此,往往使消费者网上购买活动结果与其期望不符,在这样的情况下,消费者所做出的购买决策的风险更大。比如人们在商店购买服装时,多半要穿着试一下是否适合自己,而当这一购物行为发生在网络消费领域时,消费者无法在决定购买前实现对服装的试穿,因此,在网上购买服装的风险就相对更大一些。

消费者本人对于购物中的风险是能够知觉的。这种消费者对其网络购物行为结果中存在的不确定性的整体反映,即为网上购物风险知觉。这种知觉会对消费者的网络消费行为产生很大影响,但由于消费者个人的知识、经验、个性等因素不尽相同,所以消费者对网上购物风险的知觉也不尽相同,一般来说,年轻人比老年人、自信心强的人比缺乏自信心的人、经常上网的人比较少接触网络的人、胆大者比胆小者较少知觉购物风险。对网上购物风险的知觉也会因产品本身特性而不同。

二、网上购物风险类型

(一)传统购物方式中购物风险类型

针对传统购物方式中消费者知觉的购物风险的研究表明,消费者的购物风险知觉主要与产品或品牌有关,因此,传统理论研究中对消费者知觉的购物风险的类型主要集中于功能、财务、身体、心理、社会以及时间等六种风险。这六种主要购物风险具体情况如表 6-1 所示。

表 6-1　传统消费中 6 种主要购物风险类型

风险类型	定义及描述
功能风险	商品未必具备人们所期望的性能而存在的风险
财务风险	产品的实际效用未必抵得上消费者所支付价格的风险,也就是说,购买某种商品可能会使消费者有财务损失
身体风险	商品可能对自己或他人产生身体危害的风险
社会风险	购买商品的决策失误而受到家人、朋友或其他人嘲笑的风险,即消费者购买的产品不被别人认同的风险
心理风险	因决策失误而使消费者的自我情感受到伤害的风险,如购买的商品是否符合消费者自我形象的风险或做出错误购买行为后对自我能力的怀疑和否定
时间风险	购买的商品不合意而进行调换或重新购买而造成时间浪费的风险

(二)网上购物风险类型

消费者对购物风险的知觉,不但与购买的产品和品牌有关,也与购买产品的环境和购买方式有很大关系,研究表明,网上购物风险不仅仅来源于产品或品牌所带来的不确定性,更多的来源于网络这种特有的购物方式。因此,在网络消费环境中,消费者能够知觉的网上购物风险应包括传统购物环境下已确定了的六种风险类型,但各种风险的表现则有所不同,同时,网上购物风险还应包括服务风险、隐私风险、交付风险、信用风险等多种风险。

1. 功能风险

功能风险是商品是否具备消费者所期望的性能而存在的风险。在网上购物时,消费者往往并不能确定商品一定具有所宣传的功效。比如有许多消费者在购买商

品后，往往发现商品和网上描述并非完全一致，存在一定功能差异，或者发现网上购买到的商品可能会是假货。在网上购买服装等产品时这种情况就比较典型，很多消费者反映收到的商品和网上图片显示差距很大，且很多网上交易商品属于三无商品。而在有些情况下，即使商品和网络上宣传的功效一致，但由于消费者无法在购买前亲自试用，使实际购得的商品与期望中可能相差甚远，并不一定能实现消费者所预期的功效，也同样存在一定的功能风险。如消费者购买服装，即使收到的和网络上所显示的完全一致，但未必适合购买者本身，也使消费者的购买行为及后果存在很大不确定性，而产生功能风险。在 2006 年 CNNIC 所做的网上购物调查结果显示，有将近一半（45.7%）的网民是因为产品质量、售后服务得不到保障而不进行网上购物。

2. 财务风险

在传统购物方式中，财务风险主要指购买某种产品可能会使消费者有财务损失，即消费者的金钱损失。比如，这个商品到底值那么多钱吗？我买的这个价格是最低价格吗？在网络消费中，由于消费者获得有关商品信息的局限，而使消费者难以对商品的品质、质量、效用进行全面的感知而产生对其价值的客观判断，因此也会面临一定资金风险。同时，由于网上购物过程中资金流与物流多为分开进行，所以当消费者付款购买商品时，往往并不能确定他们是否一定能收到相应货物，即网上销售者的虚拟性使消费者担心对方不守信用或故意欺诈而造成自己经济上的损失，因此而形成消费者对网上购物的财务风险感知。

此外，在网络消费方式下，还存在另外一种财务风险，也被称作支付风险或付款风险，即人们进行网络消费时采用的货款支付方式可能会给消费者带来的损失。现实消费中，人们购物往往采用"一手交钱、一手交货"的传统方式，这样不存在什么支付风险，但是在网络消费中，由于买卖双方多难以见面，所以只能采取网络银行或银行汇款等方式，这就使网络消费者在进行网上购物时产生较大的支付风险，即支付方式采用给消费者所带来的不确定性。当消费者采用网上银行支付方式时，不但要担心是否款项能如期安全付至指定账户，同时更担心在进行网上支付时所带来的个人信息、账户密码被盗用等风险，于是消费者不愿在网上提供他们的各种个人信息和信用卡等信息，这已成为网上购物发展的主要障碍之一。在 2006 年 CNNIC 所做的网上购物调查中，网民不在网上交易的原因中，付款不方便占到了 21.7%，担心隐私受侵犯的网民则多达 28.2%。

3. 身体风险

身体风险是产品可能会对自己或他人产生危害的风险,例如,该产品使用安全与否?是否会对其他人造成伤害?是否会危害我们的生活环境?这些都属于消费者在购物过程中所知觉的身体风险。在网络中,由于种种原因,使得目前网络市场上存在很多"三无"产品、假冒伪劣产品,而网上购物方式的特殊性又使消费者很难在事先进行商品的安全检查,因此,在网上购物过程中,消费者也常会知觉到这一风险。

4. 社会风险

社会风险是因购买决策失误而受到家人、朋友或其他人嘲笑的风险。例如,自己的家人和朋友同意这个购买决策与否?其他人是否欣赏这个选择呢?我买的这个产品与周围人使用的产品类似吗?在网上购物时,消费者也会同样感知到这一风险。

此外,在许多消费者心目中,利用购买商品的过程如逛街等,也是他们进行社交和参与社会的一种方式,而显然采用网上购物这种方式进行消费无法满足他们这一社交需要,加之有些消费者长期沉溺于网络、缺乏人际交往等情况而使消费者意识到网上购物会使他们脱离人群而产生一定社会风险。

5. 心理风险

心理风险在传统购物方式下主要指因决策失误而使消费者的自我情感受到伤害的风险,如购买的产品是否符合消费者自我形象的风险或做出错误购买行为后对自我能力的怀疑和否定。而在网络消费中,除了这种担心因购买决策失误而使自己心理受到伤害的情况外,还存在其他一些心理风险,比如消费者的个人隐私等被他人所知而使自己的心理受到伤害和损失的风险。

6. 时间风险

时间风险是购买的产品不合适而进行调换或重新购买所造成时间浪费的风险。在网络消费中,双方并非当面交接货物而多采用快递或普通邮寄等方式,因此,从网上下订单到收到货物之间可能要经历一段过长的时间,有时还需要自己到邮寄单位取货,浪费消费者的时间,如果购买的货物存在质量问题而进行退换货或修理时,这一风险就会更大一些。同时,网上购物过程中,消费者从对货物的搜寻、了解到最后的购买都在网络上进行,网速慢、网站搜索过长等都可能给消费者带来损失,也使消费者产生网上购物时间风险知觉。

7. 服务风险

服务风险是指购买的商品如果出现问题，维修和退换服务所引起的损失的可能性。在网络消费环境中，退换网上选购的商品可能会很麻烦；网上购买的商品如果坏了，修理过程也较传统环境下更为麻烦一些。因此，对消费者而言，在网上购物不可避免地会产生对服务风险的知觉。

8. 隐私风险

隐私风险是指在网上购物可能会出现侵犯消费者隐私的情况，使消费者利益受到损害。在网络消费方式下，除了可能会因为采用网络银行等支付方式引起消费者个人账号、密码等隐私泄露而伤害消费者利益外，消费者在各种零售网站上填写的个人信息，可能会被泄露给其他一些公司或个人；消费者的个人购物经历、习惯可能会被这些网站跟踪和分析；这些网上公司还可能在未经消费者允许的情况下联系其本人，而使消费者感到个人隐私权益受损。

9. 交付风险

交付风险指消费者所感知的产品不能正常交付的风险。在网上购物过程中，商品的传递一般由第三方邮寄单位或快递公司完成，且要经过长途运输，因此货物可能在运送途中丢失而得不到货物，也可能在送货的过程中造成商品的损坏。对这些因为货物的交付问题而使消费者知觉到的购物风险都属于交付风险。

10. 信用风险

传统消费方式下，卖方有实体店的存在，正如俗语所说的"跑得了和尚跑不了庙"，实体店铺等于给了消费者一种信用担保，使他们能够主动将购物过程中的信用风险降低。网上购物买卖双方洽谈及达成交易均在网上进行而无法当面进行，网络消费者的交易对象始终是一个虚拟的存在，使他们无法对卖方的信用等各种信息全面了解，甚至可能交易对方根本就是以上网骗钱为目的的，从而使消费者在网络消费过程中利益受损。信用风险已成为阻碍网络消费及网络交易发展的一大阻碍因素。

以上各类风险可以说是消费者在网上购物中最为常见的几种风险。消费者在网上购物时所知觉的各种风险并不是彼此孤立的，事实上，当消费者进行网上购物时，往往两种甚至多种风险同时出现，因此无法将这些风险严格区分。

三、影响消费者网上购物风险知觉的因素

研究消费者对网上购物风险的知觉，可以深刻了解消费者的行为；对影响消费

者网上购物风险的影响因素进行分析,更能全面了解感知风险的产生,并据以研究降低风险的策略。网络消费者产生网上购物风险知觉的最根本原因是其购买活动结果优劣的不确定性,这种不确定性又是多种因素影响和作用的结果。不同消费者对购物风险的知觉不尽相同,但一般消费者对风险知觉主要依赖于其个体因素、产品因素、商家因素及其他的一些相关因素。这些影响消费者购物风险知觉的因素在传统购物方式下和网上购物方式下有所不同。

(一)消费者因素

消费者的个人因素影响着消费者网上购物风险知觉。具体包括:人口统计方面特征,如年龄、性别、教育背景等;个性特征,如人生观、价值观、消费观、对风险大小的估计、对风险的态度、创新性等;消费者资源拥有量,如消费者收入、产品知识的多少、前期交易的经验及时间资源等。

(1)人口统计特征对网上购物风险知觉有一定影响。在网络上,女性可能比男性感知到更高的风险,年长者可能比年轻者感知到更高的风险,已婚者可能比未婚者感知到更高的风险,低教育程度者可能比高教育程度者感知到更高的风险。不同性别在对网上购买过程中的信用卡风险、欺诈性网站以及隐私泄露风险等方面的知觉也有所不同。如女性对网上购物风险的知觉比男性强,但是,女性比男性更愿意到朋友推荐的网站上进行购买。虽然男性和女性都把安全性差作为不在网上购物的首要原因,但与男性相比,更多的女性认为"缺乏接触"是她们不愿意在网上购物的一个重要原因。

(2)消费者的个性特征也是影响网上购物风险知觉的一个重要因素。消费者的人生观、价值观、消费观、对于风险大小的估计、对风险的态度、是否具有创新性等都会影响消费者对风险的感知。具有创新性的消费者一般都更敢于承担风险,追求多样化的生活,因而一般也更易于接受网上购物这种新型交易方式。

(3)消费者的资源拥有量是影响网上购物风险知觉的又一个重要因素。消费者的资源拥有量,即消费者收入、是否有充足的购物时间、产品知识的多少、对产品的了解程度、前期交易的经验、是否有满意的购买经历(在网络环境下则主要表现为对网络的熟悉程度,对网上商家和在线购物流程的了解)。

收入不同的消费者所感知的网上购物风险存在一定差别,一般收入水平同其所感知的风险高低成反比。时间多少也会影响消费者对网上购物风险的知觉。在网上购物时消费者多需要从网络获取有关购买信息,因此如果购买者时间有限,在相关信息缺乏的情况下就匆忙做出决策,也会使消费者感知到较高的风险。

对风险的知觉更易受消费者个人经验的影响，如在股票市场赚到钱的人则比赔钱的人更倾向于持续地投资，即是因为他们知觉到的风险比较低。在网络用户中，从未在线购物的用户要比有在线购物经历的用户有较高的风险感知；使用网络不频繁的用户要比经常使用网络的用户有较高的风险感知。对于首次在网上购物的消费者来说，拥有网络及在线购物流程的知识尤其重要。消费者对于网上购物这种购物方式越了解，购买经验就越多，产品知识也会越丰富，其感知的网上购物风险就会越低。反之，如果消费者购买知识不足则易对购买决策的正确性缺乏信心，从而更会知觉到购买过程中存在的风险。如果消费者以往在网上购物中有过不满意的经历，尤其是被骗钱而没有收到货的，就会对网络消费的安全性产生很大疑惑而导致网上购买风险的知觉。

(二)产品因素

影响消费者网上购物风险知觉的产品因素主要有：产品是日用品还是耐用品，产品是有形产品还是无形产品，以及产品的品牌等其他因素等。

研究证明，消费者无论在网上购物还是普通购物方式下，对耐用品的风险感知要高于非耐用品的风险感知。据对广州地区消费者调查显示，在网上对有形商品的购买中，电脑、软件和书籍、音像制品类最受消费者欢迎，这些产品之所以在网上最受欢迎，可能由于其标准化程度较高而更新速度较快，消费者在网上可以较优惠价格购买到更新的同类产品。而国外一项研究则将网上消费者购买的商品与服务根据其购买特征归纳为方便品、选择品、补充品三类。其中，方便品指书籍、CD、鲜花和演唱会门票等低风险任意选购品，这些商品因其广泛的选择性、很高的折扣和运送方便等特点而成为网上消费的最主要内容；选择品则指一些没有太多款式，事先对产品实际接触不是很重要的商品，如休闲旅游、计算机硬件、电子产品和用具等；补充品则指的是一些相对昂贵和易于运送的产品，如保健品、美容产品和美食等。目前在我国网络消费领域内也出现了类似的情况。

对有形产品和无形产品比较而言，由于无形服务产品的多样性、易变性、生产和消费的不可分割性以及不可触摸等特性，传统店内购物环境下消费者对无形服务的风险感知要高于有形产品，但在网上购物却出现相反的情况，即消费者在网上购买有形产品的感知风险要大于购买无形服务的感知风险。在传统购物环境下，商品品牌可以降低消费者对产品质量的风险感知，但是，当消费者在网上购买商品时，商品品牌及其著名程度对感知风险的降低作用表现得并不明显，此时，消费者更关注的则是网上在线购物环境的其他风险如信用卡被盗、个人隐私泄露等。

(三)商家因素

商家因素表现为商家的信用、声誉、品牌、形象等。网上购物环境下主要表现为购物网站的信用，网上零售商的信用和网上商店的品牌、形象等，尤其是网上商家的信用在各种商家因素中表现得最为强烈。

传统购物方式下购物场所环境对消费者的风险知觉有一定影响，一般购物环境较好的地方，消费者总是知觉到更少的风险，反之则会提高消费者的风险知觉。而在网上购物方式中，由于交易的信息流、资金流、物流的不同步，消费者感知的风险一般要高于传统购物方式，也使网上购物中商家（包括购物网站和网上零售商）的信用问题显得尤其重要，购物网站和网上零售商的信用较好，则可有效地降低消费者的风险知觉。因此，企业应通过多种方式、各种渠道，塑造和维护在消费者心目中的声誉，建立在公众心目中的信用。

(四)其他因素

其他因素主要有购买方式、购买目的、个体期望水平等。

在与购买活动有关的因素中，不同的购买目的和不同的个体期望水平等会使消费者产生不同的网上购物风险知觉，如我们在网上为自己选购一件商品与我们选购这一商品作为给他人的礼物时的风险知觉往往是不同的，但对网络消费者网上购物风险感知影响较明显的则是这一购物方式本身。消费者可采用的购买方式中，网上购物的消费者购物风险感知总体高于传统的购物方式，即在实体商店中的购买。网络的虚拟性、在线交易的安全性、技术的可靠性、网络商家的身份识别等都是消费者在采用这一购物方式时所担心的问题。

相对传统购物方式，网上购物是一种新型的购物方式，由于网络空间的虚拟性和技术的复杂性，消费者可能要承担更高的风险。网上购物中买卖双方的沟通主要是通过网络的虚拟界面来实现，但是这个虚拟的网络界面往往会出现很多问题，使消费者在进行购买决策时，无法准确预知消费结果而造成一定的购物风险。具体来说，主要有这样几个方面：

在网络虚拟界面中，商品销售方对商品信息描述不清，使消费者不能掌握商品的准确信息而导致功能风险；网络虚拟界面中出现的货物现实中却没有库存，出现缺货等现象，使消费者购买后却不能如期收到货物而导致损失的时间风险或交付风险；网络消费者缺乏对商品的直接购物体验，其所依据的信息十分有限，对购买决策的正确性缺乏信心，无法准确判断商品优劣而引发的功能风险等。

消费者选择产品一般都要经历收集信息的过程，不但要通过多种感觉器官来获取对商品的综合认识和整体的感知，还要通过多种渠道了解商品的情况。而在网络消费中，消费者从网上获得的有关商品信息范围太窄，多为卖方等提供的商品图片和介绍等，而其他渠道获得商品信息不但少，而且也缺乏足够的可靠性，在这样的情况下做出购买决策，消费者很容易会产生网上购物风险知觉。

网络消费所依赖的基础技术设施和相关的配套服务也会影响消费者的购物风险知觉。基础技术设施主要包括提供网站系统的稳定性、系统设施的完备性和安全性等。网上购物时消费者是通过互联网来作为购买中介实现其购买目的，所以网络等基础技术设施将不可避免地对购买过程中的风险知觉产生影响。而同时，网络系统配套的信用体系、银行卡支付体系、网络安全体系、相关法律体系的不健全等也会对消费者网上购物的风险知觉产生重要影响。

四、减少网上购物风险知觉的方式

消费者的购物过程总是和对某种商品的需求联系在一起的，对网上购物风险的知觉使消费者在网络消费时举棋不定，从而使消费者的需求难以得到满足。因此，为了保证自己的需求得到满足，同时减少购物风险，消费者就产生了寻求减少风险的需求，并采取多种方式减少知觉风险，当风险降低到消费者可以接受的范围或消失时，消费者决定购买。从某种意义上说，消费者的购买过程实际上也就是规避或减少风险的过程，而其购买行为也可以被视为是一种减少风险（不确定性）的行为。同时，开展网上商务的企业也力图消除或减少网上购物过程中消费者的购物风险知觉，从而实现网上业务的开展。

(一)消费者减少网上购物风险的方法

1. 收集信息

消费者产生知觉风险的原因之一是信息不足或缺乏经验。而消费者的购买活动实际上就是一个信息加工过程。消费者在这一过程中搜集到的信息越多，感知到的风险就越低。因此，为增强购买决策的可靠性，消费者可通过信息的收集来降低购物风险知觉。消费者可以从多种渠道收集所需要的商品信息，并可通过网上论坛、聊天室等了解其他消费者购买、使用同类商品的经历、感受和心得，这些信息对消费者减少和降低网上购物风险的知觉很有帮助，因为消费者对有关商品和商品种类以及具体使用情况的信息掌握得越多，对可能后果的预测性越大，风险知觉就越小。网络的迅速发展为消费者提供了搜集各类信息的重要来源，使消费者更容易

接近厂家的网站、其他消费者、各种消费者组织和政府机构,其搜集信息的能力由于网络的发展而获得极大增长。此外,消费者也可通过在网络上各个零售站点的搜寻来找到某一商品网上售价最低的网上卖家。

2. 加强安全与诚信意识、寻求各种保障

首先,在网上购物中,要注意避免各种不良心态,端正购物观念,加强安全意识。一旦发现网上商品价格和市场价格相比低幅较大,不应一味追求廉价而被其诱惑,而应有所警惕,也要注意不要被网上所谓巨额奖金或奖品所诱惑,以免上当受骗。在网上购物应尽量避免高额大件商品,以避免大的损失。

同时,在购买过程中应认真阅读交易规则及附带条款,避免落入不法商家的圈套,并应保留交易的各种有效凭证,包括卖方提供的各种原始清单、电子邮件、收据和寄交商品的相关包装等物件,由于网上交易的电子证据较易修改,因此必要的文件等应打印保存。在网上保存交易记录是消费者自我保护的一种有效方法,可以为自己日后可能进行的维权行动提供有效的法律保证。

在网上购物要遵循谨慎和保密的交易原则,要注意个人信息的保密措施,保持充分的警惕和防范,发现任何可疑之处,应立即有所察觉并采取有利方法予以处理。对通过电子邮件、电话和短信方式索要账户密码等行为有所防备,切实保障自己的交易安全。

3. 谨慎商店和商品品牌的选择

消费者在进行网上购买决策时,首先应尽量选择在信誉好、形象好、有相关隐私保护政策的网上商店购物,比如在网上购物前认真选择专业购物网站,核实网站是否具有管理部门颁发的经营许可证书等;在和具体交易方进行交易选购自己所需的商品前,认真查看售货者的信用度,比如查看售货公司是否已通过工商登记注册,通过查看交易方的交易次数、个人信用度、网友评价等进行综合考察对方的信用度等。这些方法可以很好地降低消费者所感知的财务风险、隐私风险和心理风险。

为降低和减少对网络购买决策可能引起的功能风险,消费者在网上购物时,也应对网络商店有关商品售后服务方面进行考察,尽量选择以保修、包换、包退、包赔等方式对消费者做出售后服务承诺的网络商店作为交易对象,这样可以将消费的功能风险进行一定转移。

同时,在网上购买商品时选择具有一定知名度、美誉度的名牌商品,不但可以降低消费者搜集各类信息的搜寻成本,同时也会帮助消费者降低感知的财务风险、

功能风险、心理风险和时间风险。

4. 选择安全的支付方式

安全的支付方式可以大大减轻消费者对网上购物的疑虑和担心。如现在网上流行的支付方式"支付宝",只有当买方收到货物后,卖方才能得到货款的支付,可以消除网络消费者对网上购物的交付风险的知觉。如不能采用类似支付宝等方式,则应尽量选择货到付款或同城交易来避免出现财务风险。使用网络银行或信用卡网上支付方式时,要开立专门的信用卡来进行网上支付,实现专卡专用,切忌一卡多用而失去管理;卡内金额以购物付款额为限,不宜多放;网上使用后及时更换密码,防止他人以不法手段盗用;不在网吧或其他公共场合的计算机上使用银行卡在线支付;不轻易打开陌生的电子邮件;尽量不通过超级链接直接访问购物网站和银行网站;尽量不在无名小网站上下载免费软件或音频文件,以免被木马程序偷袭;在电脑上安装杀毒软件和防火墙,并定时杀毒和更新以保证网络系统的安全性。

(二)网络商家降低消费者网上购物风险知觉的方法

对于网上购物这种新兴的购物方式,风险知觉有重要意义,因为高风险知觉者与低风险知觉者相比更不可能采用这样的购物方式,因此,降低网络购物风险知觉是促进我国网络购物发展的一个切入点,也是改变网络购物环境、增加消费者网络消费信心的主要途径。网络商务经营企业和个人应从以下几个方面努力降低消费者所感知到的网上购物风险。

1. 增强网络安全技术

网上消费过程中物流、信息流、资金流的分离状况,是消费者对网络消费缺乏安全感的重要原因。因此,为了降低消费者对网上购物风险的知觉,网上购物的各个环节必须加强安全和控制措施,对消费者购物过程的信息传输和个人隐私加以保护,同时将对消费者的隐私保护政策及时公布,使消费者确信自己的个人信息不会受到不公正的使用。网络企业应重视网站及网页的安全性,不断升级安全措施,努力解决影响网上购物的一些如网络连线速度过慢、网络支付安全缺乏保障等问题,以消除消费者网上购物的不确定性。

2. 提高网站网页设计水平

网络零售商可以通过在网站网页上详细、真实地介绍公司的性质、类型、历史、所有者、员工、办公地址、联系电话、网站隐私保护政策等真实可靠的消息,降低消费者的感知风险。另外,互联网零售商应提供方便友好、快捷的交互界面,简便交易

流程,使消费者能迅速进入并快速搜索商品,方便地进行交易或取消订单。如前所述,网络的发展不但使消费者搜集信息的能力大为提高,也大大扩展了企业为消费者提供信息的能力,因此,企业应通过完善自身网站网页设计,向网上寻求商品信息的消费者提供更多、更完备的商品信息和个性化的产品使用建议,也可通过在诸如门户网站等其他网络站点上设置广告等方式,向更多消费者提供自己的商品信息,积极同消费者建立联系。

3. 确保交易商品质量

网络商家应向消费者提供高质量的产品,同时向消费者承诺提供各种担保,承诺可以自由退换有缺陷的商品。通过提供技术保证和商品质量保证,激发消费者网上购物的信心,减低购物风险知觉。同时,网络商家通过自己的网站宣传或展示产品,详细、全面地介绍商品的关键信息,客观、真实地展示商品的形象、色彩等图像信息,为消费者尽可能多的提供相关信息,使消费者在进行购买决策前能更全面地认识商品而减少网上购物风险知觉。

4. 完善售后服务

为了减少消费者所感知的心理风险,网络商家应建立客户服务中心,及时为顾客提供所订商品的信息,充分利用电子邮件等方式与消费者进行交流和沟通,及时提供消费者订单确认、商品配送状况等信息;切实提高售后服务水平和服务质量,降低和消除消费者购买商品的后顾之忧,不但可以减低消费者对网上购物风险的知觉,同时,也有利于提供自己的信誉度、美誉度。

5. 落实有效配送

作为网络销售方,应努力落实和完善自己的商品配送系统,保证消费者订购的商品能准确、及时、完整地递送到消费者手中,这样才能有效地减少和降低消费者在网上购物过程中对交付风险的知觉,同时提高消费者对网上购物方式的满意度和再次购买的信心。有效地配送系统,不但包括从商家到消费者商品的传递过程,同时也应包括当商品出现配送错误、差错及消费者退换、修理商品的传递过程。

第三节　我国网络消费存在的问题

我国互联网经过多年发展,目前网民总数已过 1 亿。其中,可能或已经选择网络交易的人已近半数,但这种发展仍远远落后于网民人数的增加,更与我国人口总数相差甚远。网络消费发展滞后现象,除受网络安全及消费者网上购物风险知觉影

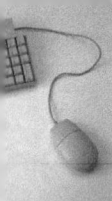

响外,也与目前我国网络消费中存在的其他一些客观问题不无关系。

一、交易安全问题仍是阻碍网络消费发展的首要问题

网上交易的安全性以及产品质量和售后服务得不到有效保证,仍然是国内网民最担心的问题。目前诚信问题是网络购物中最突出的问题。无论是买家还是卖家,信誉度都被看成是交易过程中最大的问题。作为买家,商家提供的商品信息、商品质量保证、商品售后服务是否和传统商场一样,购买商品后,是否能够如期拿到商品,等等,都是购买者所担忧的问题。此外,在网络购物中,消费者的信用卡账号、密码被篡改、被盗也是常有的事。所有这些问题如果不能及时有效地解决,肯定会制约未来网上购物的进一步发展。

二、我国网络发展规模也是制约我国网络消费发展的瓶颈之一

网络发展规模是网上购物的重要影响因素,它决定和影响着网络商务的目标市场规模。由于互联网在我国发展时间还不是很长,加之我国人口众多,地区行业发展不平衡等,也导致了我国互联网发展的普及率较低及发展不平衡现象,制约着我国网络消费的更进一步发展。

三、缺乏有效的物流配送系统

我国现有的物流业发展仍难以满足网络的发展和人们对网上购物的需求。据估算,网上购物过程中,物流成本可以占到商品总价值的 30% ～50%,物流体系的落后已成为我国网络消费发展的又一瓶颈。

四、网络技术尤其是保密技术等发展不到位

由于缺乏对网络保密技术的信赖,使很多消费者在网络上即使看中了商品也不敢在网上支付,因此,导致货款支付也成为制约网络消费发展的问题之一。一旦网络保密技术得到根本解决,网络消费的金额和数量都可能达到大幅度增长。

五、网络消费观念未被公众接受

对于已经习惯了传统购物方式下一手交钱一手交货的大多数公众而言,对于看不到实物,光是在网络的虚拟空间中看几张图片几句描述就要付款,然后在经过

一段不短的等待后才能拿到货物的购物方式显然有些难以接受。因此在网络消费刚刚兴起之时,通过网络买东西常被认为是惊人之举。即便是发展到现在,网络消费也以年轻人为主,因此,公众的观念问题显然也是制约我国网络消费发展的一个重要因素。

六、网上商品供应不够丰富

目前,我国网民在网络上所购买的物品当中,占比例最大的是书籍杂志、音像制品,其次是手机、MP3、电脑配件等消费类电子产品,与日常生活息息相关的商品在网络消费中所占比例极小。因为受到购买成本、送货速度、信息表述等各方面因素的影响,传统的日常消费特别是小额的消费基本不在网上实现,而大额商品如房产、汽车等目前也难以在网上达成交易。所以相对而言,在目前的网络条件下,网上能够提供给消费者的商品供应也就不够丰富。

以上是目前我国网络消费发展中出现的几个主要问题,在我国网络消费发展过程中,各种问题层出不穷,如网络消费者权益保护也是制约和影响我国网络消费发展的重要因素,这部分内容我们将在下一章中进行学习。

第七章

网络消费者权益保护

本章内容提要

　　本章通过介绍网络消费者的基本权利和国内外网络消费者权益保护的现状，分析了网络消费者权益受损的主要表现和原因，并提出了保护网络消费者权益的主要途径和策略。

　　随着互联网的快速发展，互联网给人们的生活和工作带来了便捷和高效。但同时，通过电子邮件进行商品虚假宣传等不法行为却损害了网络消费者的合法权益，浪费网民的宝贵时间，占用大量网络资源，而且严重扰乱了市场经济秩序，造成巨大经济损失。互联网企业每年都要投入大量人力、物力和资金进行治理，垃圾邮件已经成为全球性的公害。对此，社会各界反响强烈，消费者怨声载道。面对来势汹汹的垃圾邮件，中国政府主管部门一直非常重视垃圾邮件治理工作，为了维护消费者权益、促进互联网健康发展，已经或准备采取一系列措施打击垃圾邮件的嚣张气焰。

　　信息产业部于 2006 年 2 月 21 日正式启动"阳光绿色网络工程"，发布了《互联网电子邮件服务管理办法》，依法加强反垃圾邮件行政监管和执法。同时成立了"互联网电子邮件举报受理中心"，公布了举报电话和举报邮箱，发动全社会共同监督、治理垃圾邮件，并将与其他有关政府部门通力合作，做好发现和查处工作；将配合工商部门规范电子化广告营销行为；将积极参与政府间反垃圾邮件的国际合作，树立我国在全球互联网治理领域的大国形象。此外，还将继续大力支持中国互联网协会的反垃圾邮件行业自律工作，构架政府和企业之间的沟通桥梁，建立政府、企业共同治理垃圾邮件的互动机制，并开展宣传教育，提高互联网用户的自律意识和自我保护能力。

　　清除网络垃圾信息，净化网络环境，是一项长期艰巨的任务，加强行政执法、行业自律、群众监督和国际合作，实施全方位治理将成为今后反垃圾邮件工作的发展方向。本次活动对于宣传我国治理网络垃圾、保护网络企业和消费者权益的政策法规、提高消费者的自我保护和维权意识、增强网络企业自律意识、发动社会监督、规范网上行为等方面发挥积极作用。对于建立政府、行业组织、网络企业和消费者之间共同促进行业健康发展的互动协调机制，促进互联网的健康发展，有着十分重要的意义。

相关链接

第一节　网络消费者权益保护概述

一、网络消费者的基本权利

网络消费者权益是消费者在网络消费过程中，尤其是在购买、使用网络商品和接受网络服务时所享有的权利和利益。我们认为，网络消费者所享有的基本权利大致与一般消费者的权利相同。一般而言，网络消费者享有下列权利：

(一)知情权

我国《消费者权益保护法》第 8 条规定："消费者享有知悉其购买、使用的商品或者接受服务的真实情况的权利。"法律赋予消费者知情权，就是要让其明明白白的消费。知情权主要包括三个方面内容：第一，关于商品和服务的基本情况；第二，关于商品的技术状况；第三，关于商品和服务的价格以及商品的售后服务情况等。

(二)公平交易权

公平交易是指交易双方在交易规程中获得的利益相当，而在消费性的交易中，就是指消费者获得的商品和服务与其交易支付的货币价值相当。电子商务法赋予了消费者公平交易的权利：消费者在进行网上消费过程中，享有获得公平的交易条件的权利。这种公平的交易条件包括商品质量保障和合理的价格。

(三)自由选择权

我国《消费者权益保护法》第 9 条规定："消费者享有自主选择商品或者服务的权利。消费者有权自主选择提供商品或服务的经营者，自主选择商品品种或服务方式,自主决定购买或者不购买任何一种商品、接受或者不接受任何一种服务。"网上消费重视消费者的主导性,购物意愿掌握在消费者手中,其中可以根据自己不同的意志加以选择,择优选取。

(四)安全权

安全是指没有危险、不受威胁、不出事故的状态,安全权是消费者在购物或消费劳务过程中所享有的人身、财产不受损害的权利。对于网上消费者而言,其安全权主要包括人身安全、财产安全和隐私安全。

(五)损害赔偿权

消费者的损害赔偿权,又称为求偿权或索偿权,是消费者在购买、使用商品或者劳务时,因人身和财产受损害而依法取得向经营者要求赔偿的权利。我国《消费者权益保护法》第11条规定:"消费者因购买、使用商品或接受服务受到人身、财产损害,享有依法获得赔偿的权利。"网络消费者实施这种权利的前提就是在网络消费过程中,其人身或财产遭到了一定的损害。这是利益受损失所享有的一种救济权,可以通过这种权利的行使给网络消费者的损害带来适当的补偿。

(六)受教育权

消费者的受教育权,是宪法规定的公民受教育权的重要组成部分,它是指消费者享有获得消费和消费者权益保护法的知识以及获得所需商品和服务的知识和实用技能的权利。与其他消费者权利不同的是,消费者的受教育权既是消费者的一项权利,同时也是消费者的一项义务,其本身包含着权利及义务两个方面。在信息时代,网络消费者就更应该充分地把权利和义务结合起来,通过行使受教育权,获得网络消费知识和有关消费者权益保护的知识,不断提高自身消费知识和保护程度。

二、网络产品和服务经营者以及网站应尽的义务和责任

为了保障网络消费者的基本权益和网络消费的健康发展,有必要规定网络产品和服务经销商应尽的义务和责任。

(一)网络产品和服务经营者的基本义务

《消费者权益保护法》第16条规定:"经营者向消费者提供商品和服务,应当依据《中华人民共和国产品质量法》和其他有关的法律、法规规定义务。"基本法律义

务要求经营者严格履行其与消费者预定的义务。

(二)提供商品信息的义务

我国《消费者权益保护法》第19条明确指出：经营者应当向消费者提供有关商品或服务的真实信息，不得作出引人误解的虚假宣传。并且网络产品和网络经营者提供的信息要充分，不能对产品的信息轻描淡写，也不能过于夸张。

(三)商品质量保障以及售后服务义务

我国《消费者权益保护法》第23条规定："经营者提供商品或服务应当按照国家规定或其他消费者的约定承担包修、包换、包退或者其他责任的，不得故意推延或无理拒绝。"网络服务经营者一定要保证向消费者提供的商品有质量保障，还要保证其广告和产品介绍方式、向消费者提供的质量状况和商品实际的质量状况相符。

(四)不得不当免责义务

网络产品或服务经营者往往采用格式合同与消费者签订购买协议。格式合同的全部内容都是由网络产品和服务的经营者一方订立的。我国《消费者权益保护法》第24条规定："经营者不得以格式合同、通知、声明、店堂告示等方式作出对消费者不公平、不合理的规定，或者减轻、免除其损害消费者合法权益应当承担的民事责任。格式合同、通知、声明、店堂告示等含有前款所列内容的，其内容无效。"

(五)保护消费者安全和隐私的义务

目前各界都在呼吁保护消费者网络消费过程中的安全和隐私问题，网络产品和服务经营者的责任集中表现于：保证消费者的消费安全、保证消费者的个人信息不滥用、不泛用、不被第三者非法使用。

三、网络消费者权益保护的新进展——消费者信任问题

一般而言，竞争性市场有利于维护消费者的利益。但是，在市场交易中，信息的不对称，往往使消费者处于劣势，相对于经营者属于弱者，因此，法律对于消费者往往进行特殊保护。这种特殊保护规范便是消费者权益保护的相关法律和产品质量法律等。

在网络消费过程中,由于网络消费市场较低的进入障碍、较低的管理成本和市场信息获取的容易性,信息不对称的现象表现得更为突出。网络市场可以通过搜索引擎全面搜索,以低代价或无代价去获得信息,网络消费者可以借助搜索服务大量地、有效地去搜索信息。因此,与传统市场相比,它获取市场信息的方式更多、效率更高、成本更低,也就意味着信息获取的完全性更高一些。同时,由于网上的信息搜索低代价或无代价,因此它还意味着比较低的交易成本。虽然网络消费市场有着这样的优势,尤其是它有着很高的信息效率,但它并不意味着有着很高的市场效率。

与传统市场比较,网络消费市场所存在的由于产品的质量不确定引发的信息不对称不仅存在,而且更加严重。因为数字产品多为经验产品(experience goods),它们的质量只有在使用之后才能被了解,而许多信息商品只会被购买一次,这一特点使得厂家没有一个好的方式来使消费者相信他们产品的质量。同时,因为经验产品只有通过经验、通过消费者的实际使用来了解其质量,所以即使是大量的广告和产品信息并不足以使消费者相信其质量,消费者也不会购买。如果了解质量有利于将来的购买,顾客可能会冒险一试,但若对某种产品只会使用一次,这种冒险的可能性非常小。另一方面在网络消费市场上销售商的身份也很难识别,一家网上商店可以在一天内建立起来,也可以在第二天就消失。由于这种不确定性的存在,加大了网络消费者权益保护的难度。

在网络消费过程中,保护网络消费者权益凸显重要,不仅在于传统意义上的经营者和消费者之间,消费者在交易中的劣势地位需要保护,更重要的在于网络消费是在虚拟环境下完成的,因此,更加需要一套取得消费者信任的制度保障。在网络环境下,消费者的保护问题更主要的表现为赢得网络消费者信任这种新兴交易方式。国际社会对于保护消费者、赢得消费者的信赖在发展电子商务中的作用有着明确地认识。1998年国际经济合作与发展组织在渥太华召开的大会上,与会者一致认为为了促进全球电子商务的发展,头等重要的主题就是建立消费者的信任。大会还签署了四份文件,其中两份与网络消费者权益保护有着直接的关系,分别是《在全球网络上保护个人隐私宣言》和《关于在电子商务条件下保护消费者的宣言》。

消费者信任包含两方面内容:第一,传统消费者权益保护法意义上的消费者保护内容;第二,网上交易安全的内容,也就是使消费者信赖网络交易的真实性、可靠性。这两个方面共同的目的是使消费者信赖这种交易方式,使消费者在网络环境下发生的交易同样受到与普通交易一样的保护。

第二节　国内外网络消费者权益保护现状

一、国外网络消费者权益保护的状况

通过法律构建可靠的网络消费环境,树立消费者的信心,这已成为各国立法者的共识。从目前一些国际组织和各国的法律法规来看,对于网络消费者的保护主要是从增强经营者的责任义务以及赋予消费者在合同履行过程和解除合同的特殊权利两个方面进行规定的:一方面,经营者必须尽到合理的信息披露义务,确保消费者能够获知有关交易条件;另一方面,消费者在法定期限享有无条件解除合同的权利,以解决网上消费不能真实接触商品的弊端。联合国国际贸易法委员会在《电子商务示范法及其颁布指南》指出:"任何此类消费者保护法均可优先于《电子示范法》的条款。立法者应考虑颁布实施《电子示范法》的法规是否适用于消费者。"由此可以看出,在推行网络消费的过程中消费者权益应当受到应有的重视与保护。

(一)经合组织消费者保护的主要框架

国际经济合作与发展组织于 1999 年通过了《电子商务中消费者保护指南》(下称《指南》),从保护消费者信任的角度,构筑了一个庞大的消费者保护体系,确立了电子商务经营者应当遵循的行为准则;向政府评估其网络消费者保护法提供指南;向消费者提供在线购物的有用建议。《指南》还提出了保护网络消费者权益的七方面指导性建议。

1. 透明、有效的信息保护

《指南》提出网络消费者应该享有不低于在其他商业形式中享有的透明的和有效保护的水平。这一要求相当于保护消费者的知情权,《指南》要求政府、经营者、消费者以及代表应共同努力以达到这样的保护水平,并决定在电子商务的特殊环境中哪些变化是必须采取的。

2. 公平原则约束下的商业、广告及销售行为

《指南》提出广告行为的一般原则,即应根据商业、广告及销售的公平原则而行动,并提出以下具体要求:

①从事电子商务的经营者应该对消费者的权益予以应有的关注,并应根据商

业、广告及销售的公平原则而行动；

②经营者不应有任何虚假陈述和疏忽，以及从事可能导致欺骗、误导、欺诈或不公平的行为；

③经营者在向消费者销售、推销或营销商品或服务时，不应存在可能导致损害消费者权益的不合理风险的行为；

④不论何时，经营者应以清晰的、明显的、准确的、易获得的方式表述其自身或其所提供商品或服务的信息；

⑤经营者在设计与消费者交易有关的政策或行为时，应遵守自己的承诺；

⑥经营者应考虑电子商务的全球性，只要可能，应考虑其目标市场规则的多样性特征；

⑦经营者不应利用电子商务的特质隐瞒其真实身份或地址，或不遵循消费者保护的水平或执行机制；

⑧经营者不应使用不平等的合同条款；

⑨广告制作、市场营销行为应同样可确认；

⑩广告的制作、市场营销应能确认是代表哪一个经营者的利益，否则就有欺骗性；

⑪经营者做出某种声明后，应当在合理的时间内保证任何明示或默示声明的兑现；

⑫经营者应采用有效和易用的程序，以便消费者对是否愿意接受未经请求的商业电子邮件进行选择；

⑬如果消费者已经表明不愿意接受未经请求的商业电子邮件，这种选择应得到尊重；

⑭在许多国家里，未经请求的商业电子邮件受到法律特殊的规定或受到自律性规范的约束；

⑮经营者应对面向儿童、老年人、严重疾病患者及其他没有能力完全理解他们所面对的信息的人所作的广告及营销给予特殊的注意。

3. 在线信息披露

信息披露是确保交易透明和消费者知情权的重要措施。《指南》从商业信息、商品或服务的信息、交易信息三个方面列出了网络经营者应当披露的信息。

（1）经营者自身信息。从事网络消费的经营者应该提供足够多的有关自己的准确的、清晰的、易接受的信息，最低限度应该包括以下信息：①身份信息：包括法人名称、贸易商号名称、主要营业地地址、电子邮件地址、电子通讯方式或电话、登记地址、相关政府登记资料及许可证号码;②通讯信息:使消费者可以迅速、简便、有效地与商家进行联络的有关信息;③争议解决信息;④法律处理服务信息:司法执法部门可以联络到的地址。当商家公开声明其为某种自律性方案、商业协会、争议解决机构或认证组织的成员时,应当向消费者提供这类组织的联络材料,使消费者能确认商家的会员信息身份,并得到这些组织如何操作的细节。

(2)货物或服务的信息。商家对所提供的货物、劳务的描述应当是正确的,足以使消费者作出是否完成交易的决定,并使消费者能对此类信息进行保留。

(3)交易信息。

经营者应当提供有关交易条款、价格、费用的足够信息,包括:①经营者所收取全部费用的详细列名;②通知消费者存在经营者不收取但消费者日常发生的费用;③交货或履行条款;④支付条款、条件与方式;⑤购买的限制、限度或条件,如:需要父母/监护人许可条款,地理限制或时间限制等;⑥正确使用方法的提示,包括安全、人身健康的警示;⑦售后服务信息;⑧撤回、撤销、归还、调换、取消、退款方面的详细规定;⑨担保与保证。

这类信息应当清晰、正确、易于得到,并给消费者提供在交易前进行审查的机会。在交易可以采取多种语言进行的情况下,经营者应该使每一种语言均包含所有信息,以使消费者在信息充分的基础上做出决定。

4. 确认过程

《指南》对于网络交易与消费过程作了特别的规范:为了避免消费者购买意思的模糊,消费者应该能够在决定购买之前准确地确认他/她想购买的商品或服务,确认并纠正任何错误订单,表达有依据的和明确的购买意愿,并保留完整及准确的交易记录。消费者还应该能够在缔结交易前取消交易。

5. 支付

消费者应得到易用的、安全的支付体制并被告知该体制给予的安全水平的信息。未经授权或欺诈性使用付款体系的消费者责任受到限制;退款机制是增强消费者信心的有力工具,应鼓励在电子商务环境中发展和使用该机制。

6. 争议解决和救济

《指南》要求争议解决的方式应遵循现行的法律和管辖的体系,同时因网络消费对现行体系提出了挑战,应考虑是否对现行的法律适用以及管辖进行修改,或是有差别的适用,以保证在持续增长的网络消费环境下消费者保护的有效性及透明度。在考虑是否调整现有体系时,政府应寻求保证该体系能够公平对待消费者和经营者,使消费者享有不异于其他商业模式的保护水平,并且为消费者提供有意义的公平和及时解决争议的途径, 以及为消费者提供无不合理费用或负担的补救措施。《指南》特别提出寻求不会给消费者带来不合理费用或负担的非诉争议解决方式、内部解决机制、自律机制,要求经营者、消费者共同努力来继续使用和发展公平、有效、透明的自律性规范及其他的政策和程序,处理消费者的申诉,解决经营者与消费者之间在网络消费过程中出现的争议, 尤其是要注意跨境交易中的消费者权益保护。

7. 隐私

《指南》提出,经营者与消费者的交易行为应该遵循 1980 年颁布的《经合组织关于规范隐私保护和个人信息跨境传播的指导原则》所提出的保护隐私原则,同时应考虑 1998 年颁布的《经合组织关于全球网络隐私保护的部长宣言》,为消费者提供合适的、有效的保护。

(二)发达国家对网络消费者权益保护的现状

美国于 1999 年通过了《全球及全国商务电子签名法(草案)》,该法第 201 条规定:"使用电子记录向消费者提供交易信息,必须得到消费者的明示同意。而且事先必须向消费者充分说明消费者所享有的各项权利以及消费者撤销同意的权利、条件和后果等。消费者确实获得了调取与保存电子记录的说明与能力,有关调取或保存电子记录的任何变化,都应通知消费者, 在发生变化的情况下, 消费者享有无条件撤销同意的权利。"美国认为自治规范能使隐私得到恰到好处的保护,但在某些高度敏感的领域,例如财信记录、医疗记录、遗传信息、社会保障和涉及儿童的信息等,美国都采取了立法的措施予以保护。目前通过的法律主要是《儿童在线隐私保护规则》、《健康保险移转性和责任法》,等等。

为了专门解决网上隐私权的保护问题,已有不少国家、地区和组织开始进行这方面的立法工作。美国 1974 年通过的《联邦隐私法案》,主要从行政的角度出发,对政府应当如何搜集资料、资料如何保管、资料的开放程度等都做了系统地规定。而在民事方面,法律涉入不多;在商业领域,一般非常强调业界的自律,尽量避免政府法令的介入。此外,对于未成年人有专门的法律,如 1998 年通过的《网上儿童隐私权保护法》规定,搜集 12 岁以下儿童的资料时,须获得家长的同意。这一点也为我国的一些网站所借鉴。

美国联邦贸易委员会提出了四条信息公平操作的原则,用户应该拥有下述权利:

①知情权,即清楚明白地告知用户收集了哪些信息,这些信息的用途是什么;

②选择权,即让消费者拥有对个人资料使用用途的选择权;

③合理的访问权限,即消费者应该能够通过合理的途径访问个人资料并修改错误信息或删除数据;

④足够的安全性,即网络公司应该保证用户信息的安全性,阻止未被授权的非法访问。

同时,美国联邦贸易委员会还对保护消费者的隐私权提出了下列建议:

①指定一名信息安全官员来确保公司对消费者信息的使用是符合法律的;

②设置密码,安装鉴定软件来对获取消费者个人信息的人进行监控;

③设置防火墙或者将消费者的个人信息在线收集到经过保护的、在网上无法进入的服务器当中;

④对所有包含客户个人信息的文档进行加密;

⑤安装安全相机以保护数据分析仪器的物理安全。

美国联邦贸易委员会的报告指出,Internet 产业无法贯彻贸委会所颁布的四条信息公平操作的原则,根据联邦代理处的统计数字,只有 20% 的网络公司和 42% 的大型站点遵循这些协议。因此,联邦贸易委员会放弃了对网络自我管理机制的支持,并呼吁立法机构保护用户的隐私。

欧盟于 1997 年颁布了《消费者保护(远距离销售)规则》。该法第 4 条和第 5 条明确规定,远距离销售合同中的经营者必须在缔约之前或者至少在交付商品、提供服务之前,以易于获知的方式向消费者提示以下内容:经营者的名称、地址、商品或服务的性能特点,商品或服务的完税价格,货物运送费用,支付价款,交付商品及提供服务的安排,“犹豫期”内消费者撤销订购的权利,要约的有效期,远程通讯费用等等。其中的预先告知条款明确规定了远距离销售中经营者应在缔约前向消费者提供清晰的、可理解的、确定化的信息,包括解除合同的条件、程序和归还原物于供应商的要求,返还原物的费用等;撤销权条款除非有例外情形,在货物交付或涉及服务条款的合同缔结日起 7 日以内,消费者享有无条件解除合同的权利,并有权追回已付货款或服务费。此外,该规则还规定了一系列方便消费者解决争议的条款。

欧盟《消费者保护(远距离销售)规则》对犹豫期的规定非常详尽:消费者可以在收到经营者交付的《书面信息确认书》及商品之日起 7 个工作日内,或者在服务合同订立之日或订立之后收到《书面信息确认书》之日起 7 个工作日内,无条件解除合同;经营者未依法交付《书面信息确认书》的,此犹豫期则从消费者收到商品之日起或服务合同订立之日起延长至 3 个月;若在此 3 个月内,经营者又延期交付了《书面信息确认书》,则犹豫期从消费者收到确认书之日起算为 7 个工作日。合同解除后,经营者必须在收到通知之日起 30 日内退还消费者交付的全部款项,相关订货协议也自动解除。

1997 年欧盟还颁布了《在公共数字通信领域个人数据处理和隐私保护 1997 年指令》,旨在统一成员国规则,确保在电子通信领域个人数据处理中保护个人隐私权等基本人权,同时确保电信设备和服务过程中的个人数据的自由流动。另外,欧盟于 2002 年颁布了《2002~2006 年消费者保护战略》。它涉及有关消费者在市场中安全、经济和法律问题、消费者信息和教育、消费者组织鼓励和他们对消费者政策发展的贡献等内容。该战略确立三个中期目标:较高的消费者共同保护水平;消费者保护规则有效实施;消费者组织在欧盟政策中的参与。这三个目标可以相互促进地实现对网络消费者权益的保护。

日本《访问交易法》及其实施细则规定,经营者在开始进行访问交易之前,必须对消费者明确提供其姓名或企业名称、商品或服务种类。对于违反规定的企业可以由日本的大藏省进行罚金,甚至是责令停业等的处罚。

(三)国际组织对网络消费者权益的保护

国际社会也成立了优化网络消费环境、保护网络消费者权益的国际组织,如:国际消费者保护与执法网络(ICPEN)。该组织是由西方主要市场经济国家于 1992 年在伦敦成立的。它是在经济全球化迅速发展,国际消费市场日趋融合,消费者权益保护国际合作日益扩大的背景下应运而生的。其主要目的是探索商品和服务贸易中跨国消费问题的合作途径,鼓励采取实际措施防止跨国不法营销行为,确保成员间交流信息,实现互利,增进了解。该组织设立了制止跨国违法经营活动,维护国际市场交易秩序,保护消费者权益的国际合作机制。

目前已经有 34 个国家的政府部门加入该组织。每年 ICPEN 都举行有针对性的主题活动,为各国政府提供了一个交流监管工作情况的平台。"互联网国际清扫日"就是其中的一项重要活动。由当年的轮值主席确定活动的主题和时间,提供清扫范例。活动期间,各成员国结合本国特点,对互联网运营情况进行检查,确认涉嫌欺诈消费者的网站与垃圾邮件,并予以清理。自 1997 年以来,该组织已先后开展了六次网络清理活动。2005 年 11 月在韩国召开的首尔会议上,国际消费者保护与执法网络组织决定吸纳中国国家工商行政管理总局为观察员。

二、国内网络消费者权益保护现状

近年来,网络消费被越来越多的消费者所接受和喜爱,并发展迅速。但形形色色困扰网络消费者的问题也随之而来。网络消费成为消费者投诉的重点,其中对B2C 和 C2C 交易中的投诉占大部分。根据中消协发布的数据,2005 年涉及互联网的投诉达 7 189 起,与上一年相比,增长幅度达到 96.3%,增幅居各类投诉的首位。一些消费者因在网上披露了自己的个人资料而不断收到垃圾邮件,还有消费者在网上刷卡购物后却收不到货品,网络消费者权益保护成为制约网络消费发展的重要问题。事实上,网络销售坑骗消费者事件的实际发生数要远远高于这一数量,因涉及金额不多或不法商家无迹可寻等各种因素,多数消费者最终选择放弃投诉。如此众多的网络欺诈对电子商务的发展是不利的,可能导致消费者失去信任与信心,不利于电子商务在我国的普及与发展。

目前,在网络消费者权益保护这一领域,我国仍主要采用传统的《消费者权益保护法》、《产品质量法》、《广告法》等进行监管。然而,我国对一般消费者权益保护本身就存在着产品责任保护水平低下、消费信用法律制度落后、消费者教育法律制度流于形式、消费诉讼制度有待建立以及消费环境亟需完善等问题。随着网络经济的不断发展,为了保障网络消费者权益,近年来我国先后颁布了一系列与网络经济、电子商务相关的法规,如《电子签名法》、《电子支付指引(第一号)》,但因为该类法规并未直接对电子商务消费者权益保护作出明确的规定,且在现阶段该类法规对普通消费者的适用具有一定的不可操作性,有关网络欺诈的事件屡屡发生并呈上升趋势,说明我国在此领域对消费者权益保护的立法还不够完善,需要进一步完善。

近年来,一些地方政府出台了相关行政法规。广东省人大 1999 年制定的《广东省关于〈中华人民共和国消费者权益保护法〉实施办法》中第 13 条已经列入网络消费者权利保护的内容。北京市工商行政管理局于 2000 年颁布了《关于利用电子邮件发送商业信息的行为进行规范的通告》、《关于对网络广告经营资格进行规范的通告》,2000 年公布的《北京市关于在网络经济活动中保护消费者合法权益的通告》。我国《江西省互联网上经营主体登记后备案办法》明确指出,今后"网上开店"不仅要办理相关营业执照,而且必须进行网上登记备案。B2B、B2C、C2C 交易模式都属于监管范围之内。这意味着网上经营主体登记备案的方式将从政府方面对网

上的经营者进行宏观的约束与限制，但这种约束与限制从目前我国的网络现状来看，仅仅限于"宏观"层面，而且该实施办法作为地方规章，本身具有地域局限与无强制力。由此看来，江西省这一管理办法的实行象征意义要远远大于其实际意义。

我国台湾地区消费者保护委员会也专门制定了"网络交易指导原则"，供消费者进行网络购物时参考。该指导原则明确规定，网络经营者有维护消费者个人资料正确性、安全性以及保密性之义务，未经与消费者约定，不得将消费者个人资料提供给其他经营者；消费者以信用卡方式网上付款时，经营者应在商品寄送或服务提供后，再向银行请求付款；在网上交易中，企业经营者应建立安全交易机制，当消费者告知账号密码遗失或遭冒用时，立即停止网络交易并采取相应保护措施；经营者不得以定型化契约条款约定消费者应遵守经营者自定的、于消费者不利的规范，比如单方面约定经营者变更契约消费者不得持异议、消费者终止契约经营者不付赔偿责任等。有了这个指导原则，今后电子商务网站上类似"本广告仅供参考"之类的字样再不能出现，不能再把购物风险转嫁给消费者，并且凡指导原则中规定的不得记载的事项，如果经营者将其载入与消费者的契约中，将不能发生法律效力。

2006 年 2 月，由我国信息产业部、国家工商总局和中国互联网协会联合主办了以清除网络垃圾、保护消费者权益为主题的"2006 互联网国际清扫日"活动。这次活动指出：清除网络垃圾，保护消费者权益，既是消费者权益保护国际合作的一项重要内容，也是整顿和规范市场经济秩序，加强社会主义精神文明建设的重要举措。并强调，工商行政管理机关作为市场监管和保护消费者权益的主要部门，应该切实加强网络市场的监管和行政执法。工商行政管理机关对申请从事互联网经营的企业进行严格审核，必须持有信息产业部门核发的经营许可证，方可核发营业执照；对未经登记注册擅自开业的坚决依法取缔；对利用互联网进行虚假宣传、商业欺诈、不正当竞争、商标侵权和侵害消费者合法权益的行为坚决依法查处。

第三节　网络消费者权益受损的主要表现和原因

一、网络消费者权益保护的特殊性

（一）消费者知情权与公平交易权保护的特殊性

在网络环境下，经营者与消费者之间的信息不对称情况显得尤为突出。网上购物时，消费者接触不到商家，无法直接了解产品的性能，只能通过网络广告的宣

传。但是网上产品或广告信息的真实性、有效性常常难以得到保障。此外,网上交易大部分采用格式合同,消费者通常没有选择的余地,有的格式合同中的免责条款被置于极不醒目的位置,或者限制对方的权利,扩大对方义务,或者强迫对方接受一些不公平的条件,而且目前的网络交易的格式条款许多都没有赋予消费者撤销权或犹豫期,我国《合同法》虽然有了几条关于电子合同的规定,但过于简单、过于原则,难以为消费者的公平交易权提供保护。

(二)消费者隐私权保护的特殊性

在网络交易过程中经营者往往要求交易对方提供很多个人信息,同时也可以利用技术方法获得更多他人的个人信息。因此,对这些信息的再利用便成为了网络时代的一个普遍的现象。经营者为了促销商品等目的,未经授权向网络消费者发送垃圾邮件,影响消费者个人生活安宁,构成侵害网络消费者隐私权的行为,有的甚至将这些信息卖给其他网站以谋取经济利益。此外,即使有的企业对客户的个人信息采取了保密的手段,但日益猖狂的黑客袭击常常是防不胜防,许多网络经营者保存的客户资料包括个人信息、银行账号等均被盗取,使得消费者的财产权和隐私权均遭受损失。目前,我国对隐私权保护还不完善,而对于网络交易过程中的隐私权的保护则更是缺乏相应的法律依据。

(三)消费者损害赔偿权保护的特殊性

在网络消费中,经营者与消费者互不见面,当消费者利益受损时,经营者与网络服务商各承担什么责任,消费者能否通过直接起诉网络服务商来获得救济,目前国内的案例判决结果不尽统一。目前网络交易中消费者对商家信誉的信心只能寄托于为交易提供服务的第三方,如 CA 中心(电子商务认证机构)和收款银行。当发生跨国网上交易时,消费者往往不熟悉商家所在国的法律,这使得其损害赔偿权的行使十分困难。

二、网络交易中消费者权益受损的主要表现

(一)消费者知情权的受损

知情权是消费者所享有的基本权利之一。网络购物中,消费者既看不到商家,也触摸不到商品,所以,确保经营者所披露的信息真实、可靠,就显得尤为重要。网络购物中,侵害消费者知情权的行为具体表现为:经营者向消费者提供虚假信息或是提供的商品信息不完整、经营者发布虚假广告等。具体来看主要有:经营者有意

向消费者提供虚假的商品信息,欺骗消费者,如夸大产品性能和功效、以次充好、虚报价格、虚假服务承诺、漫无边际的夸大产品用途等;经营者在网上商店展示商品时,有意或无意地向消费者提供不完整的信息,比较常见的遗漏信息有产品产地、生产日期、保质期、有效期、产品检验合格证明等;经营者采用虚假网络广告,而网络广告是消费者网上购物的主要依据,消费者的购物大多根据广告中所描述的文字和图像等内容进行判断做出决定,而虚假广告误导消费者。

　　网络消费者仍然是现实的消费者,所以应当遵循《消费者权益保护法》(以下简称《消保法》)的规定与普通消费者得到同样的保护。除此之外,因为网络消费中的特殊性,故而决定了必须存在保护网络消费者的特殊规则。

　　《消保法》第 8 条规定:"消费者享有知悉其购买、使用的商品或者接受的服务的真实情况的权利。消费者有权根据商品或者服务的不同情况,要求经营者提供商品的价格、产地、生产者、用途、性能、规格、等级、主要成份、生产日期、有效期限、检验合格证明、使用方法说明书、售后服务,或者服务的内容、规格、费用等有关情况。"这项规定是与现实中商品交易模式相适应的,但是通过网络远距离交易消费者很难见到真实完整的交易商品,只能通过广告图片或视频介绍、试用、样品等方式了解商品或者服务。现实中消费者往往无法主动行使知情权,知情权的实现与否完全取决于经营者是否基于诚实信用原则提供商品或服务的真实信息,有的经营者在利益的驱使下,拒绝披露商品或服务的真实信息,由此导致网络消费者的权益在经营者强权的欺凌下遭受重大损失。面对掌握绝对商品或服务信息的经营者,消费者的知情权在网络环境中很难得到真正保障。

　　因此,只有通过相关法律正面规定经营者的信息告知义务,才能真正的满足消费者的知情权。欧盟、日本和我国台湾地区的网上交易或邮购等远距离交易立法中都规定了缔约前的告知或提示义务,可为我国相关立法借鉴。例如,欧盟的《消费者保护(远距离销售)规则》中,对除金融、建筑合同、食品等远距离交易外的一般性商品及服务明确规定了经营者缔约前的告知义务:"供应商(含货物出卖人和服务提供者)在缔约前应当向消费者提供清晰的、可理解的、确定化的信息。"日本《访问交易法》第 3 条、第 4 条也规定了经营者在进行访问交易之前,对于消费者必须明确提供经营者的姓名或企业名称、商品或服务的种类。

(二)消费者公平交易权受损

　　公平交易权是《消保法》中规定的消费者所享有的九项权利的重要内容之一。消费者公平交易权受损主要体现在:网络消费欺诈和格式合同条款侵权等,如:商

品质量、数量、价格与订购时要求不符；售后服务难以保证；强制要求接受商品等问题。

对网络消费中消费者公平交易权的保护问题，目前在我国并没有一个完整的体系，相关内容散见于《民法通则》、《合同法》、《消费者权益保护法》、《广告法》、《产品质量法》等法律中，且对于网络环境下交易的特殊性没有相应的明确规定。

1. 网络消费欺诈

网络消费欺诈严重地侵害了消费者的合法权益，电子商务的虚拟性特征加之目前我国在线经营者和消费者的交易信用机制不健全，为不法经营者提供了通过网上欺诈行为获取暴利的机会。通常的网络消费欺诈行为表现为：犯罪分子以提供网络商业投资机会为幌子，诱使用户缴纳各种费用；或者通过网站上的平面媒体或视频广告向消费者发出要约邀请，消费者在缔结合同或寄出货款之后，发现得到的商品与广告推销的根本不符，有的甚至得不到商品。根据 2000 年 7 月发布的《中国互联网发展状况统计报告》显示："网络消费者对经营者提供的信息的可靠性、按时交货等方面的担心分别达到 53% 和 47%"，统计数字表明："22% 的用户经历了已经订货并付款后却未收到货物的情形"。目前，网上欺诈已经成为电子商务中侵害消费者权益最为严重的现象之一。

所谓欺骗，就是为了使相对方在违反其真实意思表示的情况下交付财物而虚构实施或隐瞒真相的行为。和一般意义上的欺骗一样，网络消费中的欺骗行为利用了网络虚拟性的特点，更隐蔽地编造谎言，设置骗局，引诱消费者上当受骗。我国《民法通则》侵权行为之债和刑法典中生产销售伪劣产品罪和诈骗罪等法律规定，都是用来调整这一类型的违法犯罪活动，但网络消费欺诈因网络用户的不确定性以及数据电文的技术性、易篡改性等原因，使得证据的取得难度较大，从而使消费者在网络环境中面临更大的侵权风险。

2. 格式条款侵权

网上购物过程中，网站一般都订有格式条款，其内容由商家事先制定，给消费者提供的只是"同意"或"不同意"的按扭。这些格式条款，由于内容早已确定，没有合同另一方的意见表示。常见的对消费者不公平的格式条款主要有以下几种类型：①经营者减轻或免除自己的责任；②加重消费者的责任；③规定消费者在所购买的商品存在瑕疵时，只能要求更换，不得解除合同或减少价款，也不得要求赔偿损失；④规定因系统故障、第三者行为（如网络黑客）等因素产生的风险由消费者负担；⑤经营者约定有利于自己的纠纷解决方式等。总之，这些格式条款的使用剥夺或限制了消费者的合同自由，消费者面对"霸王条款"，因为不了解相关知识、无暇细看或者即使发现问题也无法修改格式条款等情形，面临不利的境地。

《消保法》第24条规定："经营者不得以格式合同、通知、声明、店堂告示等方式作出对消费者不公平、不合理的规定，或者减轻、免除其损害消费者合法权益应当承担的民事责任。"目前，网络消费合同中存在着大量以格式条款的形式侵犯消费者合法权益的问题。一般来说，消费者面对网络格式合同只有整体接受或拒绝的权利，而没有与经营者协商修改相关条款的权利，因而无法表现消费者的自由意思表示，违反了契约自由的基本原则。有的经营者通过把不合理条款混杂在其他条款之中，设置在非主页文件框内或者故意用小字模糊字体以欺骗或误导消费者，本身就违反了商事交易中最重要的诚实信用原则，消费者可以通过向消协投诉、向法院提起诉讼等方式来解决这一问题。

另外，一些经营者采用强制链接、浏览等方式导致消费者选择权受损。经营者为了开展业务，往往与多个网站建立友好链接，这本来是为消费者提供的方便之举，但是一些不法经营者却将这种友好链接设定为强制链接，消费者只要上了一个网站，就必须进入其他相关网站浏览。更可恶的是，个别网站还强行修改消费者的浏览器设置，将其网站设为主页，使消费者每次上网必须先浏览其产品。

（三）消费者退货权及求偿权受损

网络购物的类型主要有两种：一种是离线购物，即商家和消费者仅仅在网上达成交易，而商品的交付则通过运输、邮寄或其他实物递送方式进行，交易的标的为实体商品；另一种是在线购物，交易标的为数字化商品，消费者直接从网上购买电脑软件、电影、电子贺卡等信息产品。在网络购物环境下，消费者行使退换货的权利会遇到许多新问题，如：在离线交易后，如果由于商品本身的特性导致一些特征无法通过网络认识，消费者购买或使用后才发现，双方又无退换货的约定和法律依据，那么消费者提出退换货的要求的权利将受到损害；而在在线交易中，消费者发现所购买的商品品质和内容等不符而要求退货时，经营者往往以消费者使用了该商品为由拒绝退货。在这种情况下，往往由于以下原因而导致消费者权益受损。

1. 难以找到侵权方

经营者为了交易方便或其他原因，有时会提供多个网站和网络名称，而且这些网站往往没有进行注册登记，这就导致经营者在实施侵权行为后，消费者和监管部门难以找到现实中的经营者，使消费者的求偿权难以实现。

2. 侵权证据难以掌握

由于电子数据易于修改,在电子商务中经营者在发现侵权行为被追查时,往往利用技术手段修改或毁灭侵权证据,使消费者和监管部门对数据的真实可靠性难以确定,甚至根本就无从取证。

3. 侵权责任难以认定

电子商务涉及多个环节,消费者权益被侵害,往往不是某一个环节造成的,各个环节之间的扯皮使侵权责任认定难度增加,影响消费者求偿权的实现。

4. 异地管辖使侵权赔偿难以落实

电子商务打破了地域时空限制,消费者可以与任何国家的任一商务网站进行电子交易,并可以不用顾及这个国家文化、法律等方面的差异。在实际交易活动中,有时一笔电子商务可能涉及到几个国家和地区,消费者的求偿权就可能受到立法差异、管辖权限等方面的阻碍,而这种跨国纠纷的解决是要花费很高成本的,这就使消费者的求偿权更难以实现。

《消保法》第 23 条规定:"经营者提供商品或者服务,按照国家规定或者与消费者的约定,承担包修、包换、包退或者其他责任的,应当按照国家规定或者约定履行,不得故意拖延或者无理拒绝。"该规定在电子商务领域的适用,并不能像其在传统商业领域那样保护消费者的退货权。网络消费的消费者只能通过广告来了解商品,对商品的实物缺乏直接信息,因而在网络环境中赋予消费者更大的退货权和求偿权,是保护消费者合法权益的必然要求。我国法律规定的退货只是法律有规定或者合同有约定的情况下,在符合合同或法律规定的条件下要求经营者履行退货义务,这与其他国家或地区的规定相去甚远。我国台湾地区把网络购物、电视购物等统一解释为邮购"买卖",消费者在收到商品后七日内有权无条件退回商品或者书面通知经营者。欧盟《消费者保护(远距离销售)规则》中也有消费者在冷却期内(即货物交付或涉及服务条款的合同缔结日起 7 日内)有权无条件解除合同的规定。

(四)消费者交易安全受损

消费者参与网络消费活动时的安全问题已成为网络空间电子商务中不可回避的矛盾。网络消费中消费者安全权的保护包括对消费者人身安全权的保护和对消费者财产安全权的保护。

1. 消费者人身安全权受损

消费者利用网络成为交易的一方当事人，网络消费活动过程中的人格权必须得到维护。除了姓名权、肖像权、名誉权等人格权的保护应得到与传统领域中相同的保护外，在电子商务时代，由于网络隐私所能带来的经济利益和黑客技术的发展，对消费者人身安全权构成侵犯，消费者的隐私受到前所未有的威胁，因此网络环境下的隐私权保护显得尤为重要。对于隐私和隐私权的概念目前学界还有争论，从广义上说隐私的内容包含有三个方面：个人信息的保密，个人生活不受干扰和个人私事决定的自由。因此与上述定义相对应广义的隐私权也包括三个方面：第一，个人资料的隐私权；第二，保持个人生活安宁的权利；第三，个人事务不受干扰和侵犯的决定权。

网络消费活动对个人隐私权的干扰和侵犯在现实生活中有如下表现：

①不当收集和利用消费者个人资料信息。个人资料范围广泛，一般来说包括姓名、出生日期、住址、身份证号码、银行账户、电话号码、职业、婚姻、家庭、健康状况、宗教信仰、特殊爱好等，还包括 E – mail 地址、IP 地址、username 与 password 等个人资料。未经当事人合法同意收集个人资料、未经当事人同意个人资料被用于与收集的事由无关的商业行为、个人资料被非法出售、个人账户密码被泄露等行为都侵害了消费者权利，破坏了网络秩序。

②网络黑客和不法分子利用偷窥软件等现代信息技术收集、窥视或公开加密文件、加密 E – mail 及私生活等，干预和侵害他人的隐私权。

③商家或别有用心者向电子邮箱投递大量垃圾邮件，占用邮箱空间影响正常信件的传送，散布电子病毒，这已经构成了对消费者个人生活安宁的侵害，增加了用户的成本。

针对隐私权的保护，经合组织 1980 年颁布的《隐私保护和个人资料跨界流通的指南》确定了在保护个人资料方面的八个原则，对各国网络隐私权的保护提供了范本。该《指南》仅是针对个人资料的保护而言，这是在网络环境下发生的与网络消费者息息相关的特殊问题，它包括：收集限制原则、资料定性原则、目的特定化原则、使用限制原则、安全原则、开放原则、个人参与原则和可解释原则。这为我国在解决个人资料及隐私权的保护问题提供了指南。

2. 消费者财产安全权受损

电子支付是网络消费发展的关键之一，也是我国电子商务发展的一大关键性瓶颈因素。消费者对采用在线电子支付方式的安全问题一般都心存疑虑，消费者网

上支付的银行账号、密码、身份证号码等有关信息被经营者或银行收集后无意或有意泄露给第三者,将给消费者的财产安全带来极大的风险。黑客和不法分子通过盗窃或非法破解密码等方式,窃取消费者的个人财产,这样的电子犯罪在现实生活中屡见不鲜。甚至一些经营者和银行内部员工利用工作之便,窃取密码进行越权操作,盗用消费者资金。

由于电子商务技术上的复杂性,为违法行为提供了更隐蔽且简单可行的操作方式和广阔的作案空间,且难以被发现和侦破,因此在加大法律打击力度的同时,网络支付环境的改善需要相关安全技术的保障。与此同时,在金融监管框架内,采取开户审查、身份认证等方式完善网上银行的风险防范措施也是防范消费者财产安全风险的重要措施。

三、网络消费中消费者权益受损的主要原因

(一)网络消费的特殊性

网络消费作为一种新的消费方式,其自身的特殊性是导致消费者权益受损的主要原因。网络消费是在虚拟市场中进行的,交易双方并不需要面对面地直接接触,消费者面对的是计算机,通过网络了解经营者和商品。现代信息技术在给消费者带来方便的同时,也为侵害消费者权益的行为提供了技术条件。消费者的知情权、求偿权、自主选择权受到侵害都与网络的虚拟性有直接关系。因为计算机及其相关软件具有惊人的搜集和整理信息的能力,经营者通过利用计算机等高科技手段获取消费者个人隐私,进行商业使用,扰乱消费者的正常生活。另外,由于网络消费打破了地域限制,交易在全球范围内进行,消费者对国外经营者信息的了解途径少得多,这就更容易使自己的权益受到侵害。

(二)网络消费基础设施不完善

网络消费涉及到多个环节,需要各方面的配合,这就对网络消费的相关基础设施提出更为严格的要求,尤其是物流配送体系不完善导致网络消费者权益受损的事件时有发生。物流配送体系是网络消费的最终环节,也是直接与消费者接触的环节,它的运行效率直接关系到网络消费的效率。我国网络消费中,经营者主要是通过邮局、货运公司或是专门的快递公司上门送货等方式传递商品。由于我国物流业的发展水平还比较低,不能满足网络消费快速传递的需要,这就造成消费者权益受损。

(三)经营者经营观念落后

网络消费是建立在信用基础上的交易方式,要求交易的双方必须具有良好的

信用观念。然而，由于我国一些企业受唯利是图的落后经营观念的影响，信用状况差。一些经营者为了利润使用多种手段欺骗消费者，导致假冒伪劣商品泛滥，恶性欺诈事件屡有发生。加之，消费者对网络消费认识不够，维权意识不强，政府监管不到位，各种基础设施不完善，从而为经营者侵害消费者权益提供了可乘之机，一些经营者利用网络消费设置消费陷阱，利用电子商务这种新的交易方式进行侵害消费者的行为，将网络消费作为侵害消费者权益、牟取非法利润的工具。

（四）与保护消费者相关的网络技术发展相对滞后

网络消费者权益受损，与网络消费赖以运行的网络技术也有一定的关系。从网络的建设来看，网络为消费提供了全新的交易平台，那么，网络本身的安全与稳定就应该得到保障，以保证交易能够顺利、安全的进行。但从目前的现状看，尽管我国网络的建设取得了长足的发展，但不足以保障网络消费的安全与顺畅，网络经常受到恶意攻击，稳定性较差，不能保障消费者快速、安全交易的要求。

（五）对网络消费的监管不力

由于网络消费的发展在我国刚刚起步，与传统的交易方式相比，交易环境虚拟、交易量较小，各级政府主管部门对网络消费的监管不力。主要表现在：关于网络消费中消费者权益保护的具体法律法规建设严重滞后，消费者缺乏保障自身权益的有利法律武器，而且监管部门无法可依，难以开展监管工作，经营者也由于缺乏法律法规的约束，钻法律建设滞后的空子，为了利润全然不顾消费者权益受损。在网络消费过程中，对电子商务中的交易行为缺乏有效监管，消费者难以了解经营者的真实情况，难以保证交易的公正、公平。

（六）消费者处于弱势地位，自我保护意识和能力薄弱

消费者在市场经济中处于弱势地位，消费者自我保护意识和能力薄弱，必将导致消费者权益受损。而我国对于消费者保护的相关立法落后于发达国家，我国没有专门的《产品责任法》，也没有明确规定缺陷产品严格责任制度和惩罚性赔偿制度，我国的《产品质量法》规定的实际损失赔偿标准极度低下，不利于对处于弱势地位的消费者权益的保护。在网络消费中消费者主权意识淡薄，在自身权益受到损害后往往息事宁人、自认倒霉，不积极采取办法来寻求补偿和保护，这在一定程度上为经营者侵权提供了机会。

第四节　我国网络消费者权益保护的对策

一、网络消费者权益保护的途径

(一)消费者的自我保护

消费者的自我保护是消费者通过接受消费教育,树立正确消费观念,获得丰富的网络消费知识,提高消费者权利意识和自我保护能力,依法维护自身合法权益的一切个人活动。消费者自我保护是消费法律教育的理想结果,它是消费者权益保护的基础,只有每个消费者都对自己的权利给予充分的关注,才有可能形成一股强大的社会力量,进而推动消费者权益保护工作向前发展。

现在人们的法律意识日渐强烈,但只是在购买有形商品时会通过订立合同或以其他方式保护自身法律权益,在接受网络服务时并没有意识到合同的重要性。根据合同消费者可以减轻自己的损失,发生意外情况时,合同也是消费者采取的一个有效的补救措施。同时,作为消费者来讲,在网络交易中除了要学习《消费者权益保护法》之外,还要掌握一些网络方面的有关法律、法规规定。

有了自我保护的意识,网络消费者还应有防范的能力,网络消费者在进行网络消费时,要注意考虑自己的利益,更要知道如何保护自己的利益。网络消费者在进行消费交易过程中,都应对自己的利益给予高度的注意。购买商品或服务时应注意以下问题:在购买时,首先应对经营者进行必要的了解,选择信誉好的、自己信得过的网络商品或劳务的经营者。在选择商品或服务时,要对于商品或服务的种类、规格、价位、原材料、结构、合格证、出厂日期、消费期限、使用说明、售后服务等有关情况以及商标、厂家、生产地、经营者等有关生产情况应尽可能的了解;在购买后,应尽可能要求经营者出具发票、收据或其他书面材料,以便在受到侵害时能够有效地进行索赔。在使用过程中,应严格按照规定的使用、消费方法进行消费,发生消费事故,应及时与经营者取得联系,并提出索赔要求。发生纠纷,应在有效的时间内向当地的工商管理部门、消费者协会取得保护。消费者应当在日常的网络消费中不断培养鉴别假冒、伪劣产品的能力,提高自我防范意识,提高网络消费者自我保护能力。

(二)国家保护

国家可以通过立法、行政和司法三种方式保护网络消费者权益。

1. 加快对网络消费的立法和司法保护

由于网络消费的性质决定了网络消费者权益保护的特殊性，单纯依靠技术和道德约束不能真正保障网络交易安全。传统的法律、法规已不能完全规范和调整这种新的交易行为，建立健全与网络消费相关的法律法规是保障网络消费者权益的根本要求。国家在现行的《消费者权益保护法》、《反不正当竞争法》、《广告法》、《合同法》、《产品质量法》等有关法律的基础上，修改现有的《消保法》，在《消保法》中增设"电子商务的权益保护"专章，待时机成熟时再制定专门的"网络消费者权益保护法"。

(1)应当在消费者权益保护法中增加网络交易与消费者权利、义务条款。例如，网络经营者必须提供其商品信息以及须承担退货、换货的保障义务。

(2)在经济法中加入关于电子签名认证机构的条件。目前的认证机构条件过于笼统，可能引起行政自由裁量权过大的问题，而且多个认证机构之间的交叉认证等行为也未纳入法律视野。

(3)在刑法中增加网络犯罪这一新类型。在网络消费中，有一部分人借交易之名盗取消费者账号，进行违法犯罪活动并达到一定程度，普通的罚款、警告已经不能对其有效制约，只有在刑法中增加这方面的罪行才能起到对这类人的威慑作用。

(4)加强消费者隐私权的保护。在网络消费中，消费者隐私保护非常突出，需要专门制定特别的规则，加强对消费者隐私权的保护。而我国民法迄今对隐私权的保护未做出特别规定。

(5)在诉讼法中明确协定管辖制度。由于网络交易的无国界，传统的地域管辖权原则对于网络纠纷案件中管辖权的确定具有滞后性。而协定管辖制度是双方当事人协商由哪个法院进行管辖，这样将有利于争议各方实现自身利益并节约诉讼成本，同时也有利于判决和审判后的顺利执行。

2. 加强政府的行政保护

各级政府主管部门必须加强对于网络市场的监督和管理。在国家对网络交易的宏观调控上，要统一制定适应网络交易的调控机制，建立统一的网络经营者认证机构，负责对经营者进行调查、验证和鉴别，以维护网络交易双方合法权益和整个电子商务交易秩序。

(1)规范网络市场准入制度。

网络消费的全球性、虚拟性使得经营者可以在任何时间、任何地点通过网络向

全球提供服务。经营者所设立的网站与地理位置并不存在对应关系,经营者也不存在资格审查和登记制度,因此难于对经营者进行监管。这就为网上欺诈打开了方便之门。因此,实施网络市场准入制度,将网络经营行为纳入法律规范与政府监管范围,网络经营者的管理权由企业管理转变为政府部门管理,并由政府强制备案是发展网络消费的必然。

现阶段在网络从事以营利为目的的经营活动仅仅依靠商家的道德来维系交易的秩序是不够的,诚信制度的建设需要从法律、政府层面加以严格的规定与监管。《江西省互联网上经营主体登记后备案办法》值得借鉴。该办法明确要求网络个人经营者,即 C2C 模式中的个人销售者的经营行为必须要取得经营许可证,但对于这些以个人身份从事具备一定规模的网络交易的经营者进行有效监管同时,也要考虑到他们身份的特殊性,准入制度的设计要以方便、快捷、高效为前提,需要设计一套符合网络交易实际情况的经营登记、备案管理模式,通过各工商管理局的网上事务办理系统进行虚拟的网络经营执照注册、登记、备案、发放。

(2)建立全国统一的电子商务认证体系和网上投诉中心。

由于电子商务在网上交易时各方通常互不见面,具有较大的潜在风险,因而需要一个比传统商业模式更加完善的身份认证体系。因此,必须建立起一个专门的全国性的认证体系,权威、公正地开展电子商务认证工作,确认从事电子商务活动的个人和企业身份的合法性、真实性和准确性。

为了保障网络消费者的投诉能够得到及时有效地处理,应该联合国家工商行政管理局、消费者协会、质量检验检疫机构,建立全国统一的网上投诉中心,受理全国范围内的网络消费者的投诉,并委托相关机构及时处理。同时,在围绕严重侵害消费者合法权益的行为,依据有关法律法规对被投诉经营者进行严厉的行政处罚之后,再将处理结果通过网上投诉中心反馈给消费者,切实保护消费者的合法权益不受侵害。

政府强有力的监管对减少网络消费者权益损害事件的发生有重要作用。2000年,北京市工商局就连续出台了 5 个重要规定:《北京市关于在网络经济活动中保护消费者合法权益的通告》、《北京市网站名称注册管理暂行办法》及其《实施细则》、《北京市经营性网站备案登记管理暂行办法》及其《实施细则》。其中《北京市关于在网络经济活动中保护消费者合法权益的通告》除了依据《消费者权益保护法》、《反不正当竞争法》、《广告法》、《合同法》等有关法律内容对经营者的信息披露义务作出规定外，其中有不少创新的规定，如：经营者在利用互联网站销售商品或提供服务的过程中，凡在网上签订销售合同的，合同应至少保留两年；有关可能危及人身财产安全之产品或服务，能够在网上说明或明示正确使用商品或接受服务的方法以及防止危害发生的方法时，应当在网上说明，不能在网上明示的，应当在实物交易过程中向消费者明示；网站所有者应当按照《北京市网上经营行为进行登记备案的通告》的规定进行备案，并在主页面上设置工商备案标识；消费者利用互联网站购买商品或接受服务，其合法权益受到侵害时，可以通过北京市工商局网上工作平台（www. HD315. gov. cn）进行在线投诉。

2002 年，易趣网与公安、金融有关部门携手制定了实名认证系统，保证了每个进入社区交易会员的身份真实。2003 年 2 月 1 日起实施的我国第一部系统的电子商务法规《广东省电子交易条例》在这方面做了一个很好的开头，不但对消费者的隐私权、选择权、退货权等作了明确的规定，而且设专章规定了"认证机构"，明确了其权利和义务。

(三)社会保护

网络消费者权益的社会保护通过各类社会组织、社会舆论和个人对损害消费者权益的行为进行监督，保护网络消费者权益，可以充分发挥各类中介机构和行业组织的作用。

行业组织在经济发展中作用的大小可以反映出一个社会进步的程度。在美国等市场经济较发达的国家，行业组织的自律性规范和中介机构的监督执行机制在培育消费者对网络消费的信心方面有重要作用，如：对消费者隐私权的保护主要就是通过这一机制来保证的。2000 年 3 月，美国 AOL、AT&T、IBM、Broad vision、Double click 等 26 个公司及其他团体共 90 多个成员组成了"网络隐私联盟"（Online Privacy Alliance），该联盟宗旨为要求企业告诉用户哪些被收集的数据属于个人可以处理的范围，并允许他们从中选择。2000 年 7 月底，包括美国主要网上广告公司的网络广告协会公布了一系列新的行业自律标准，规定网上企业不能为了更有针对性地发布广告，而调用涉及网页浏览者的病史、财务状况、社会保险号码和性行为的资料。

网络中介组织则主要是通过发放认证标志来保护消费者的。商业性网站如果想张贴该类认证机构的隐私标志，就要承诺公开他将从消费者那里如何得到、使用个人信息的情况，如果网站向第三方透露消费者信息，必须事先取得同意，并留出一定时间，看消费者是否要将自己从名单中删除。而且，网站还必须预先同意使用认证机构的争端解决程序,接受独立审计人的审计等。除了隐私认证标志之外,这类中介组织还发放信任标志,来增加消费者对在线交易的信任。尽管美国著名儿童网站 Toysmart 出售用户资料事件使人们对中立认证机构的作用提出质疑,但行业自律和第三方认证相结合的创新做法在美国消费者隐私权保护中的作用不能被全盘抹煞,相反,它可以给电子商务欠发达国家更多的借鉴。

二、我国保护网络消费者权益的具体措施

(一)不断提升网络技术水平,完善网络消费配套设施建设

1. 不断提升网络技术水平

在网络消费过程中,网络技术自身所暴露的漏洞是导致网络消费者权益受损的重要原因。垃圾信息与病毒的攻击对网络消费的安全构成了威胁,提高网络的安全性其前提是要求网络技术为其提供技术支持,完善网络技术是提高网络安全的关键。对于网络消费安全而言,相关的技术主要包括通信安全技术和计算机安全技术等内容,保证通信安全所涉及的技术主要有信息加密技术、信息确认技术以及网络控制技术,具体措施包括防火墙技术、审计技术、访问控制技术、安全协议等。计算机安全主要涉及计算机硬件、软件以及内部数据的安全。所涉及的技术问题主要包括:容错计算机技术,主要保证计算机内任何一个可操作的子系统被破坏后,计算机仍然能正常运行;安全操作系统,主要提供访问控制、安全内核与系统设计等保证计算机安全的功能;计算机反病毒技术,主要提供病毒检测、病毒消除、病毒免疫、病毒预防以及文件修复等功能,防止病毒对信息资源的污染与破坏。

2. 完善网络消费配套设施建设

网络采购突破了时间与空间的约束,使得消费者可以在全球范围内选择其所需要的产品,但由于电子商务模式相应的基础性平台没有得到建立与完善,使得消费者的权利没有得到保障,因此完善电子商务的运作平台是保证与提高电子商务模式下的消费行为效率的前提,健全网络消费配套设施建设就尤为重要。在网络消费中,网上认证中心与网上银行(即将信息技术、互联网与传统银行三要素融为一体,为客户提供综合、统一、安全、实时金融服务的银行形态)是关键性的中介组织,它们的体系健全对整个网络交易体系都有重要作用,网上银行体系健全的关键是将现实世界的真实银行实体向网络世界扩展,即扩大银行的网络功能。网上认证中心的健全就是多家认证机构增加交流,逐渐向统一化发展,这样就避免了因这些公正机构彼此之间业务往来甚少,交流较少所造成的网络交易平台不统一,减少了消

费者受到不公正对待的情况发生。

现有的银行结算系统及其他结算方式已经为网络采购提供了基本的交割平台,而物流配送体系与售后服务体系对于电子商务模式的要求而言则相去甚远,因此完善物流配送与售后服务体系是十分必要的。从国外的经验来看,适合电子商务的物流模式是物流代理。物流代理包括一切物流活动,以及发货人可以从专业物流代理商处得到的其他一些增值服务。物流代理公司承接仓储、运输代理后,为减少运行费用,提高服务质量,同时又要使生产企业觉得有利可图,就必然在整体上尽可能的加以统筹管理,使物流合理化。售后服务体系主要内容包括有条件退货、建立客户咨询系统、成立客户投诉中心、无条件退货等。物流配送体系与售后服务体系的建立有利于消费者增强对网络采购的信心,同时降低风险,进而促进网络消费的有效发展。

(二)健全网络消费法律体系,维护网络消费者权益

1. 网络交易信用管理法律体系

为了保护网络消费者的权益,最迫切的是建立卓有成效的信用管理体系。例如,相关法律法规应当对进入网络系统的产品或服务的经营者进行规范,对其进行信用等级评定,把好入门这一关。而在交易的过程中也要规范有关商家信用信息,进行信用记录等。通过大力培育和发展网络认证中心,完善网络认证标志,确立合理的完善的信息认证规则等,使网络信用的规范法律化、制度化。电子商务信用规范化管理的措施主要有以下几方面:

(1)经营许可管理。包括:网站级别认证、企业资信状况、储备金管理、信息发布准则、客户信用信息管理。

(2)信息发布管理。发布信息的范围包括:网站的认证级别、自身的信用级别及其变化、商业信息、服务条款、监督机构规定的其他信息。

(3)电子交易管理。包括:信用记录、保证金条款、电子合同管理等。

(4)内部作业管理。包括:建立电子交易信用风险管理部门,制定严密的贸易合约,维护并定期更新信息等。

(5)服务管理。包括:提供比较合理的联系渠道,提供客户可以检查以前订单的能力,制定相关的惩罚机制等。

(6)清算程序管理等。

2. 消费者权益保护法律体系

(1)保障网络消费者的知情权,禁止消费欺诈和虚假广告。国家应立法建立事

前预防和事后制裁相结合的防治体系,要求网上经营者将详细身份资料、商品或服务的完整信息、交易情况、信用状况等信息在网站的醒目位置予以公示,并取得有关部门的认证。大力发展认证中心,确立合理的认证规则是保障消费者的知悉真情权,减少网上欺诈的重要环节。

(2)保障消费者的退换货权利及求偿权。立法应注重消费者所享有的一定期限的商品退换货保证的权利。在立法中,我国可以借鉴其他国家的经验,在《消费者权益保护法》中增加"犹豫期"的规定,并尽快解决数字化商品的法律定位问题;同时,为保障消费者行使网上求偿权,相关法律应对如何确定网上侵权者、如何确定管辖地、如何计算损害数额和如何认定电子证据效力等问题做出明确规定。

(3)运用法律排除不合理格式条款的适用。首先,《合同法》规定,提供格式条款的一方应遵循公平原则,采取合理的方式提请对方注意免除或限制其责任的条款,并按照对方的要求,对该条款予以说明。网络经营者单方提供的格式条款必须能引起消费者的充分注意并满足其详细审阅的要求。若经营者根本未赋予消费者审阅合同的机会,或条款不明确,或显示的字体难以引起注意,则无异于未向消费者明示告知。在这种情况下,即使消费者点选"同意"键也可排除该格式条款的适用;其次,《合同法》规定,格式条款因违反法律规定,或提供格式条款的一方免除其责任、加重对方责任、排除对方主要权利的,该条款无效。此规定同样适用于网络购物的情形,不能以赋予了消费者事先审阅合同的权利为由而否定消费者主张该格式条款无效的请求。

(4)建立严格的消费者隐私权保护体系。建立严格的消费者隐私权保护体系,包括:要求经营者严格保密合法获得的消费者隐私和禁止非法获得消费者隐私。保护网络消费者隐私权的基本原则之一,就是个人资料应在资料所有者许可的情况下被收集利用,这项原则不因提供的服务是否收费而有所变化。网络经营者有权使用依法获得的个人信息来向该消费者提供服务,但不得擅自向第三方提供。收集个人信息时,必须事先征得消费者的同意,经营者侵害消费者的隐私权,对消费者造成物质或精神损失的,应承担赔礼道歉、赔偿经济损失等责任。另外,法律应加快建立强制性的网络隐私权保护登记制度,开展隐私权认证制度。经营者要获得收集个人信息的资格,必须到有关部门进行登记,没有登记以前,不得从事信息收集行为,违反登记义务的,主管部门有权追究其法律责任。

(三)规范网络服务商的行为,提升服务质量和水平

网络经营者利用网络进行商品和服务的介绍、推销和销售,消费者利用网络购

买商品和服务，这一切必然要通过网络服务商的服务才能进行。就其法律地位而言，网络服务商在网络交易中既不是买方也不是卖方，但它不仅提供一个信息通路，它还涉及资料的输送信息服务等领域，因此在网络交易中起着重要的作用。因此，我们要明确网络服务商对用户的责任，以保护消费者的权益，促进网络交易的发展。

网络服务提供商对网络与电子商务中隐私权保护的责任，包括以下的一些内容：在用户申请或开始使用服务时告知使用互联网可能带来的对个人权利的危害；告知用户其可以合法使用的降低风险的技术方法；采取适当的步骤和技术保护个人的权利，特别是保证数据的统一性和秘密性，以及网络和基于网络提供的服务的物理和逻辑上的安全；告知用户匿名访问互联网及参加一些活动的权利；不修改或删除用户传送的信息；仅仅为必要的准确、特定和合法的目的收集、处理和存储用户的数据；不为促销目的而使用数据，除非得到用户的许可；对适当使用数据负有责任，必须向用户明确个人权利保护措施；在用户开始使用服务或访问 ISP 站点时告知其所采集、处理、存储的信息内容、方式、目的和使用期限；根据用户的要求更正不准确的数据或删除多余的、过时的或不再需要的信息，避免隐蔽地使用数据；向用户提供的信息必须准确、及时予以更新；在网上公布数据应谨慎。

网络服务商在经营过程中应该提高自身的质量和服务水平，同时应注重对用户要求的满足。随着网络交易的快速发展，消费者对网络服务质量的要求会越来越高，一些不能满足消费者要求的服务商，不仅会输掉市场而且会损害消费者权益，只有不断地提高自身的服务水平和质量才能让消费者无后顾之忧，充分投入到网络交易中去。

网络服务商应加强对用户的身份认证和提高信息加密技术。通过网络平台交易容易隐藏当事人的真实身份，产生网络欺诈以及虚假广告，从而对消费者的交易安全带来影响。因此，这就需要网络服务商更加严格的验证当事人的真实身份，以便追究侵害消费者权益当事人的责任。采用信息的变换或编码，将机密、敏感的消息变成乱码型文字，这样可以保护加密信息不受侵害，可以保护机要信息，使未经授权者无法得到被隐蔽的消息。

(四)加强多部门联合监管，扩展网络消费者权益救济渠道

由于网络消费是以网络为基础的，具有一定的分散性和隐蔽性，所以工商行政管理机关必须建立全国性的电子商务监管网络，用高科技设施装备加强执法力量，

以便及时、有效地预防和制止电子商务中的违法活动。另外,由于电子商务的跨地域性,需要全国工商系统打破地域管辖权限,与公安、技监、税务、海关等部门互相配合,统一协调,共同执法。确保电子商务中消费者的合法权益得到切实保护,必须建立一支高素质的执法队伍,加强软硬件的建设,力争使消费者权益保护工作能进行网上监督、网上投诉、网上裁决和网上处罚。各级工商行政管理机关应逐步加强由监管传统市场向监管电子商务市场转移,进一步改进监管方式,强化监管措施,加大执法力度,对电子商务中的虚假广告、假冒伪劣、恶意欺诈等行为予以严肃查处。

扩展网络消费者权利的救济渠道,降低救济成本,能充分调动其维权的积极性,同时,如果相关配套制度比较完善,显著的救济效果也必将有助于遏制经营者的投机行为。除传统的诉讼、向当地消费者协会投诉等救济方式外,还要建立权威的全国性的在线投诉机构,并赋予其代理消费者与商家进行协商以解决纠纷的职能,从而充分利用网络互联互通的优势,克服由消费者与经营者之间的空间距离而造成的巨大维权成本的障碍,充分保护网络消费者的权益。

(五)加强网络消费教育,提高网络消费者素质

加强网络消费教育是提高网络消费者素质的重要途径。消费者素质的提高势必会提升消费者的自我保护能力。加强国民素质教育,注重精神文明建设,不断提升消费者的道德水平,是保护网络消费者权益的长远保障。加强网络消费的目的就是要在全社会转变网络消费观念,转变网络经营理念,提高消费维权能力,建立网络市场诚信体系,实现网络消费领域的良性互动发展。要形成齐抓共管,政府首先要高度重视,转变行政工作理念和思路,加强对网络消费教育、维护工作的领导和分类指导。开展"关爱消费者行动"建立相应的政策、体制和制度,逐步形成政府主抓、消协牵头、企业主打、社会广泛参与的多层次、多渠道的国民网络消费教育网络。从政府到行业、到社区、到学校围绕消费理论、消费观念、消费技能、消费方式、消费者权益保护等方面开展全民消费教育工程。根本改变消费者在市场中的弱势地位,提高网络消费者维权能力和经营者依法经营水平,努力化解网络消费纠纷,维护社会和谐稳定。

第八章
网络消费引导与网络市场开拓

本章内容提要

　　本章主要介绍企业网络消费引导的必要性、目的、手段和途径，以及企业网络市场开拓的基本理论和策略。

　　谁是最赚钱的电子商务网站?答案无疑是戴尔网(www.dell.com)。戴尔将网络融入基本业务之中，通过网络把顾客和公司的距离拉近。

　　戴尔计算机公司是在 1984 年由年仅 19 岁的迈克·戴尔创立的，当时注册资金为 1 000 美元。目前，戴尔公司已成为全球领先的计算机系统直销商，跻身业内主要制造商之列。2000 年会计季度中，戴尔公司的收益就已经达到了 270 亿美元，成为全球第二个增长最快的计算机公司，在全球有 35 800 名雇员。

　　戴尔公司在全球 34 个国家设有销售办事处，其产品和服务遍及超过 170 个国家和地区。戴尔公司总部位于得克萨斯州，还在以下地方设立地区总部：中国香港，负责亚太地区；日本川崎，负责日本市场业务；英国布莱克内尔，负责欧洲、中东和非洲的业务。另外，戴尔在中国厦门(中国市场)设有生产全线计算机系统的企业。

　　当戴尔接触网络时，网络交易还限于订购 T 恤。但他立刻想到，如果可以在网络上订购 T 恤，那就表示什么都可以订购，电脑也不例外。最棒的一点是，网络交易要先有电脑才办得到。一笔交易可以带来两个以上的商业机会。凭着对新技术的敏锐，戴尔率先搭上了最新互联网班车。"我们就应该扩大网站的功能，做到在线销售。"戴尔在出席董事会时，坚定地表示："网络可以进行低成本、一对一而且高品质的顾客互动，在线销售最终会彻底改变戴尔公司做生意的基本方式。"

1996 年 8 月,戴尔公司的在线销售开通,6 个月后,网上销售每天达 100 万美元。1997 年高峰期,已突破 600 万美元。Internet 商务给戴尔的直销模式带来了新的动力,并把这一商业模式推向海外。在头 6 个月的时间里,戴尔电脑的在线国际销售额从零增加到了占总体销售额的 17%。到 2000 年,公司收入已经有 40% ~ 50% 来自网上销售。

目前,戴尔公司利用互联网推广其直销订购模式,再次处于业内领先地位。戴尔 PowerEdge 服务器运作的 www.dell.com 网址包括 80 个国家的站点,目前每季度有超过 4 000 万人浏览。客户可以评估多种配置,即时获取报价,得到技术支持,订购一个或多个系统。

相关链接

第一节 网络消费引导

一、网络消费引导的必要性

随着互联网的迅速发展,我国越来越多的人参与到网络消费活动中来。我国互联网发展状况统计显示,截至 2006 年 7 月,我国网民总人数已经达到了 1.23 亿人,其中,18 岁以下的人数占 14.9%。随着时代的发展,网络消费已经渐渐成为了消费发展的新趋势。因此,网络消费引导将帮助消费者树立正确的网络消费观念,认识到网络消费是一种正当的、重要的、应该掌握的消费方式。经营者也应该积极开拓网络市场,把网络市场作为企业市场开拓的新领域。

人们的消费活动本身就是一个复杂的行为过程。在信息时代,建立在高科技基础上的网络消费,其购买欲望的产生,购买决策的制定,购买行为的完成,产品和劳务的使用以及对商品的认识与评价等等都具有新的特点。人们的网络消费行为表面上看是个人消费心理活动的结果,但实质上,消费者的网络消费需求和消费方式还受周围环境、社会风尚等影响。政府需要对网络消费进行引导,调节人们的网络消费行为,来改变人们的网络消费心理和社会风尚,端正人们的网络消费行为。

网络消费引导,是指政府、社会团体或网络经营者根据某种需要,运用一定的手段或方法对影响网络消费活动的各种因素及消费活动过程产生作用,从而使网络消费者改变原有网络消费意向,按照引导者的期望进行消费的一种活动。由于网

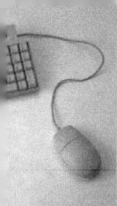

络消费自身的特点,加强网络消费引导是十分必要的。

(一)网络消费引导是生产发展和科技进步的必然结果

科技进步促进了经济的发展,引起了经济结构的变革,新技术、新产品像雨后春笋层出不穷,传统产业及其产品得到了巨大改造,产量大幅度增加。科技进步带来互联网技术的飞速发展,网络消费这种新型的消费方式孕育而生,所有这一切引起人们消费的巨大变革。面对日益丰富的消费资料和全新的消费方式,如果不对网络消费者的消费行为作一些正确的引导和调节,往往会使消费者的消费活动不尽合理,影响消费质量。

网络技术的及时性和广泛性还是新技术、新产品推广和应用的必然要求。随着技术引进和消化新技术,加快消费品的更新和换代,开发出新的消费产品,是扩大消费、提高消费效益的当务之急。新产品从刚刚问世到最后在市场上被广大消费者所接受,是有一个过程的,而网络的及时传播属性可以很好地促进技术的传播与发展。网络消费无疑会加快科技成果的普及,推动科技进步和新产品部门的发展。

(二)网络消费的特点决定必然要进行网络消费引导

由于网络的开放性、匿名性和及时性,网络消费呈现出与传统消费不同的特点。第一,网络消费涉及内容广泛而繁杂。在网络中,消费的商品涉及实务和服务两大类,交易方式也可分为在线交易和离线交易;经销商和购买者的身份各不相同,真假难辨。第二,网络消费对象真假难辨。任何人只要进入网络都可进行交易,其中既有正规守法经营的,也有一些仅为了赚钱而采取欺诈手段进行不正当交易的。网络的开放性和虚拟性也给那些造假者和欺骗的人提供了绝好的机会,使他们能够在网络上任意散布虚假信息和广告,制造混乱。第三,网络消费影响范围广泛。由于网络技术的发展使得网络消费的传播打破了传统的地域局限性。同时,网络的即时性,又使得网络中的虚假消费广告可以迅速形成并广泛地影响到广大的网络消费者。网络消费的点多、面广以及其中所存在的众多欺诈问题要求对其进行理性引导,从而减少其网络消费的负面影响。

(三)我国网络消费者的特点和构成决定必然要进行网络消费引导

据中国互联网络信息中心最新统计,我国 25 岁以下的网民占网民总人数的一半以上(51.7%),其中 18 岁以下的未成年人占网民总人数的近两成。在网民职业构成方面,学生仍然是网民主体,所占比例高达 32.4%,并呈上升的趋势。年轻人

受自身收入和水平限制，世界观、价值观尚在塑造期，对于新兴消费的辨别力和抵抗力较低，容易受到网络的诱惑，导致网络沉迷。而且，我国大多数网络消费者的网络消费知识掌握极为有限，容易遇到纠纷和欺诈，导致网络消费者权益受损现象普遍存在。因此，我国网络消费者的特点和低龄化趋势使得网络消费引导肩负更多的使命。

(四)引导和调节网络消费是国家对经济实行宏观调控的需要

作为社会主体的国家或由国家设置的专门机构，从宏观上必须对经济运行实行必要的和力所能及的调控。市场经济自身有其弱点和消极方面，市场调节本身具有一定的盲目性和滞后性，加之网络市场的虚拟特点，本身就存在问题。这就需要政府运用多种手段对网络经济运行和网络消费市场进行调整，以保证社会经济的各个层面的和谐发展和平衡。网络消费需求是居民消费需求的一部分，也会通过各种方式影响社会总需求，从而影响国民经济的变动。增加网络消费市场的宏观调控，使之与全社会经济发展目标相一致，引导网络消费的合理增加与网络市场的正确发展，是国家经济调控的必然要求。

二、网络消费引导的目的

(一)网络消费引导有利于网络消费观念的转变

消费观念是人们对消费生活的认识、观点以及由此而形成的指导消费行为的思想规范，它影响甚至决定人们的消费行为。目前，我国居民网络消费主要以网络游戏、网络聊天、网络电子邮件为主，购物消费类的网络消费发展也十分迅速。由于国家对这个新型的消费方式的监管不到位，使目前一些落后的网络消费观念制约着消费者网络消费行为的合理发展。同时，由于网络技术和监控手段的相对落后，导致网络消费者的权益屡受损害，一些消费者对网络消费采取了不信赖的态度。从这一角度来看，网络购物等消费活动发展进展相对缓慢。事实上，我国目前许多消费者具有扩大网络消费的经济条件和物质基础，但因思想观念制约，网络过度消费和网络消费不足现象同时存在。因此，引导人们尽快转变落后的网络消费观念，树立与社会主义市场经济发展相适应的新型网络消费观念，让人们既要学会理性网络消费，又要敢于网络消费，是发展我国网络消费的当务之急。

(二)网络消费引导有利于合理的网络消费结构和产业结构的形成

消费结构的合理与否是衡量一国居民消费水平高低的重要标志之一，各种消

费在总支出中所占的比例在一定程度上反映了一个国家的生产水平和经济状况。网络消费结构的合理与否也是衡量一个国家网络是否健康有序发展的重要标志。正如前文所述,目前,我国居民网络消费中网络聊天、网络游戏等占主要部分,而且其中主要以年轻人为主。由此可见,我国网络消费结构有待于合理化发展,我国网络消费的发展还有很大的空间,积极发展我国网络消费,引导网络消费结构合理化,从而起到引导网络产业结构优化的作用。

(三)网络消费引导有利于提高消费者的网络消费技能

消费技能是消费者的一种消费能力,它是消费者运用所掌握的消费知识进行消费实践的能力。消费者的消费技能主要体现在两个方面:其一是体现在作为消费准备的购买行为中,如,识别消费品真伪、优劣的能力,评判消费品价值的能力和正确选购消费品的能力等;其二是体现在消费者的直接消费行为中,如,对各种消费品正确使用、保管与维修的能力,直接从事旅游、文艺和体育等各种消费活动的技能和技巧,等等。在网络消费迅速发展的当今时代,由于高新技术渗透到消费领域,各种消费品的科技含量不断提高,使用起来也更复杂,因而对消费者消费技能的要求越来越高。近年来,我国网络消费市场发展相对滞后,一个重要原因是由于网络知识障碍,相当多数的国民,尤其是中老年人、农村消费者被排挤在网络消费的大门之外。因此,引导消费者努力学习各种与网络消费有关的科学文化知识,不断提高自身的网络消费技能,不仅有利于满足人们多方面的消费需要,获得多方面的消费资源和消费信息,而且有利于消费知识和各类信息在全国范围内相对均等的传播,启动广大农村地区的网络消费。

(四)网络消费引导有利于保护网络消费者权益

通过网络消费引导,可以起到教育消费者、提高消费者消费技能的目的,因而,有利于保护网络消费者权益。这种保护不仅仅是对单个消费者的保护,而且是通过对单个消费者利益的保护,达到对整个网络消费群体的利益保护。现实生活中要提高网络消费维权的能力,必须使每个网络消费者都有自我保护的意识和自我保护的能力,才能有效地利用法律的武器,扩大网络消费者合法权益的保护范围。网络消费引导的一个目的就是要通过宣传、教育,让广大的消费者了解网络消费常识,清楚其在网络消费过程中享有人身、财产安全不受侵害的权利;享有知悉其购买、使用商品或者接受服务的真实情况的权利;享有获得质量保障、价格合理、计量正确等公平交易条件,有权拒绝经营者的强制交易行为等权利。当自身的权益受到侵

害时,应当与经营者协商解决或请示消费者协会调解,调解不成可以向当地有关行政部门申诉,到仲裁机构仲裁,最后可以向人民法院提起诉讼。只有掌握了相关的网络消费知识和法律常识,才能达到保护网络消费者的目的。

三、网络消费引导的手段与途径

(一)网络消费引导的手段

1. 经济手段

国家财政、税收、价格等部门可以根据网络消费的发展目标,制定相应的财政、税收和价格政策,引导网络消费的发展。由于互联网络的特点,国家对其监管不到位,各种财政、税收、价格监督措施缺失,会导致网络消费呈无序化发展格局。对于这种新型的消费方式,国家各级主管部门必须尽快制定新的财税政策,积极引导网络市场的合理化发展。如,运用税收政策对于经营状况不同的企业征收不同的税率,限制那些问题严重的网络企业的发展,而对那些守法经营者制定优惠的税率。美国在1998年出台《网络免税法》,对自律较好的网络商给予两年免征新税的待遇,起到了一定的效果。

2. 行政手段

对于网络消费的管理,国家可以采用计划、组织、制度和政策等手段引导网络消费的发展。国家可以通过工商、税务、劳动卫生、消防治安、环保、土地等部门,对网络消费进行监督,积极受理网络消费投诉;还可以通过制定行政制度和各种政策,积极引导网络消费的发展。

3. 法律手段

政府立法管理是最有效的消费引导手段,因为法律具有最大的强制性与权威性,是规范网络经营与消费行为的重要手段。根据网络消费的特点,利用网络开展法制教育,加大执法和司法的力度,使之在打击网络不良资讯方面发挥应有的作用,营造良好的网络司法环境。要严格执行相关法律法规,净化网络消费的环境和内容,在全民普法意识增强的契机下,不断加大我国网站立法的力度,培养一批网络执法人员,积极整治网络消费中存在的各种问题,不断提升网络消费的层次。

(二)网络消费引导的途径

1. 将网络消费教育纳入全民教育体系

网络负面作用的扩大在一定程度上反映出我国网络教育的滞后。人们的网络

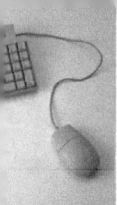

消费行为受到其消费观念、科学文化修养、经济收入水平、社会环境、社会舆论等多种因素的影响。其中科学文化水平是一个重要因素。没有文化的网络消费者难以把握技术含量日益提高的各种消费品；没有文化的消费者难以具有识别产品真伪、优劣的能力；没有文化的消费者缺乏对精神文化生活的兴趣，也就不可能有精神文化生活方面的消费需求。

我国颁布的《公民道德建设实施纲要》中提出，要"引导网络机构和广大网民增强网络道德意识，共同建设网络文明。"当前，加大网络消费教育，正确引导社会成员的网络消费，是一个值得重视的问题。互联网的使用，不仅能促进生产力发展、优化商务流程从而提高经济增长，也有利于营造提高公民道德素质的社会氛围。随着计算机运用的普及，基于网络的信息消费正越来越受到人们的青睐，如何提高网络消费质量，是正确引导网络消费的重要教育内容。

在网络消费教育中，学校和家庭要共同合作，多层次、多角度构筑起网络消费教育平台。学校是施行青少年教育的主要场所，要担负起青少年树立健康网络观念的重任。学校应该承担起对学生进行网络文明建设宣传教育的责任，加强青少年网络法规教育，提高识别和防范网上不健康信息的能力；加强网德教育，要求青少年用审慎的态度对待网络，提倡网络文明，做一个道德高尚的网络消费者；加强网络安全教育，教育青少年不要沉溺于网络游戏和聊天室。同时，还要教育青少年树立崇高的人生理想和正确的道德观、价值观。

同时，如何正确进行网络消费引导，也是现代家庭一个不容忽视的新问题。对于在家里上网的孩子，首先家长自己必须自律，以身作则，要求孩子遵守的规定，自己首先遵守，在此基础上积极引导孩子合理地使用网络、进行网络消费，学会自律。法国的家庭公约限制上网方法值得借鉴。法国孩子上网大都在家里和学校，为了防止孩子沉迷网络，法国家长喜欢与孩子制定家庭公约，公约主要包括电脑放置的地方、每人每天使用电脑的时间及使用电脑与学习、体育锻炼时间的分配等，而且双方都要自觉遵守。许多法国专家认为，如果孩子不能自律，任何技术性的和人为的强制措施对孩子的约束都不会完全有效。由于公约里含有自己的承诺，法国青少年不但没有逆反心理，而且还很自律。同时家长还应引导孩子通过书籍、报刊、广播等媒体，充实孩子的知识面，引导孩子多参加其他有益的娱乐活动和体育运动，多鼓励与支持孩子上网开展各项有利于孩子学习与创新的活动，比如网上学习、网上培训、网上设计、网上参赛、网上研究，等等。

2. 积极发挥国家政策的引导作用

要正确处理网络消费领域内部各方面的关系，合理解决网络消费中存在的各种问题，促进网络消费合理化，就要从客观上对整个社会进行有计划的引导和调节，重视和发挥政府在网络消费引导中的作用。

一项正确的消费政策能够对消费活动、消费行为发挥良好的导向和调整功能。在当前对于网络消费立法和管理相对滞后的背景下，国家网络消费政策的推行实际是对网络消费者的一种引导，表明了政府的立场、态度和观点。特别是政策反映出来的利益调整，对网络消费行为是一种有力的引导。政府行业主管部门及地方政府有关部门要努力营造好健康文明的网络社会环境：加强行业监管，维护网络秩序，成立互联网违法和不良信息举报中心，要倡导消费者的绿色网络消费行为，要加快绿色消费网站的建设，加快相关绿色技术和产品的研发与推广，提高对网上各种有害信息的检测、监控能力。

国家要尤其注重青少年网络消费引导，要多在全国范围内组织发起绿色网络消费活动，广泛开展网络科普宣传教育活动。以网上聊天为例，这种网络消费活动是一种以"实时虚拟"方式进行的广义学习和信息交流活动。消耗财力和时间资源的聊天，既是信息消费的重要方式，也是提高聊天族思维能力、反应能力与电脑应用技能综合能力的途径。作为消费过程，消费的质量无疑值得重视。这种网络消费涉及信息消费者、信息产品或服务供给者和信息消费管理者三方面的利益。正确引导消费，提高消费质量，应体现在以下方面：对作为信息产品提供者的网络商而言，要提供快速、便捷、优质的网络服务，降低网络运营成本和网络占用价格，吸引用户。对作为信息消费者的聊天族而言，不能将聊天当作单纯的休闲工具和场所，而要将网络聊天作为广义学习的工具，从中获取多方面的信息，激发新思维。对于作为网络管理者的有关政府部门而言，要不断研究信息消费中的潜在问题，通过正确的政策和舆论，将技术文明给社会文明带来的先进交流工具，正确引导到提高全民族素质的轨道上来。

3. 积极发挥网络行业协会自律和引导职能

通过网络行业协会可以起到行业内部监督与引导的职能。目前，网络管理中行业引导与行业自律引起了各方面的重视，因为网络行业协会熟知该行业的自身发展状况，能够从源头上处理一些外部不容易解决的问题，而且行业引导和自律给行业发展带来的负面影响较少，更有利于网络消费的发展。国外一些计算机协会与网络自律组织相继成立并制定一些行为自律规范。网络经营者要以社会效益为最高准则,开发更多的、符合人们需要的,同时是内容健康向上的网络产品。由于网络的匿名性使得网民的自我约束力下降,网络行业协会还要加强网络道德建设。在网络上形成扬善驱恶、扶正祛邪的良好道德风气和舆论氛围,对预防网络不道德行为和犯罪行为尤为重要。网络行业协会不能为市场利益所惑而无视自己的职业道德,应该制订相关的行业自律准则,为形成正确的网络消费导向创造条件。

西方发达国家应对网络消费引导,更多地通过市场调节与行业自律来对网络舆论的内容进行管理。如:美国计算机伦理协会的 10 条戒律,南加利福尼亚大学的网络伦理申明。加拿大政府授权对网络舆论信息实行"自我规制",将负面的网络舆论信息分为两类:非法信息与攻击性信息。前者依赖用户与行业的自律来解决,后者以法律为依据,按法律来制裁,同时辅以自律性道德规范与网络知识教育,取得了较好的管理效果。

4. 发挥网络经营者的基础作用

对于网络消费引导,网络经营者的工作是基础;而对于网络经营者自身,做好网络消费引导也有助于树立良好的网络形象,有利于效益的提高。无论从哪个角度,网络经营者都要重视网络消费引导。

网络经营者要积极引导消费者树立健康的网络消费心理,形成合理的网络消费行为和消费结构。网络营销人员应该善于引导网络消费者积极、合理消费,面对消费者的嗜好,要宣传良好的网络消费习惯,引导消费者选购健康的网络消费品,排斥不健康的消费品,以保持网络消费者的身心健康。网络经营者要充分利用网络消费示范的作用,在网络消费引导中,利用成功的、积极的网络消费的例子,包括消费习惯、消费方式以及消费行为等,与网络经营者的营销活动、企业文化建设结合起来,取得经济效益与社会效益的理想效果。

网络经营者要有创建良好的网络品牌意识,加强网络消费的品牌引导。据中国互联网络信息中心最新统计,网络消费者选择网络消费服务网站时最看重的因素是网站提供内容的全面丰富性和提供内容的真实权威性。网络上从事消费服务的网站虽然很多,但网络消费者更看重高质量的可靠的消费服务。因此,网络经营者必须树立自身的品牌优势,这样才会产生更大、更广泛的消费引导作用和影响力,可以给网络经营者带来声誉和收益的双赢。

第二节　网络市场开拓

一、网络市场开拓的必要性和功能

（一）网络市场开拓的特点

网络市场开拓是指借助联机网络、电脑通信和数字交互式媒体的力量来实现企业市场开拓的目标。网络市场开拓的产生是科技发展、消费者价值的变革、商业竞争等综合因素促成的。

与传统的市场开拓策略相比,网络市场开拓具有以下特点。

1. 鲜明的理论性和学科交叉性

网络市场开拓是在众多理念积淀、新的实践和探索的基础上发展起来的。网络市场开拓吸纳了众多新理念的精髓,是计算机科学、网络技术、通信技术、密码技术、信息安全技术、应用数学、信息学等多学科的综合技术,奠定了网络市场开拓的技术基础;长期以来,学术界、产业界多种市场开拓理念的积极探索,丰富了网络市场开拓的学术内涵;近十年来电子商务和网络市场开拓理论和实践,带给网络市场开拓以快速发展的机遇和可能。

2. 自主便利性

现代人的生活中,无论是报纸、电视,还是杂志,都充满了广告,最让人头痛的是在电视剧中插入的广告,让人躲都躲不了,不得不被动地接受各种信息,以至形成反感。在这种情况下,广告的到达率和记忆率之低也就可想而知了。于是商家感叹广告难做,而消费者则抱怨广告无处不在。

网络市场开拓,只要消费者根据自己的喜欢或需要去选择相应的信息,如厂家、产品等,然后加以比较,再作出购买的决定。这种自由轻松的选择,不必受时间、地点的限制,浏览的信息可以是国内外任何上网的信息,而不用消费者一家一家商店跑来跑去。这种灵活、快捷、方便的优点,是传统市场开拓方法所不能比拟的,网上消费尤其是受到许多没有时间或不喜欢逛商店的人的喜爱。

3. 成本的经济性

网络市场开拓具有快捷性,因此将极大的降低经营成本,提高企业利润。资源的广域性,地域价格的差异性,交易双方的最短连接性,市场开拓费用的锐减性,无形资产在网络中的延伸增值性,以及所有这一切对网络营销经济性的关系和影响,

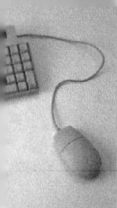

都将使网络市场极大地降低交易成本,给企业带来经济利益。网络市场开拓的经济性以及由此带来的明显效果,必将清晰地、鲜明地显现出来。

采用网络市场开拓策略,前来访问的消费者大多对此类的产品具有兴趣,这样就避免了许多无用的信息传递,也可节省费用。还可以根据订货情况来调整库存量,降低库存费用。例如网上书店,其书目可按通常的分类,分为社科类、艺术类、工具类、外文类等,还可以按出版社、作者、国别分类来进行索引,以方便读者的查找,还可以辟出专门的栏目介绍新书及内容简介等,而网上书店对网上资源的更新是很方便、及时的。这样网络市场开拓就能够以较低的场地费、库存费提供更多更新的图书,争取到更多的顾客。

4. 服务优质性

在网络市场开拓的过程中,企业将对多种资源进行整合,将对多种市场开拓策略和手段进行整合;将对有形资产和无形资产的交叉运作和交叉延伸进行整合。这种整合的复杂性、多样性、包容性、变动性和增值性,具有丰富的理论内涵,使网络市场开拓可以为消费者提供更为优质的服务。消费者可以避免在传统市场遇到的尴尬和无所适从,可以避免人的因素对消费决策造成的影响,使消费更理性化。同时在网上能得到快捷的售后服务,如:消费者买了台打印机,却因为没有打印程序问题无法正常使用,只要消费者通过企业的网站下载了打印程序,问题可以迅速得到解决。

5. 市场的全球性

网络的连通性,决定了网络市场开拓的跨国性;网络的开放性,决定了网络市场开拓的全球性。网络市场开拓,是在一种无国界的、开放的、全球的范围内去寻找目标客户。市场的广域性,文化的差异性,交易的安全性,价格的变动性,需求的民族性,信息价值跨区域的不同增值性及网络消费者的可选择性,带来了更大范围成交的可能性,更广域的价格和质量的可比性。

(二)网络市场开拓的必要性

1. 现代电子商务技术的应用与发展

现代电子商务技术的应用与发展是网络市场开拓产生的技术基础。近两年,互联网形成爆炸性的发展,在全世界范围内刮起了一股互联网旋风。我国互联网用户的猛增,其中大多数人都有过网络消费的经历,这一点说明网络市场开拓存在巨大的潜在价值。高科技产品层出不穷,这些新发明产品的功能、作用非普通消费者所能知晓,企业必须通过有效的市场开拓策略,才有可能激发消费者的潜在需求。

企业与消费者对产品信息的严重不对称，是企业运用市场开拓策略的根本原因。互联网技术的日新月异,世界上商品信息的储存量每时每刻以几何级数倍增,但是每个消费者每天所能够接受的信息非常有限，消费者的注意力相对于浩瀚的信息源成为极为稀缺的资源。消费者所能主动了解的商品信息,特别是新技术产品的信息接近于零,而企业对自己生产、销售的产品信息基本上完全了解,两者之间产生严重的信息不对称,使厂商的市场开拓使命首先在于通过各种传播途径告知消费者详细的产品信息,尽可能令信息对称。互联网今后将逐步发展成为"世界上最多、效率最高和最安全的市场"。随着互联网如火如荼地行进,它将逐步演变为"虚拟市场"、"虚拟社会",进而为众多的网上经营者开展网络市场开拓开辟广阔的前景。

② 消费者价值观的变革

消费者价值观的变革是网络市场开拓产生的观念基础。 当今的市场正在由卖方市场向买方市场演变。面对纷繁复杂的商品和品牌,消费者心理已呈现出一些新的特点和趋势。网络市场开拓的产生则适应了消费者新的价值观,主要表现在以下几方面。

(1)网络市场开拓是一种强调个性化的营销方式。网络市场开拓的最大特点在于以消费者为导向,消费者将拥有比过去更大的选择自由。它们可以根据自己的个性特点和需求,不受地域限制在全球范围内寻找满足品。消费者通过进入感兴趣的企业网址或虚拟商店就可获取有关产品的信息。消费者可利用自家的电脑和网络,自行设计(修改)产品,使购物更显个性。

(2)网络市场开拓具有极强的互动性。传统的市场开拓管理强调企业的 4P (产品 Product、价格 Price、渠道 Place 和促销 Promotion),现代市场开拓理论是一种建立在 4C(顾客 Customer、成本 Cost、方便 Convenience 和沟通 Communication)基础上的全新的市场开拓策略。

在网络环境下,企业可通过电子布告栏、线上讨论广场和电子邮件等方式与消费者进行沟通。这种双向互动的沟通方式可以提高消费者的参与积极性。更为重要的是,它将使企业的市场开拓决策有的放矢,从根本上提高消费者的满意度。

(3)网络市场开拓能提高消费者的购物效率。现代化的生活节奏已使消费者户外购物的时间越来越有限,而企业网络市场开拓策略使购物的过程不再是一种沉重的负担,甚至有时还是一种休闲、一种娱乐,能简化消费者的购物环节,节省消费

者的时间和精力,满足消费者对购物方便性的需求。

(4)网络市场开拓能满足价格重视型消费者的需求。网络市场开拓能为企业节省巨额的促销流通费用,使产品成本和价格的降低成为可能。而消费者则可在全球范围内找寻最优惠的价格,甚至可绕过中间商直接向生产者订货,因而能以更低的价格实现购买。

消费者迫切需要新的快速方便购物的服务方式,以最大限度地满足自身需求。消费者价值观的这种变革,呼唤着网络市场开拓的产生,而网络市场开拓也在一定程度上满足了消费者的这种需求。

3. 商业竞争的日益激烈化

商业竞争的日益激烈化是网络市场开拓产生的现实基础。随着市场竞争日益激烈化,为了在竞争中取得优势,各个企业都使出了浑身解数来招徕顾客。一些市场开拓策略即使在一段时间内吸引顾客,也不一定能确保企业的利润增加。企业之间的市场竞争已不再是依靠表层的策略来竞争,而是更多的依靠更深层次的经营组织形式上的竞争。

对于企业经营者求变的要求,网络市场开拓可以节约大量的营销费用,可以减少库存商品资金的占用,可以使经营规模不受场地限制,便于企业收集用户信息,等等。这些会使企业的经营成本和费用降低,运作周期变短,从根本上增强企业的竞争优势,增加利润。

4. 网络市场开拓能够提高经营效率

互联网是集声音、图像、文字于一体的互动的多媒体介质,网络营销基于互联网,可以整合传统的各种单一的营销模式,对公司和产品进行全方位、立体式的宣传,起到事半功倍的效果。网络消费者通过互联网可以与无数的市场联系在一起。网络市场开拓具有不可比拟的优势,商家面对的是全球的市场、全球的用户,使传统市场开拓在地域和空间上得到了极大的顺延和拓展。

(三)网络市场开拓的功能

1. 信息搜索与发布功能

互联网是一种具有强大市场开拓能力的工具,兼有渠道、促销、互换信息及网上交易等一系列功能。随着信息搜索功能由单一向集群化、智能化发展,以及向定向邮件搜索技术的延伸,使网络搜索的商业价值得到了进一步的扩展和发挥,寻找网上销售目标将不再困难。信息的搜索功能是网络市场开拓能力的一种反映。在网

络市场开拓中,将利用多种搜索方法,主动地、积极地获取有用的信息和商机;将主动地进行价格比较,将主动地了解对手的竞争态势,将主动地通过搜索获取商业情报,进行决策研究。搜索功能已经成为企业能动性的一种表现,成为一种提升网络经营能力的竞争手段。

同时,网络市场开拓还是企业发布信息的主要方法。网络市场开拓所具有的强大的信息发布功能,是古往今来任何一种市场开拓方式所无法比拟的,它可以把信息发布到全球任何一个地点,既可以实现信息的广覆盖,又可以形成地毯式的信息发布链;既可以创造信息的轰动效应,又可以发布隐含信息。信息的扩散范围、停留时间、表现形式、延伸效果、公关能力,都是最佳的。不仅如此,在网络市场开拓中,网上信息发布以后,企业还可以能动地进行跟踪,获得回复,可以进行回复后的再交流和再沟通。因此,信息发布的效果明显。某直销化妆品公司,为了巩固老客户、发展新客户,占领更大的市场,在 1997 年 4 月抢先一步实行网上销售。他们为公司上网作了充分的准备,上网之前他们就向总公司的政府主管部门详细介绍了公司的网络营销策略,目的不是甩开老客户,而是为了扩大新客户,并进一步巩固老客户。

2. 商情调查功能

网络市场开拓中的商情调查具有重要的商业价值。对市场和商情的准确把握,是网络市场开拓中的重要方法和手段,是现代商战中对市场态势和竞争对手情况的一种电子侦察。互联网具有超容量的信息空间,利用这种信息的电子商务具有巨大的潜力,从根本上改变了从事商业活动的途径和经济结构。在激烈的市场竞争条件下,主动地了解商情,研究趋势,分析顾客心理,窥探竞争对手动态是确定竞争战略的基础和前提。通过在线调查或者电子询问调查表等方式,不仅可以省去大量的人力、物力,而且可以在线生成网上市场调研的分析报告、趋势分析图表和综合调查报告。其效率之高、成本之低、节奏之快、范围之大,都是以往其他任何调查形式所达不到的。这就为广大商家提供了一种快速的市场反应能力,为企业的科学决策奠定了坚实的基础。

3. 销售渠道开拓功能

网络具有极强的进击力和穿透力,具有多媒体的功能,而且清晰度高、容量大。所以有条件上网的人们可以"足不出户,购得所需"。这样一来,传统经济时代的经济壁垒、地区封锁等,都阻挡不住网络市场开拓信息的传播和扩散。新技术的诱惑力、新产品的展示力、文图并茂且声像俱显的昭示力、地毯式发布和爆炸式增长的覆盖力，将整合为一种综合的信息进击能力，通过快速地疏通市场渠道，实现和完成市场开拓的使命。

通过这种全程渠道，可以使商品信息、收款结算、售后服务一体化。美国的通用汽车公司就充分利用了互联网的这一特点，他们允许顾客在互联网上通过公司的有关系统按自己的兴趣，自己设计和组装，以满足顾客的个性需求。日本索尼音乐公司把资金投入在全球性的交互网和本公司的结构上，公司巧妙地把 Web 服务与现有的信息资源结合起来，将企业的内部信息放到网上供消费者及时获得，同时使最重要、最新的消费信息及内容高效率地传回索尼公司，产生坐待"直销入户"的市场开拓效应。而大众集团的大众、法国的雪铁龙等生产各种中、小型家庭轿车和多用途汽车的公司，充分利用互联网具有不受时间空间约束的特点来进行销售渠道的开拓，24 小时为全世界提供营销服务，达成大量的交易。

4. 经济效益增值功能

网络市场开拓会极大地提高企业的获利能力，使营销主体提高或获取增值效益。这种增值效益的获得，不仅由于网络市场开拓效率的提高、营销成本的下降、商业机会的增多，更由于在网络市场开拓中，新信息量的累加会使原有信息量的价值实现增值，或提升其价值。这种无形资产促成价值增值的观念和效果，既是前瞻的，又是明显的增值效应。

网络市场开拓的明显的资源整合能力，恰恰为这种信息的累加，提供了现实可能性，还给品牌带来了新的生机和活力，而且推动和促进了品牌的拓展和扩散。实践证明，互联网不仅拥有品牌、承认品牌，而且对于重塑品牌形象，提升品牌的核心竞争力，打造品牌资产，具有其他媒体不可替代的效果和作用。

二、网络市场开拓的理论基础

(一)市场开拓理论的发展与变革

1. 4P 理论

1964 年，美国营销专家鲍敦提出了市场营销组合概念，是指市场营销人员综合运用并优化组合多种可控因素，以实现其营销目标的活动总称。这些可控因素后来被麦卡锡归并为四类即 4P(产品 Product、价格 Price、地点 Place、促销 Promotion)，这是典型的"大量营销"模式，这种模式基本上是以生产企业为中心的。这一时期是现代营销理论和方法形成和完善的时期，是由不断增长的消费需求来驱动经济增长的模式。4P 理论认为，企业只要围绕 4P 制订灵活的营销组合，产品销售就有了保证,实际上这也是公司市场营销的基本营销方法。

2. 4C 理论

1990 年,美国学者劳特朋 (Lauteborn) 教授提出了与传统营销的 4P 相对应的 4C 理论,即,消费者的需求与欲望 (Consumer needs wants),把产品先搁到一边,赶紧研究消费者的需求与欲望,不要再卖你能制造的产品,而要卖某人确定想要买的产品;消费者愿意付出的成本 (Cost),暂时忘掉定价策略,赶快去了解消费者要满足其需要与欲求所必须付出的成本;购买商品的便利 (Convenience),忘掉通路策略,应当思考如何给消费者方便以购得商品;沟通 (Communication),最后请忘掉促销,90 年代以后的正确新词汇应该是沟通。4C 理论的提出引起了营销传播界及工商界的极大反响,从而也成为整合营销理论的核心。

3. 4R 理论

针对 4C 的不足,近来,美国学者舒尔茨提出了 4R(关联、反应、关系、回报)营销新理论,阐述了一个全新的营销四要素。

(1) 与顾客建立关联。在竞争性市场中,顾客具有动态性,顾客忠诚度是变化的,他们会转移到其他企业。要提高顾客的忠诚度,赢得长期而稳定的市场,重要的营销策略是通过某些有效的方式在业务、需求等方面与顾客建立关联,形成一种互助、互求、互需的关系,把顾客与企业联系在一起,这样就大大减少了顾客流失的可能性。特别是企业与企业之间的营销与消费市场营销完全不同,更需要靠关联、关系来维系。建立关联的方式有以下几种:

①与用户关联:为客户提供一揽子解决方案,然后在更大范围内系统集成和优化组合,这样可以保证方案和各个集成部分都是最好的,从而形成整体最优。

②与产品需求关联:首先产品分核心产品、形式产品和附加产品三个层次,需求分为使用需求、心理需求和潜在需求三个层次。企业必须把使用和需求的层次对应起来,对应越准,关联性越强。其次是采用"大规模量身定制"的生产方式。

(2)提高市场反应速度。目前多数公司倾向于说给顾客听,而不是听顾客说,且反应迟钝,这是不利于市场发展的。面对迅速变化的市场,要满足顾客的需求,建立关联关系,企业必须建立快速反应机制,提高反应速度和回应力。

(3) 关系营销越来越重要。在企业与顾客的关系发生了本质变化的市场环境中,抢占市场的关键在于与顾客建立长期而稳定的关系,从管理营销组合变成管理和顾客的互动关系。这一切的核心是处理好与顾客的关系,把服务、质量和营销有机结合起来,通过与顾客建立长期稳定的关系实现长期拥有客户的目标。

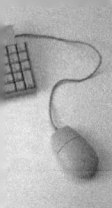

(4)回报是营销的源泉。对企业来说,市场营销的真正价值在于为企业带来短期或长期的收入和利润的能力。一方面,追求回报是营销发展的动力;另一方面,回报是维持市场关系的必要条件。因此,营销目标必须注重产出,注重企业在营销活动中的回报。一切营销活动都必须以为顾客及股东创造价值为目的。

4. 社会营销观念

社会市场营销观念是对市场营销观念的需要和补充。它产生于 20 世纪 70 年代西方资本主义国家出现能源短缺、通货膨胀、失业增加、环境污染严重、消费者保护运动盛行的新形势下。1971 年,杰拉尔德·蔡尔曼和菲利普·科特勒最早提出了"社会市场营销"的概念,促使人们将市场营销原理运用于保护环境、计划生育、改善营养、使用安全套等具有重大推广意义的社会目标方面。社会市场营销观念要求市场营销者在制定市场营销政策时要统筹兼顾企业利润、消费者需求和社会利益这三方面的利益。

(二)网络市场开拓的理论基础

1. 整合营销理论

4P 是产品、价格、渠道、促销这四个单一的因素,其实如果深刻地理解 4P 就会发现 4P 包含的营销所涉及的基本要素。

价格是一个价格体系,它包括出厂价格、经销商出货价格、零售价格,还包括企业的价格政策里面的折扣、返利等指标,这些要素构成了整个价格体系。

产品是一个产品的体系,包括产品线的宽度、广度,产品的定位、质量状况,甚至包括产品的售后服务。

渠道包括了公司的渠道战略,是自己建设渠道还是通过总经销建设渠道,是总经销还是小区域独家代理,或是密集分销;产品要占领哪些终端,终端的策略怎样,渠道链条的规划,客户的选择怎样;客户的管理和维护,渠道的把握,渠道客户的切换等等方面的问题。

促销广义上是对消费者、对员工、对终端、对经销商的一个促销组合,这样的促销才是完善的。

美国营销专家劳特朋是较早地认识到顾客价值的学者之一。他对顾客价值的阐述主要体现在 1990 年提出的 4C 理论中。针对传统的营销组合 4P(产品、价格、分销、促销)理论中只是从企业角度出发来制定营销决策,忽视顾客真正的价值需求这一问题,劳特朋认为,企业在市场营销活动中应该首先注意的是 4C,这才是顾

客价值的真正体现：

(1)顾客(Customer)：零售企业直接面向顾客，因而更应该考虑顾客的需要和欲望，建立以顾客为中心的零售观念，将"以顾客为中心"作为一条红线，贯穿于市场营销活动的整个过程。零售企业应站在顾客的立场上，帮助顾客组织挑选商品货源；按照顾客的需要及购买行为的要求，组织商品销售；研究顾客的购买行为，更好地满足顾客的需要，更注重对顾客提供优质的服务。

(2)成本(Cost)：顾客在购买某一商品时，除耗费一定的资金外，还要耗费一定的时间、精力和体力，这些构成了顾客总成本。所以，顾客总成本包括货币成本、时间成本、精神成本和体力成本等。由于顾客在购买商品时，总希望把有关成本包括货币、时间、精神和体力等降到最低限度，以使自己得到最大限度的满足，因此，零售企业必须考虑顾客为满足需求而愿意支付的"顾客总成本"。努力降低顾客购买的总成本，如降低商品进价成本和市场营销费用从而降低商品价格，以减少顾客的货币成本；努力提高工作效率，尽可能减少顾客的时间支出，节约顾客的时间成本；通过多种渠道向顾客提供详尽的信息、为顾客提供良好的售后服务，减少顾客精神和体力耗费的成本。

(3)方便(Convenient)：最大程度地便利消费者，是目前处于过度竞争状况的零售企业应该认真思考的问题。如上所述，零售企业在选择地理位置时，应考虑地区抉择、区域抉择、地点抉择等因素，尤其应考虑"消费者的易接近性"这一因素，使消费者容易达到商店。即使是远程的消费者，也能通过便利的交通接近商店。同时，在商店的设计和布局上要考虑方便消费者进出、上下，方便消费者参观、浏览、挑选，方便消费者付款结算，等等。

(4)沟通(Communication)：零售企业为了创立竞争优势，必须不断地与消费者沟通。与消费者沟通包括向消费者提供有关商店地点、商品、服务、价格等方面的信息；影响消费者的态度与偏好，说服消费者光顾商店、购买商品；在消费者的心目中树立良好的企业形象。在当今竞争激烈的零售市场环境中，零售企业的管理者应该认识到，与消费者沟通比选择适当的商品、价格、地点、促销更为重要，更有利于企业的长期发展。

4C营销理念深刻地反映在企业营销活动中。在4C理念的指导下，越来越多的企业更加关注市场和消费者，与顾客建立一种更为密切的和动态的关系。1999年5月，微软公司在其首席执行官巴尔默德主持下，也开始了一次全面的战略调整，使微软公司不再只跟着公司技术专家的指挥棒转，而是更加关注市场和客户的需求。我国的联想通过营销变革,实施以 4C 策略为理论基础的整合营销方式,成为了 4C 理论实践的先行者和受益者。家电行业中,以前都是生产厂家掌握定价权,企业的定价权完全是从企业的利润率出发,没有真正从消费者的"成本观"出发,这就是为什么高端彩电普及不快的原因。而现在消费者考虑价格的前提就是自己"花多少钱买这个产品才值"。于是作为销售终端的苏宁电器专门有人研究消费者的购物"成本",以此来要求厂家"定价",这种按照消费者的"成本观"来对厂商制定价格要求的做法就是对追求顾客满意的 4C 理论的实践。

2. 从 4P 到 4C 的发展

(1)4P 的发展。20 世纪 60 年代以来,4P 理论不断被扩展。科特勒在 1986 年提出了大市场营销概念,将 4P 扩展为 6P;布莫斯和比特在研究服务营销时,加入人员、实物证据和程序,扩展为 7P;以至最多时加到 12P,这种不断往上加 P 的现象本身说明,4P 理论并非是涵盖所有行业中的所有企业可以控制的所有营销变量,不同产品或行业的营销活动可以利用的可控因素并不是相同的。

4P 理论是在研究制造业中消费者的营销活动时发明的,在指导制造业中消费品的营销活动时较为适用,一旦出了这个领域,指导和应用于其他领域或行业,如零售业、金融业、公共事业,就显得不太适应,像零售企业中的一些非常重要的可控因素,如采购、企业形象等,用 4P 理论显然不能得到有效地突出。零售企业的产品较难按照 4P 理论中的产品来理解。商业企业的营销因素与工业企业情况有较大的不同,因此,这些情况说明,一个简单的要素扩展不足以涵盖所有的营销变量,也不可能对任何情况都适用。

随着市场竞争的日益激烈,产品、价格、营销手段愈发趋于同质化,互相模仿的现象比较严重,寻求差异化优势这一营销行为的根本要旨,在原有的营销理论框架内已难以实现。新环境下的企业营销实践需要新理论的指导和补充。20 世纪 90 年代,美国的舒尔兹等人提出了整合营销新观念,在此新规范下提出了 4C 理论。

(2)4C 与 4P 的对比与区别。

① 4C 与 4P 的对比:

第一,产品与需求。产品与需求的关系其实质就是供给与需求的关系,即使是供小于求的卖方市场也是由需求决定供给,而需求不一定是产品本身,而是产品所提供的功能。如:表面需求上是买相机,而拍照才是购买的潜在需求;选择时有可能有功能、价格、操作、外观等附加需求;若选择数码相机还会有电脑、网络、打印机等相关的连带需求;最后,不被顾客所接受的一切原因,如不感兴趣的功能、价格、操作、外观,没有相关的电脑、网络、打印机的支持等就成为需求制约。

第二,价格与消费者成本。价格只是消费者购买产品所需要的一部分成本,同时还有其他可以计算或者难以计算的成本。如购买产品产生的路费,了解、比较、购买、应用产品所需要的时间等。不同的人耗费的以上成本也不一样。

第三,渠道与方便。渠道是想把产品卖出去,方便可以理解为想办法使消费者主动选择。更多的便利店把民用消费类产品送至社区周边,降低消费者购买的时间和路费成本;产品或品牌广告宣传,可以节省消费者了解、比较、应用产品所需要的时间,给消费者的方便还可以理解为提供使消费者认可的产品。这就需要在生产之前研究消费者需求,而之后需要告诉消费者产品能够满足他们需求。

第四,促销与沟通。市场发展开始的不论是市场竞争,还是消费需求饱和,"促销"手段都要告诉消费者产品的价值。与其通过降价告诉消费者定价有余地,还不如提升产品价值或者告诉消费者产品价值在哪里。商家不能判断预期市场需求,不能走在消费者前面,所以需要沟通;"促销"的单边政策不符合需求的本质,消费者不是因为价格而购买,当消费者渐渐发现购买的物品并没有实现他的需求目的,过度刺激消费容易适得其反。

② 4P 与 4C 的区别:

4P 理论诞生的背景是卖方市场,那时商品提供者考虑比较多的是如何生产物美价廉的商品,并且能够以适当的价格,在适当的地点,通过适当的促销方式提供给消费者。4P 理论的出发点是卖方本身。而 4C 理论考虑的更多的是消费者,是如何能够控制更低的成本,通过与消费者沟通,便利地给消费者提供商品。4C 理论的出发点是买方势力。具体而言,二者的主要区别体现在以下几方面:

从导向来看,4P 理论提出的是自上而下的运行原则,重视产品导向而非消费者导向;4C 理论以"请注意消费者"为座右铭,强调以消费者为导向。

从营销组合的基础来看,4P 理论是以产品策略为基础,制造商决定制造某一产品后,设定一个既能弥补成本又能赚到最大利润的价格,且经由其掌控的配销渠道,将产品陈列在货架上,并大大方方地加以促销;4C 理论是以传播良好的双向沟通为基础,通过双向沟通和消费者建立长久的一对一关系。

从宣传上看,4P 理论注重宣传的主要是产品知识,即产品的特性和功能,强调的是产品自身的特点;4C 理论注重品种资源的整合,注重宣传企业形象和建立品牌,把品牌的塑造建立作为企业市场营销的核心。

从传播来看,4P 理论的传播媒介是大众取向并且是单向的;4C 理论其传播是

双向的,选择媒体"细"而且"多"。

从 4P 理论到 4C 理论的发展体现了从卖方市场到买方市场的转变。在商品经济不发达的社会,由于市场上所能够提供的商品无论是数量还是种类都比较少,人们对商品的需求远大于市场供给,因此商品的需求弹性低,人们对价格不算敏感,此时卖方能够获得比较大的利润。而随着市场经济的逐步完善,进入到商品流通领域的商家越来越多,市场能够提供的商品种类数量也越来越多,此时的情况就完全发生了变化。人们对商品的需求价格弹性高,价格的随意波动都有可能给卖方的商品销售带来非常大的影响。这个时候就是买方市场了。买方市场的到来意味着市场经济的发育成熟,也是商品社会发展的必然阶段。

(3)4C 理论的缺陷。

4C 理论是在网络营销环境下产生的,它以消费者需求为导向,与产品导向的 4P 相比,4C 有了很大的进步和发展,但从企业的实际应用和市场发展趋势来看,4C 理论依然存在不足,其具体表现可以归纳如下:

① 4C 理论以消费者为导向,着重寻找消费需求,满足消费者需求。而市场经济是竞争导向的,企业不仅要看到需求,而且还要更多地注意到竞争对手,冷静分析自身在竞争中的优劣势并采取相应的策略,才能在激烈的市场竞争中求得发展。

② 4C 以消费者需求为导向,但消费者需求存在合理性问题。消费者总是希望质量好、价格低,特别在价格上的要求是无界限的,如果只满足消费者的需求,企业必然付出更大的成本。从长远来看,必然会影响企业的可持续发展。因此,企业在经营过程中如何遵循双赢原则,将满足消费者的需求与企业利润较好地结合起来,这是 4C 需要进一步解决的问题。

③ 4C 理论的思路和出发点是满足消费者需求,但是就其理论本身并没有体现既赢得客户又长期的拥有客户的关系营销思想,也没有提出解决满足消费者需求的操作性问题,如提供集成解决方案、快速反应等。

④ 随着 4C 理论融入网络营销策略和行为中,经过一个时期的运作与发展,虽然会推动社会营销的发展和进步,但各企业的营销又会在新的层次上同一化,不同企业至多是一个程度上的差距,并不能形成营销个性或营销特色,不能形成营销优势,不能保证企业顾客数量的稳定性、积累性和发展性,仍然解决不了当前企业所面临的营销问题。

⑤ 4C 总体上虽是 4P 的转化和发展,但被动适应消费者需求的特色较浓重。根据市场的发展,参与竞争的企业不仅要积极适应周围的环境,而且在某种状况下,

需要从更高层次以更有效的方式在企业与顾客之间建立起有别于传统的、新型的主动性关系,如互动关系、双赢关系、关联关系等。

三、网络市场开拓的方法和模式

(一)网络市场开拓的方法

1. 商情发布

商情发布是企业网络市场开拓的第一步。网络传递信息的功能是网络提供给企业最基本的效用。企业可以利用电子邮件、企业网站、新闻组、公告栏向消费者和客户提供企业的产品和服务的信息。电子邮件是企业发布信息最常用的工具,操作非常简单,但拒收率较高。建立企业网站是企业对网络更高层次的利用,企业网站可以向网民们全面展示一个企业,从企业简介、组织结构、人员队伍、产品服务,到企业文化等,让网民对企业有一个全面的了解。如耐克公司通过建立自己的网站,宣传自己的品牌形象,让全球人都能够从企业的网站了解该公司的品牌定位——全球体育事业,以鲜明的形象、精良的产品和巨额资金熔铸在体坛明星上,再利用乔丹等英雄们的光环效应为其品牌升值,产品获得不尽的市场扩张能力,品牌价值一再飙升。

2. 网上市场调查

网上市场调查由于其所具有的及时性、便捷性、低费用、交互性、充分性等特点,受到越来越多的企业注目。网上市场调查分为站点法、电子邮件法、随机 IP 法、视讯会议法等直接调查法和利用搜索引擎、公告栏、新闻组、电子邮件等收集二手资料的间接调查法,企业可根据实际情况选择。海尔集团 1996 年底在国内企业中率先申请域名,建立海尔网站,并逐步建成包括海尔网上商城、海尔美国、海尔欧洲等在内的海尔全球网站,不仅可以向全球介绍海尔的各方面情况,更重要的是,还起到了加强与消费者沟通、掌握更多消费信息的作用。

3. 网上促销

促销是企业营销的重要活动之一,其本质是企业营销信息的传递。网上促销的形式有网络广告、站点推广、营业推广和公共关系四种,其中主要形式是网络广告和站点推广。网络广告主要是借助网上知名站点、免费电子邮件和一些免费公开的交互站点,发布企业营销信息。网络广告与传统广告相比,具有传播范围广泛、不受时间限制、互动性强、制作简单、成本低廉、对象确切、易调整等特点。站点推广的主要目的是提高企业网站的知名度,吸引网民访问网站,从而宣传和推广企业及其产品。北京因特国风网上软件公司综合利用域名策略、免费策略、与著名的 ISP/ICP 提供服务建立策略性联盟、有奖参与、与电脑厂商合作等方式推广网站。

4. 网上销售

网络对企业的营销渠道影响非常大,尤其是网上直销模式的采用,最大限度地降低了渠道中的营销费用,从而获得竞争优势。戴尔公司根据定单进行生产并直销的营销模式,使得传统渠道中常见的代理商和零售商的高额差价消失,同时戴尔公司的库存成本大大降低,与其他依靠传统方式进行销售的主要竞争对手相比,戴尔公司的计算机占有 10% ~ 15% 的价格优势。

5. 网上业务往来

互联网作为最廉价的沟通渠道,能以低廉的成本帮助企业与企业的供应商、分销商等进行业务往来,建立伙伴关系,即 B2B 模式。相关企业可以在互联网上发布产品和技术信息,以电子邮件、商务网站、中国商品交易市场或其他基于互联网的通信方式进行交流,在网上寻货订货,进行订单处理,跟踪供货、库存和销售情况等。

(二)网络市场开拓的模式

1. 顾客服务→增强与顾客的关系→留住顾客,增加销售

网络双向互动、信息量大且可选择地阅读、成本低、联系方便等特点决定了它是一种优越于其他媒体的顾客服务工具。通过网络营销可以达到更好地服务于顾客的目的,从而增强与顾客的关系,建立顾客忠诚度,永远留住顾客。满意而忠诚的顾客总是乐意购买公司的产品,这样自然而然地提高了公司的销售量。

2. 有用信息→刺激消费→增加购买

本模型尤其适用于零售企业,他们可通过网络向顾客连续地提供有用的信息,包括新产品信息、产品的新用途等,而且可根据情况适时地变化,保持网上站点的新鲜感和吸引力。这些有用的新信息能刺激顾客的消费欲望,从而增加了购买。

3. 购买方便 + 折扣 + 直接销售 + 减少管理费用

使用网络进行销售对企业最直接的效益来源于它的直复营销功能:简化销售渠道、降低销售成本、减少管理费用。本模型适用于将网络用作直复营销工具的企业。

4. 新的娱乐→促进顾客的参与→重复购买

新闻业已有一些成功运用此模型的例子。报纸和杂志出版商通过他们的网页

来促进顾客的参与。这样做的结果是有效地提高了订户的忠诚度。同样电影、电视片的制作商也可用此模式提高产品的流行程度。

四、网络市场开拓的策略

在传统的市场营销中,产品、价格、销售渠道和促销(4P)被称为网络营销组合,也是整个市场营销学的基本框架,国外一些营销学家认为 4C 是网络营销的理论基础。4C 的确反映了网络营销的一些特征,并且在不同的网络营销手段中发挥着作用,但作为一个理论体系,其严密性、概括性、可操作性等方面显然存在着一定的不足。如果企业不管 4C 只是一味地强调 4P 理论,那会制订出不合实际的销售政策、产品和促销计划;如果企业只是一味地站在消费者的角度进行 4C 来满足消费者的需求,企业的成本将会没有必要地增大,会得不偿失,很可能设计出来过度超前的产品,或者使企业破产的促销计划。所以企业要在考虑产品定位、渠道策略、促销活动的时候要以 4C 作为指导,在企业执行计划或者方案的时候,按照企业的实际情况进行调整,用 4P 作为具体的市场开拓策略。

(一)4C 市场开拓策略

1. 消费者策略

进行网络市场开拓,首先应该寻找目标消费者。然后,进一步接近和了解目标消费群,分析和了解他们的心理,并找到有效的、互动的沟通和传播途径。网络市场开拓的出发点和终结点均应是消费者导向,主张"消费者想要的是什么",而不是寻求"我们想要的消费者"。这一点不仅应体现到网络市场开拓过程中的每一个环节,而且应贯穿于下一轮市场开拓的始终。随着整合营销传播在网络市场开拓中的运用,消费者的自由选择权得以实现。网络市场开拓的重点不是争取消费者,而是保持并增强消费者群体。网络消费的发展充分体现了消费者的选择权,给予消费者以从未有过的选择自由,同时也使得拥有消费者的数量成为判断企业实力的标准。拥有众多网络消费者是一个企业和网站发展的主要基础和重要保证。

顾客满意的重要性等同于利润的重要性。一个顾客可能对企业的经营不会产生太大的影响。但是,网上经营者对一个顾客的态度,却决定了企业和网站能否生存下去。亚马逊之所以能取得巨大的成功,原因不仅仅在于采用了网络和电子商务的形式,更关键的是亚马逊的经营战略。亚马逊充分地利用了网络技术、数据库技术和智能分类技术的特点,采用了针对个体消费者兴趣、爱好的个性化的购买服务、互动式营销模式、搜索服务、浏览特性等,带动了网上商务变革的步伐。从亚马逊的成功,我们可以看见一个全新创造的价值链:一个以客户服务为本的、由新科技带给商务世界改变的、成功的模式。其背后是由倾听、发现、挖掘客户的声音,提供选择机会,分析并不断改善流程以回馈客户所带来的成功。

2. 成本策略

对企业来说,运用网络市场开拓可降低企业的采购成本和销售成本,实现按需生产,大大减少了原材料和产品的库存,降低了仓储费用。此外,网上宣传和广告的效率更高,效果更好,费用更少。产品的总成本更少,更具竞争力。

新的市场开拓观念告诉我们,应该暂时忘掉固有的定价策略、价格战,转而了解消费者为满足自己的需要与欲求所愿意付出的成本价值。消费者需求决定交换价值,消费者满足需求所付出的成本包括:消费者对需求价值的判定或者消费者价值交换过程中满足需求所付出条件换算成的可被消费者认可的价值。然后评测消费者接受的价值中,价格与成本差价权衡己方需求是否可以满足。以往的消费观念认为,消费者花费大量金钱用于购买名牌产品是一种消费冲动和非理性的行为。而在网络经济时代,对于网络消费者而言,商品价值并不能完全说明问题,付出的价钱仅仅只是成本的小部分而已。不同类型的消费者,对于成本的认知是完全不同的,消费者完全可以自己决定购买过程中的那些制约因素。

3. 方便性策略

方便性策略,是指忘掉固定的分销渠道,重视消费者购买商品和享受服务的方便性。简单地说,就是消费者怎么方便怎么来,一切以消费者的方便与否为中心展开市场开拓工作。方便性策略是网络企业竞争力和市场开拓的又一关键点。

传统的营销人员强调分销渠道的重要性,因为它是企业借以发动营销进攻的有效平台。然而,这一“整体分销”的思想如今已被重新定义、被再次修订。在网络经济时代,一个真正优秀的网络市场开拓人员,必须具有由外而内的消费者导向思维,以及由此引发的通过千方百计方便消费者接受信息和服务而建立新型互动消费者关系的新方法。曾经对电脑下载速度缓慢已不胜其烦的数以百万计网民,如今都转向了一个能够快速上网的环境。有线上网、无线上网和卫星上网的出现,使互联网服务的竞争白热化,大大方便了消费者,令他们的上网速度比当时的电话数据机上网方法快十多倍。

4. 沟通策略

网络企业将商品、服务和品牌信息传递给消费者,消费者也乐于将其感受及意见反馈回来。这种企业、商品、服务、品牌与消费者之间形成的联系,就是沟通。

互联网的出现压缩了物理时空,降低了沟通的成本,网络的交互性又增强了企业与顾客的心理时空,易于建立友好合作的关系,这对网络营销有很大的作用。一方面,顾客通过网络把自己的意见、建议反馈给企业;另一方面,企业通过网络可以将自己的经营理念、经营宗旨和改变措施向顾客传播,在一些问题上与顾客共同商讨,共同解决,给顾客以被尊重的感觉,同时企业还可以为顾客解答一些重要的问题,让顾客觉得自己受到尊重,满足顾客被关注的心理,在企业、商品、服务、品牌与消费者之间建立起一种牢固而稳定的友谊,从而获得顾客的满意度提升。

与顾客进行沟通的方式有很多种,如电子邮件、电子论坛、常见问题解答、消费者自我设计等。这些方式都可以给企业提供大量的信息。海尔集团在企业网站上的网上商店中,让消费者根据自己的喜好定制电冰箱、洗衣机,以充分满足消费者的需求,还可以让消费者对产品进行评论。通过搜集这些信息,研究消费者的购买特征、消费需求等,对于企业了解市场、掌握市场动态及改进产品有很大的好处。

(二)4P 网络市场开拓策略

1. 产品策略

在网络市场开拓中,产品的整体概念可分为 5 个层次:

(1) 核心利益层次。核心利益层次指产品能够提供给消费者的基本效用或益处,是消费者真正想要购买的基本效用或益处。由于网络市场开拓是一种以顾客为中心的营销策略,企业在设计和开发产品核心利益时要从顾客的角度出发,要根据上次营销效果来制定本次产品设计开发。要注意的是网络营销的全球性,企业在提供核心利益和服务时要针对全球性市场来提供。

(2)有形产品层次。有形产品层次是产品在市场上出现时的具体物质形态。对于物质产品来说,首先产品的品质必须保障;其次,必须注重产品的品牌;第三,注意产品的包装;第四,在式样和特征方面要根据不同地区的亚文化有针对性地进行加工。

(3)期望产品层次。期望产品层次是指在网络市场开拓中,顾客处于主导地位,消费呈现出个性化的特征,因此产品的设计和开发必须满足顾客这种个性化的消费需求。这种顾客在购买产品前对所购产品的质量、使用方便程度、特点等方面的期望值,就是期望产品。这就要求企业的设计、生产和供应等环节必须实行柔性化的管理。对于无形产品,如服务、软件等,要求企业能根据顾客的需要来提供。

(4)延伸产品层次。延伸产品层次是指由产品的生产者或经销者提供的、购买者有需求的、核心利益的服务,注意延伸提供满意的售后服务、送货、质量保证等。

(5)潜在产品层次。潜在产品层次是在延伸产品层次之外,由企业提供能满足顾客潜在需求的产品层次,它主要是产品的一种增值服务。在高新技术发展日益迅猛时代,有许多潜在需求和利益还没有被顾客认识到,这就需要企业通过引导和支持,更好地满足顾客的潜在需求。

2. 网络市场开拓的定价策略

(1)免费价格策略。免费价格策略是指网络市场开拓企业将产品和服务以零价格的形式提供给顾客使用,以达到某种经营目的的策略。免费价格策略之所以在互联网上流行,一方面是由于互联网的发展得益于免费策略的实施;另一方面,由于互联网的发展速度和增长潜力,有眼光的企业都不可能放弃这一发展成长的机会。

(2)顾客主导定价策略。在互联网上,顾客可以通过充分的市场信息来选择购买或者定制自己满意的产品或服务,同时,力求以最小的代价获得产品或服务,顾客的控制力得到空前加强。相应地,企业的定价策略更多地由原来的按照产品自身成本定价转为按照顾客理解的产品价值定价。目前,网络拍卖市场上往往采用顾客主导定价策略。

(3)个性化定价策略。个性化定价策略就是利用网络的互动性,并结合消费者的需求特征来确定商品价格的一种策略。网络的互动性能使企业即时获得消费者的需求信息,使个性化营销成为可能,也将使个性化定价策略成为网络市场开拓的一个重要策略。

(4)动态定价策略。动态定价策略指网络市场开拓企业不仅根据不同顾客确定价格,而且根据购买时间、季节变动、购买数量、市场供求状况、竞争状况及其他因素,在计算收益的基础上,在网上设立自动调价系统,自动进行价格调整。动态定价法可以给企业带来竞争优势,竞争对手很难监督企业的价格变动情况,价格紧随的策略也行不通,因为彼此库存情况不一样;企图固定一个价格的策略也难以取胜,最优动态定价的对手早已把其他商家的定价策略考虑进来,通过观察销售量,运用数学模型计算出最优价格。因为商家能在每一轮销售周期调整商品价格使其达到最优,所以具有其他企业无法相比的优势。

(5)低价策略。低价策略是指网络市场开拓企业采取的对所经营的产品以低于传统价格出售的一种定价策略。消费者选择网上购物,一是因为网上购物比较方便,二是因为从网上可以以最优惠的价格购买商品。因此,低价策略是对消费者最具有吸引力的企业定价方式。

3. 网络市场开拓的渠道策略

网络营销渠道就是借助互联网,通过网上直销或是网络市场中间商的形式,将产品从生产者转移到消费者的中间环节,它一方面要为消费者提供产品信息,与消费者开展互动的双向信息沟通;另一方面,在消费者选定产品后能迅速地完成各项交易手续,从而实现企业的市场开拓目标。因此,网络市场开拓的渠道具有订货、结算和配送三大功能。根据网络市场开拓渠道的特点,企业可以采用电子商店经营策略和网络中间商的选择策略。

(1)电子商店经营策略。电子商店又可称为互联网上的虚拟商店,它与传统的商店不同,不需要店面、装潢和服务人员,也无需摆放物品,它是一种无店铺的销售方式。经营一家成功的电子商店不仅能增加企业的营业收入和提升公司的形象,更能借此掌握新型的渠道,联结上下游合作企业及客户,形成稳定的合作伙伴关系,提高客户重复购买率。通过网络市场开拓可以做好营销信息收集与提供信息服务,也可掌握客户的需求变化,降低售后服务成本。因此,成功地开设电子商店,对于企业电子商务活动的成功与否是至关重要的。

(2)网络中间商的选择策略。网络中间商是借助互联网技术,利用电子商务平台,实现产销、供需沟通的中间商机构,如目录服务商、搜索引擎服务商、虚拟商业街和虚拟商场、虚拟集市、网络金融机构和职能代理等。在网络中间商的平台上虽然展示着大量的产品,但是作为网络中间机构,其最大的职能是提供内容广泛的信息服务,既包括产品和服务的供需信息,也包括大量与之相关的价格、服务和电子杂志等相关内容。

4. 网络市场开拓的促销策略

网络市场开拓的促销策略是指利用网络技术向虚拟市场传递有关商品和服务信息,以启发需求,引起消费者购买欲望和购买行为的各种活动。它包括网络销售促进、站点推广、公共关系和网络广告等。

(1)网络销售促进。网络销售促进就是在网络市场上利用销售促进工具刺激消费者对产品的购买和消费使用,主要包括网上折价促销、网上赠品促销、网上抽奖促销、积分促销等多种形式。

①网上折价促销。折价,即打折、折扣,是目前网上最常用的一种促销方式。目前,网络消费者在网上购物的热情与商场超市等传统购物场所比较还相对较低。因此,网上商品的价格一般都要比传统方式销售时低,以吸引人们购买。目前大部分网上销售商品都有不同程度的价格折扣。折价券是直接价格打折的一种变化形式,

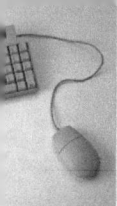

有些商品因在网上直接销售有一定的困难，便结合传统营销方式，可从网上下载、打印折价券或直接填写优惠表单，到指定地点购买商品时可享受一定优惠。

②网上赠品促销。赠品促销目前在网上的应用不太多，一般情况下，在新产品推出试用、产品更新、对抗竞争品牌、开辟新市场等情况下，利用赠品促销可以达到比较好的促销效果。赠品促销可以提升品牌和网站的知名度，鼓励人们经常访问网站以获得更多的优惠信息，并且能根据消费者索取赠品的热情程度来总结分析营销效果和产品本身的反应情况。

赠品促销应注意赠品的选择：不要选择次品、劣质品作为赠品，否则只会适得其反；明确促销目的，选择适当的能够吸引消费者的产品或服务；注意时间和时机，把握赠品的时间性，如冬季不能赠送只在夏季才能使用的物品；注意预算和市场需求，赠品要在能接受的预算内，不可过度赠送赠品而造成营销困境。

③网上抽奖促销。抽奖促销是网上应用较广泛的促销形式之一，是大部分网站乐意采用的促销方式。抽奖促销是以一个人或数人获得超出参加活动成本的奖品为手段进行商品或服务的促销，网上抽奖活动主要附加于调查、产品销售、扩大用户群、庆典、推广某项活动等。消费者或访问者通过填写问卷、注册、购买产品或参加网上活动等方式获得抽奖机会。

网上抽奖促销活动应注意：奖品要有诱惑力，一般选择大额超值的产品，以吸引人们参加；确保抽奖结果的公正性，由于网络的虚拟性和参加者的广泛地域性，对抽奖结果的真实性要有一定的保证。可邀请公证人员进行全程公证，并及时通过电子邮件、网上公告等形式向参与者通告活动的进度和结果。

④积分促销。积分促销在网络上的应用比传统营销方式简单和易于操作。网上积分活动很容易通过编程和数据库等来实现，并且结果可信度很高，操作起来相对较为简便。积分促销一般设置价值较高的奖品，消费者通过多次购买或多次参加某项活动来增加积分以获得奖品。积分促销可以增加上网者访问网站和参加某项活动的次数，增加上网者对网站的忠诚度，提高活动的知名度。

目前很多电子商务网站发行的"虚拟货币"也可以看作是积分促销的另一种体现，如8848的"e元"、酷必得的"酷币"等。网站通过举办活动来使会员"挣钱"，同时可以用仅能在网站使用的"虚拟货币"来购买本站的商品，实际上是给会员购买者相应的优惠。

(2)网络站点推广。网络站点推广就是通过推广网站的域名，让网络消费者知晓并登陆到企业的网站上，浏览企业的网页，由此了解企业的商品和服务的信息。

第八章　网络消费引导与网络市场开拓

网络站点推广的目的是最大限度提高企业网站的品牌效应，提高访问次数，从而传递企业及产品信息，让消费者产生消费欲望和购买行为。目前，企业网络站点推广的主要方法有电子邮件、搜索引擎注册、网上宣传和非网上宣传等方式。

①电子邮件是在用户事先许可的前提下，通过电子邮件方式向目标用户传递有价值信息的一种网络市场开拓的手段。采用这种方式时，企业必须通过正规途径获得消费者的认可，如会员注册信息、邮件列表以及客户通过网站或搜索引擎获得企业网站信息并来函询问。只有这样，才能最大限度降低网站推广的负面影响。

②搜索引擎注册是一个对互联网上的信息进行搜集整理，然后供用户查询信息的系统，它包括信息搜集、信息整理和用户查询三部分。国内相关部门的调查显示，网络消费者寻找新站点主要通过关键词在搜索引擎寻找所需网站的名称。国内常用的搜索引擎主要有百度、谷歌、搜狐、雅虎、网易等。

③网上宣传是企业通过提供免费的资源、电子邮件、制造某些特殊事件让客户参与、利用新闻组和 BBS 讨论区宣传、标志广告和建立链接等方式进行的市场开拓活动。

④非网上宣传是利用传统媒体做广告，包括电视、报纸、广播、公交车、路牌等。在这些媒体广告发布时，企业不仅将地址、电话写进广告，而且还将企业的网址也写进广告，增加企业网站的点击率。

(3) 网络公共关系。网络公共关系是指通过网络这一技术平台传递企业信息，唤起人们的好感、兴趣，从而提高企业公众形象的过程。网络公共关系是网络市场开拓促销策略的重要组成部分，它对提升企业形象，提高老客户的忠诚度，以及进行计算机预防与控制等具有积极的意义。企业进行网络公共关系活动可以借助电子报纸杂志、网络视频广播、企业网站、网络论坛、网上会议等工具进行。企业网络公共关系的建立与维护可以采取对新闻记者、对网络社区、对邮件列表、对新闻组与网络论坛等的网络公共关系策略。

(4) 网络广告。网络广告是一种新兴的广告形式，是确定的广告主以付费方式运用互联网媒体对公众进行劝说的一种信息传播活动。网络广告相对于传统广告而言，其沟通模式具有独特的优势，具体表现在：网络覆盖人群越来越多、无时空限制、内容详尽、形式多样，具有良好的互动性、明确的针对性、反馈的可测性、成本的节约性、消费者的可体验性等优势，而且传统的媒介形式在网络广告中也可以出现。

优秀的企业网站本身就是一个很好的网络广告。它不仅可以提供企业的最新

动态,而且通过它消费者可以查询相关商品和服务的信息,可以通过互动展室完成约定、定制或购买的全过程,企业可以根据消费者的特殊要求提供个性化的产品,实现网上调查、网上采购。网络广告的形式多样,主要有网络横幅式广告、按钮式广告、电子邮件、壁纸式广告、赞助式广告、竞赛和推广式广告、互动游戏式广告、全屏广告、全景式广告等形式。

阅读材料1：

网络服装正在进行时

《经济日报》2004/11/05　记者王冰

多年前，网上购衣在国内被认为是最难流行起来的网络购物模式。而如今，随着互联网的迅猛发展和各项社会服务产业的完善，网上购衣之风已在我们身边悄然兴起，成为一种时尚的消费现象。与此同时，一种全新的服装销售模式——网络销售，也正在消费者的生活中扩大着自己的影响力。

网上购衣吸引时尚一族

在现实中，热衷于网上购衣的消费者集中在40岁以下的青年女性人群，特别是那些酷爱时尚、追逐流行的白领人群以及部分大中学生。在记者针对此类人群所做的不完全调查中，竟有超过20%的消费者已尝试过通过网络选购服装服饰品，另有35%的消费者对网上购衣表现出不同程度的兴趣和关注，比如经常性地浏览一些著名购物网站的服装专区或拨打销售咨询电话。有25%的人群表示对网上购衣不太了解，20%的消费者则认为网上购衣存在种种缺陷，自己将坚持传统的逛店购衣方式。

坚持传统购衣方式的消费者对于网上购衣的质疑主要集中在两点：一是购衣的试穿环节无法通过网络实现，二是不愿舍弃"逛店"的现实体验。与之相比，网上购衣则在支持者的眼中呈现出别样的吸引力。"我在网上买的衣服全是休闲款，不像款式熨帖的正装，试衣的矛盾并不是特别突出，基本可以按照图片和号码判断是否合身。"34岁的白领王女士这样告诉记者，"网上购衣最吸引我的是方便快捷，省去逛店淘货的辛苦，而且可以把购衣挑选范围扩大到全国。"30岁的网站职员赵小姐则表示，她在网上购衣的主要原因是可以淘到一些独特款式的个性化装束，这一购买乐趣不是在百货商场和众所周知的服装市场里能够获得的。

由此可见，消费者的时尚和个性需要是网络购衣渐成风潮的根本所在。据分析，随着成衣和饰品的品牌越来越得到消费者信赖，以及年轻人着装的随意化浪潮，"试衣"的重要程度已经不如过去那样被看重，这部分解释了网络购衣的"龙抬头"趋势。为适应这种需要，近年来国内的电子商务网站大多数都相继开设了服饰频道，而某著名交易网站服饰类产品年销售额的增长率达到了15%。

网上开店成创业时尚

商家的纷纷上网也促进了网上服装销售的浪潮。不需要营业员，无需租用昂贵的铺面，年轻顾客也分外集中——给一个上网开店的理由实在不难。特别是那些缺

少本钱又想独立创业或选择自由职业以及兼职的年轻人，纷纷打起网上开设服装店铺的主意，而这些店主本身大多就是时尚的购衣一族。31 岁的郑小姐是一家网络公司的职员，同时她还在某交易网站上免费申请了一家网上店铺，经营她从北京动物园服装批发市场和各大品牌的折扣店淘来的服装，挣个辛苦钱。她说："进货拍片是网上服装店必不可少的一道环节，这一部分也是工作量最大、比较累人的部分。但好处是省了开店的房租、水电和请店员的成本开销，有生意就做，没有也不会滞压多少资本。"

除了郑小姐这样的业余经营者外，部分有一定加工规模的服装品牌也加入进来。据称，投入 5 000 万元从意大利引进国内首条全自动无缝内衣生产线的上海某内衣品牌就在互联网上开设了专营店，向全国销售其内衣产品。

此外，新的经营业态和模式也正在随着网络销售渐渐萌芽。外企职员李小姐正在筹备建立一个网站，专营服装定制加工业务，将国际流行款式的服装加以个性化处理，以优良的性价比吸引顾客。这种通过网络满足某种特定购衣需求的尝试，将来也许会催生出某种新的消费潮流和消费模式。

"网"络服装尚待完善成熟

当然，网上购衣确有其限制性。一方面不必为衣服的真实品质和确切尺码操心，一方面又可以享受网上购物的方便和价格优惠，无疑是网上购衣者的最大心愿。而现实却并非这么惬意。

常在网上购衣的赵小姐说，目前为止她只在信誉度比较高的知名网站上进行交易，尚未遇到恶劣的欺诈行为。但在网上购衣，有时光看照片，衣服的质感不好把握，颜色多少会有差别，尺寸也毕竟不如自己试得那么合适。如果运气不好遇到质量问题，则要反复联系卖家和邮寄货品，反而造成一些麻烦。

此外，许多网络购衣的消费者看中的是优惠的价格，而目前网上的部分低价名牌服装显然属于"盗版"。外企职员王女士告诉记者，她今年年初在某著名休闲品牌服装专卖店里花 800 多元买了一件羽绒服，同事从网上购得同款产品，而价格却是店里的 1/4。据网上私人店主称，该货品是从国内加工厂家转批出来的，因此价廉物美。但王女士和同事将衣服细细对比后还是发现一些差别，一是网购品蓄绒量明显低于店内正品，二是内衬绒里质地不同。如果该店主所言为实，那么此现象则印证了目前国内服装加工过程中仿版、盗版这一"众所周知的秘密"。

目前，由于种种原因，网络销售尚未提上大多数国内服装品牌的议事日程，而国外的网络销售模式无疑比较普遍和成熟。一些著名品牌都通过网络完善了自己的销售形式，给消费者提供便捷的服务。一些便于网上购衣的技术也正在完善之中。如美国某公司将推出一种身体扫描仪，预备通过在商场和其他商业区安置的身体扫描亭得到顾客的精确身材尺寸，并将之储存在互联网上的数据库里，从而方便顾客在网上选购衣服。专家指出，这一扫描技术将使顾客更方便称心地实现网上购衣，从而推动网上服装购买业的发展。

对于网上消费者现象，也许需要国内服装品牌投入更大的热情和关注，因为无论如何，服装的网络消费已在我们身边成为"现在进行时"。

阅读材料 2：

耐克网上推广专卖店

耐克的名字和商标已经享誉全世界，现在想向网络用户宣传开设在全加拿大的"运动员世界"中的耐克迷你店。为了达到这个目的，这位运动服装界的巨人利用互联网的互动性和图形功能制作了旗帜广告和一个网站，并投入使用。他们将 www.athletsworld.ca/nikeshop 网站的目标受众定为十几岁的青少年和稍微年长一些的青年顾客。设立网站的目的是建立知名度并传达产品信息，网站由设置在 active.com、cbc.ca、ctvsportsnet.ca、montrealplus.com、rcf.ca、rollingstone.com、sympatico.ca、toronto.com、tribute.ca 和 tsn.ca 上的广告来推广。有四个不同版本的广告在进行轮流投放。其中一个版本以赢取 500 元耐克购物券为号召，并直接链接到网站上；其他几个版本截取运动员训练的一个片断并配上一句广告语："永远没有太早/太强/太多"，这句话与网站的网址交替出现在广告上。

为了吸引年轻的访问者，网站使用了各种设计元素如挖苦式的导语、嬉皮音乐、游戏式的表现方法和多彩的形象等。耐克公司在安大略 Vaughan 分部的广告经理 Josie Seguin 说："我们试图使我们的网站充满互动性和乐趣，并以刺激的方式传达我们的讯息。"

网站的导入页面在强劲的电子音乐中表现了几个出入大脑的句子。耐克针对青年群体突出嬉皮而积极的态度："很疼，好，一定是起作用了"和"我的短裤还在洗手池里……赤着身子去"就是这样两个例子。"我们想用他们理解的语言对他们说些有趣的话……用青少年的口吻对他们说话。"Seguin 说。

进入网站的访问者会受到鼓励，通过把运动员们的"泡泡"照片进行拼接来得到产品的详细信息。访问者还可以操纵鼠标在"quick-time 虚拟现实部分"，从各种角度观看产品或进行商店定位。网上竞赛和反馈问卷还提供了赢取 500 元耐克

代金券的机会。

在网站上，黑色背景上鲜艳的桔黄色字告诉访问者，"使用网站来选出一些衣服，然后直接到离家最近的一家店去买。"在全加拿大的"运动员世界"中的 18 家耐克迷你店利用条幅、地板印字和店员的 T 恤衫来推动顾客访问网站。去年耐克公司使用印刷广告来推广自己的专卖店，不过这次互联网成了做广告的好地方。"因为我们这么多的目标顾客都在网上，而且互联网的环境也允许我们这样做。"Seguin 说。

文章来源：中国网络传播网　　作者：Sarah Smith

阅读材料 3：

亚马逊网站的书籍作者博客营销策略

全球最大的网上零售网站亚马逊（Amazon.com）发布了一个新程序，为所有的书籍作者开通博客。亚马逊的书籍作者博客营销策略非常高明，在很多电子商务网站还没有将博客与营销策略产生联想时，亚马逊已经将电子商务博客营销运用自如了。

为了鼓励用户为网站创作内容（user-generated content），全球最大的网上零售网站亚马逊（Amazon.com）发布了一个新程序 The Amazon Connect，为所有的书籍作者开通博客。目的在于增进读者与作者之间、读者与 Amazon.com 之间的接触和沟通。同时，书籍作者博客不仅为作者提供了一个推广自己书籍产品的渠道和机会，也给那些购买了书籍的访问者再次访问 Amazon.com 的理由。

新竞争力网络营销管理顾问认为，亚马逊的书籍作者博客营销策略非常高明，在很多电子商务网站还没有将博客与营销策略产生联想时，亚马逊已经将博客营销运用自如了。亚马逊鼓励作者写博客实际上是 Amazon.com 在不用自己付出额外努力和投入的情况下，让作者加入到书籍网络营销的行列，通过作者与顾客的互动达到更好的在线销售效果。

在亚马逊的图书作者博客栏目，作者最新发布的博客文章被醒目地放在作者介绍页面或书籍的介绍页面，同时有一个链接指向该作者的全部博客页面。此外，用户也可以通过他们自己的 Amazon 首页看到购买过书籍的作者的最新博客文章。

专家认为，受欢迎的博客有两个特点是必须具备的：可以 RSS 订阅和读者评论，因此 Amazon 应该开通这两个功能。同时，Amazon 还可以利用 RSS 信息源作为向用户发送个性化推荐产品的工具，如向那些订阅作者博客的人发送"购买该作者书籍的用户还可以购买……"之类的产品促销信息,这种策略无疑将产生巨大的网络营销价值。

在网上零售网站上,网络购物者需要根据有限的产品介绍信息来进行购买决策,有时是比较困难的,如何增加更详尽的产品信息是网上零售网站的难题之一。亚马逊网站在产品信息方面一直在引领潮流。2005 年,他们就开始允许用户上传产品相关的图片。Amazon 还开始测试 wiki 产品页面,消费者都可以增加或编辑书籍或产品的信息,类似 wikipedia(维基百科)编辑方式。Amazon 还让用户对产品加描述性关键词标签,让所有人浏览。

阅读材料 4
病毒式网络营销

《疯狂的石头》利用网络这样一种低成本的营销方式迅速获得了成功,为以博客、论坛等为代表的网络营销提供了新的例证。"200 万的生意被你做成了 1 000 万!"这是《疯狂的石头》中的一句经典台词。现在这句台词竟然变成了现实。这个低成本、高票房的奇迹也许将成为中国电影制造的一个经典。就如同它前卫的名字一样,这个仅花费 300 万元的小成本国产影片,让很多看过的、没看过的人都为它疯狂不已,也将成为一个口碑传播的经典案例。

《疯狂的石头》上映 17 天,总票房就突破千万,首批 30 万套 DVD 也全部脱销。在全国各大主要城市的晚间黄金场的平均上座率为 80%。疯狂的票房走势带动"石头"的身价持续上涨,网络播映权、电视台播映权都卖出了国产小成本影片的天价。

大多数人第一次知道这部电影是通过网络,之前也未见它有多大的行销阵势。不像之前的《英雄》、《十面埋伏》等,打着"大行销"的阵势,展示了豪华的首映,花掉了上亿的宣传费用。而这部所有演员都操着一口重庆方言的纯娱乐电影,没有铺天盖地的宣传,没有明星的加盟,在简单试映了一下之后,影迷们疯狂的好评便如潮水般涌来。上到 MSN 或 QQ 上,总有不同的朋友问:《疯狂的石头》看过没?听说超好看的。或者说:快去看《疯狂的石头》吧,我看过了,真的很好看的。而更多的人,是把关于这部影片的内容和观影感受写进了自己的博客里。

制作成本仅仅 300 万元的《疯狂的石头》,只凭少得可怜的行销费用,就赢得了更多人的关注,"石头"在造势方面的"智慧"可见一斑。他们没有选择烧钱式的、狂轰滥炸的广告攻势,而是看重了口口相传的"病毒式"口碑效应。

在公映之前，"石头"就在制造口碑上下足了功夫。通过上海电影节上的宣传活动和影评人放映专场，先行在影评人和媒体中进行了预热。紧接着推出在五城市做的免费放映，最直接地创造了口碑，提高了影片人气。在影片正式公映之前两周，就已经持续不断地传出了好评。

在选择媒体宣传上，"石头"更倾向于选用BBS、MSN及博客等形式进行宣传，而这些途径，正是当下主要受众获取电影信息的重要途径。公映之前首先吸引了这部分人，加上有扎实的影片质量作保证，"一传十，十传百"的原始传播效果不容小觑。有关《疯狂的石头》的博客信息，光从Google搜索一下，就有129万之多。可见，互联网成就了《疯狂的石头》的行销，而博客的疯狂传播，让它"疯狂"再"疯狂"。

博客具有的个人性的行为、个人性的角度、个人性的思想，是吸引博客本人和读者的力量源泉，也是造成"疯狂传播"的动因。这种以个人意志和思想作为搜索引擎内容和发源的传播形式，只要愿意，博客几乎可以以任何形式抒写有关于《疯狂的石头》的任何信息，博客日志再通过对其他网站的超级链接和评论，进行人对人的超级传播。这种人对人的传播具有鲜明的社会性和互动性，"自我"的意愿倾向明显，在博客中可以说平时不敢说的话，做平时不敢做的事，这也是能起到"疯狂传播"的一个因素。

博客链接作为博客最有力的武器，给博客传播以生命。博客通过超链接实现了开放源代码的共享性，不断搜索提炼信息，不断学习和思考。博客模板中在每一篇网络日志下方都提供了评论的项目，每一个看博客的人都可以留下自己的观点和想法。博客发布者可以随时检查评论状况，获得观众的反馈。同时，博客模板中也提供发布者对评论人的信息反馈，可以直接跟贴反馈，也可以通过评论人留下的电子邮件或注册账号点对点联系。这使得博客真正成为一种交互式的信息传播载体，博客与受众进行全面的接触，而且可以有效互动。这种接触与互动，重建了互联网秩序，体现的博客传播的张力，凸现了"疯狂的石头"无限的生命力和传播价值。

博客的个人化性质也决定了博客大多数是私人朋友们聚集的地方，他们所做的链接都是自己非常熟识的朋友、亲人，这个关系极其亲密的互动的圈子，形成了一个可以自由交流聚集的平台，传播更具有亲密性，是一种文化和信仰的认同，足以引发熟悉群体更加活跃的交流和更多样化的互动。

相对这样私密的圈子，博客群应运而生，对群体的传播，作出了巨大的"贡献"。在BlogCN(中国博客网)，有一个"团队博客"的概念，博客发布者在站中都拥有一个特定的通行证，彼此可以很方便的互相联系、互相链接、分享彼此的日志，甚至拥有论坛进行群体交流。他们之间或许是因为爱好相同，或者说信仰和价值观一样才选择加入或创建一个团体博客，不同博客群体又自觉的结为一个更大的博客群体，并且与其他群体进行广泛传播互动。在交流过程中，互相群体博客就会产生"群体意识"、"群体感情"和"群体归属感"，获得比人际传播更多更广更有深度的群体交流信息。

博客平台在传播的过程当中也起了主导传播的作用。BlogCN(中国博客网)曾在首页做过一期《疯狂的石头》的热点话题，光一天的访问量就达 122 万之多，文章评论和留言不计其数。在这个传播过程中，我们可以看到博客平台作为一个载体承担了信息发布和信息回馈的双重作用。它的传播特点是密集、重点突出，起到了主导传播的作用。通常一个 BSP 将分散式的个人博客主页进行编辑式整合，让大众化创造的资源获得了一次集体化的呈现，虽然并不是全部博客内容，但却为每一个博客，预留了一个顺序呈现的窗口，并带着自我更新秩序和速度。自然排序的力量，凸现了个性鲜明的博客和优秀的博客，这就决定了博客传播快速扩张力。

由此可见，正是这样口口相传的传播模式为"石头"赢得了高票房。观众主动发出的赞美才是《疯狂的石头》达到无行销胜行销境界的真正原因。据相关媒体的统计，有 50% 的观众走进电影院看《疯狂的石头》是因为亲友同事的推荐，30% 是因为"石头"在网上的超级人气，网络时代的口碑传播在这里显示了最强势的威力。真正的行销，并不是花大钱就有大效果，只要采取合适的途径，做真正好的东西，就肯定不会没有"口碑"。

资料来源：《首席市场官》

案例分析 1：

淘宝网的先行赔付政策

目前，淘宝网针对集市三类卖家开放了"消费者保障计划"的申请，分别是手机、数码相机和网游。凡参与本计划的卖家，根据其所售商品的类目不同，分别在自己的支付宝账户存入相应金额的保证金。保证金额分别为：手机 5000 元，数码相机 5000 元，网游 2000 元。

关于赔偿金额的约定如下：

(1)淘宝仅以卖家被冻结的保证金为限向符合条件的买家先行赔付。

(2)由于质量原因责任方在卖家时，淘宝可裁定商品的检验费用和来回邮费由卖家赔付。

(3)如果淘宝判定卖方责任时有误，淘宝将对卖家进行赔付。每一笔交易卖家最多向淘宝申请 3000 元的赔付。同时卖家需要向淘宝提供相关证据证明淘宝在使用卖家保证金时判断有误。

对于已参加本计划的卖家，也可根据自身情况选择申请退出"先行赔付"，具体约定如下：

(1)卖家申请后，取消掉先行赔付的标志，但扣留保证金，直至所有的先行赔付交易成功 14 天后。

(2)由于未及时缴纳保证金而被强行退出的，一个月之内不能再次申请。

(3)如果因为卖家违反先行赔付规定被淘宝客服强行退出的，六个月之内不能再次申请。

问：1. 淘宝网为什么要制定先行赔付的"消费者保障计划"？

2. 该计划的推行，对参与计划的卖家可带来哪些影响？

案例分析 2：

eBay 失败的教训

在历经艰辛的独立发展之路后，eBay 于 2006 年 12 月 20 日宣布将与 Tom Online 组建合资企业。Tom Online 是一家在中国提供增值多媒体服务的无线互联网公司，它在中国与各方建立了良好的政治关系。

虽然 eBay 在报道中极力表现对这桩交易的信心，但多数评论人士都将此视为外国互联网公司进军中国市场的又一次失败，败给了中国本土的竞争对手，正如去年百度(Baidu)抢走谷歌(Google)的风头，而雅虎(Yahoo)迫于无奈将其中国全部资

产出售给阿里巴巴(Alibaba)。

2003 年,eBay 通过收购易趣网(Eachnet)进入中国市场,当时许多分析师都认为 eBay 将成为中国市场的灌篮高手。即便 eBay 曾经黯然撤出日本市场,但它毕竟在美国的在线拍卖市场占据着绝对的霸主地位,并且应该能够从它将美国模式照搬到亚洲市场所犯的错误中汲取教训。当时的易趣管理层是中国在线拍卖领域的领头羊,占据着将近80%的市场份额。他们在国际和本土市场都拥有丰富的经验且与消费者保持着紧密的联系。

到 2006 年年底,eBay 已为中国业务投资了三亿美元,但却收效甚微。市场份额每年不断下滑,直至 2006 年被阿里巴巴旗下的淘宝网和腾讯旗下的拍拍网跃居其上,跌至低得可怜的 20%。收购完成后邵亦波等前易趣高管人员相继选择离开易趣。

那些瞄准中国 2.5 亿新兴中产阶级的全球在线公司应该从 eBay 在中国遭遇的挫折中汲取教训。腐败、缺乏透明度或者货币问题都是跨国公司在中国遭遇挫折的常见原因,而 eBay 犯下的许多严重错误并不在这些原因之中。沃顿知识在线中文版对 eBay 撤出中国市场背后的原因以及日臻成熟的中国在线市场进行了探讨。

选择 eBay 还是淘宝?

与淘宝不同的是,淘宝向卖家提供免费的基础服务,而 eBay 最初则保留在美国和欧洲的操作方法,向卖家收取物品登录费。许多评论家都认为高价是 eBay 遭遇失败的主要原因,他们指出中国消费者在无法触知产品的情况下,总是喜欢选择免费或者低价的服务。

但也有统计数字表明,中国消费者愿意为他们认为值得的网络服务买单。譬如,中国消费者就从腾讯等公司购买了价值几亿美元的虚拟货币,来完成游戏人物升级和购买手机个性化铃声。

尤其是年轻一代的中国人,已经显示出愿意在网上购物和为网络服务买单的趋势。这部分人群每周平均上网时间为 18 小时,而美国年轻人每周平均上网 12 小时。中国社科院下属的中国互联网开发研究中心(CIDRC)提供的数据表明,电子商务的销售在过去两年中增长了 58%,达到近 700 亿美元,其中 C2C 业务约占 30 亿美元。2004 年以来中国的网民数量从 9 000 万增加至 1.3 亿,电子商务正在稳步增长。

但从上海一家名为中国市场研究集团(CMR)的市场调研公司调查的结果来看,eBay 收取物品登录费并不是消费者更加青睐淘宝的五大主要原因之一。事实上,即使 eBay 从 2006 年年初开始免收物品登录费,他们仍然不是淘宝的对手。

调查表明,中国消费者喜欢选择他们"信任"的品牌和拥有"一流"客户服务的卖家。许多消费者不喜欢 eBay 是因为他们服务不佳而且不注重建立消费者与商家之间的信任。

哈佛大学经济学教授、哈佛亚洲研究中心前主任德怀特·珀金斯(Dwight Perkins)指出,"信任在中国以及其他任何地方都非常重要,但在中国却尤其重要,这是因为中国的法律制度和其他解决争端的正式途径还存在着漏洞。构建信任的方式就是让时间来证明你是值得信任的。"他认为在线拍卖公司要想在中国市场取得成功,就必须在每个交易环节中都提供安全保障,免除消费者在网络购物时的后顾之忧。而 eBay 最初踏进中国市场的时候就没有做到这点。

2004 年,eBay 将中国平台跟全球平台对接,将中国网站"全球化",并未考虑到中国的市场特殊性,同时并没有很好地处理用户对平台变动造成的不适应与不满。一个细节是,eBay 在对接中碰到中国用户与国外用户出现名称相同的情况,优先选择保存国外用户的名称,让国内用户十分"郁闷"。

女孩姗姗是个 22 岁的"老上海",她经常在淘宝网上购买书籍。她说 eBay 初进中国的时候,他们的 Paypal 支付方式没能实现委托交易代收货款服务与销售流程的无缝衔接。而淘宝普遍采用的 Alipay 支付方式却将代收货款服务视为在线购物体验的重要组成部分,因为消费者认为先将货款支付给 Alipay,等商品到手之后再把货款发放给卖家的方式让人非常放心。

姗姗和其他受访者表示,中国消费者还喜欢私下交易,因为私下交易可以在买家与卖家之间建立信任。eBay 最初不允许买家与卖家直接联系,而淘宝却允许双方进行直接的即时联络。一位 18 岁的男孩就是从 eBay 转战到淘宝的,他说:"我买 DVD 的时候喜欢直接与卖家讨价还价。这样可以让整个购买流程更加顺畅,因为我在购买商品的过程中与卖家之间建立了关系。"

淘宝网拥有 3 000 多万名注册用户,每年达成的交易超过 12 亿宗。从注册用户数来看,淘宝声称自己占有 70% 的 C2C 市场。

虽然许多中国人都相信联合利华、宝洁等知名的大公司,但对新进入中国市场的公司却缺乏信任感。珀金斯说,"鉴于中国有太多的消费者欺诈事件发生,在中国建立一套简单明了,最终无需依靠警察或监管当局介入的系统是非常重要的。"

资料来源:中国代办网

问:eBay 的失败带给我们什么样的启示?

案例分析3：

亚马逊公司的差别定价实验

作为一个缺少行业背景的新兴的网络零售商，亚马逊不具有巴诺（Barnes & Noble）公司那样卓越的物流能力，也不具备象雅虎等门户网站那样大的访问流量，亚马逊最有价值的资产就是它拥有的2 300万注册用户，亚马逊必须设法从这些注册用户身上实现尽可能多的利润。因为网上销售并不能增加市场对产品的总的需求量，为提高在主营产品上的赢利，亚马逊在2000年9月中旬开始了著名的差别定价实验。

亚马逊选择了68种DVD碟片进行动态定价试验。试验当中，亚马逊根据潜在客户的人口统计资料、在亚马逊的购物历史、上网行为以及上网使用的软件系统确定对这68种碟片的报价水平。例如，名为《泰特斯》(Titus)的碟片对新顾客的报价为22.74美元，而对那些对该碟片表现出兴趣的老顾客的报价则为26.24美元。通过这一定价策略，部分顾客付出了比其他顾客更高的价格，亚马逊因此提高了销售的毛利率。

但是好景不长，这一差别定价策略实施不到一个月，就有细心的消费者发现了这一秘密，通过在名为DVD Talk (www.dvdtalk.com)的音乐爱好者社区的交流，成百上千的DVD消费者知道了此事，那些付出高价的顾客当然怨声载道，纷纷在网上以激烈的言辞对亚马逊的做法进行口诛笔伐，有人甚至公开表示以后绝不会在亚马逊购买任何东西。更不巧的是，由于亚马逊前不久才公布了它对消费者在网站上的购物习惯和行为进行了跟踪和记录，因此，这次事件曝光后，消费者和媒体开始怀疑亚马逊是否利用其收集的消费者资料作为其价格调整的依据，这样的猜测让亚马逊的价格事件与敏感的网络隐私问题联系在了一起。

为挽回日益凸显的不利影响，亚马逊的首席执行官贝佐斯只好亲自出马做危机公关，他指出亚马逊的价格调整是随机进行的，与消费者是谁没有关系，价格试验的目的仅仅是为测试消费者对不同折扣的反应，亚马逊"无论是过去、现在或未来，都不会利用消费者的人口资料进行动态定价。"贝佐斯为这次的事件给消费者造成的困扰向消费者公开表示了道歉。不仅如此，亚马逊还试图用实际行动挽回人心，亚马逊答应给所有在价格测试期间购买这68部DVD的消费者以最大的折扣，据不完全统计，至少有6 896名没有以最低折扣价购得DVD的顾客，已经获得了亚马逊退还的差价。

至此，亚马逊价格试验以完全失败而告终，亚马逊不仅在经济上蒙受了损失，

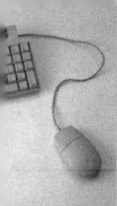

而且它的声誉也受到了严重的损害。

问：为什么亚马逊的价格试验会遭遇惨败？网络定价应遵循什么样的基本原则？

案例分析4：

"非典"对网络经济发展的影响

2003年"非典"疫情的出现，给旅游业、批发零售业、餐饮业、交通运输业等"接触经济"造成较大负面影响。据统计，2003年4月份南京居民家庭在外用餐下降28%，文化娱乐消费整体下降68%。而电信、邮政、电子商务等"非接触经济"总体上是正面影响，显现出前所未有的发展势头。"非典"加快了网络经济发展步伐，增强了网络经济意识，拉动了信息消费，引起各方面的广泛关注。

"非典"引起了网络经济发展方式的深刻变化，促使网络经济向多领域渗透。

一、生产领域

网络经济引起了企业生产方式、管理体制的重大转变，"非典"加快了转变的速度。

1. 促进企业管理模式的转变

传统的企业管理模式结构层次多，决策缓慢，管理效率低下。网络技术的应用，出现了企业资源计划管理系统、客户管理系统、计算机辅助设计制造，大大提高了企业管理决策水平，增强了企业的适应性。"非典"期间，一些企业通过信息网络捕捉市场信息，迅速改变决策，及时调整产品，取得了很大的成功。如南京生产床上用品的"金双强"集团，"非典"期间及时转向生产口罩，企业不但没有受到影响，而且产品供不应求，取得了良好的经济效益。

2. 催生了虚拟企业的成长

"非典"期间，信息的不对称体现了信息的价值。口罩、消毒用品、医药用品等商品在局部出现供不应求并不是生产能力不足造成的，而是一定范围内的产销脱节，信息缺乏或流通不畅所导致。在这种情况下，一些虚拟企业应运而生，它们既不是传统的生产企业，也不是传统的商业企业，它们根据自己掌握的信息通过网络来组织生产、供应、流通，组建完整的产业链，在"非典"期间扮演了良好的中介商角色。

二、流通领域

"非典"对流通领域网络经济的影响较为直接，市场反映较快，特征表现明显。

1. 营销方式由现场交易转向电子交易，由分销转向直销

"非典"期间，传统的营销方式被阻断，网络营销显现了独特的优势。网络营销直接架起了买方与卖方之间联系的桥梁，促进销售方式由分销向直销转变，节约了时间和交易费用，大大降低了交易成本。"非典"期间，高邮市企业及时搞好产销协

调,强化远程网络营销,一半以上的企业拿下了近3个月的生产订单。网络营销模式不断创新,网上订单、网上会展、网上招商、网上招标等的出现使营销方式发生了新的变革。

2. 企业生产服务由一体走向分离

"非典"前许多企业属于生产服务一体化型企业,集研发、生产、销售、服务于一体,难以集中发挥企业专长。网络经济崇尚分工协作,要求企业把服务环节外包给专业公司,不仅能克服自身的困难,还会赢得更好的发展环境,对维护企业形象也大有裨益。最近一些电子商务企业把物流等环节外包给大的物流企业,大大降低了企业自身的风险。

三、消费领域

消费领域受"非典"影响最大,引起的变化也最明显。虽然整体消费水平下降,但表现出一冷一热,冷的是接触型消费,热的是非接触型的网络消费。

1. 消费理念的转变,强调品牌、信用,借助信息网络

"非典"期间,顾客购物的目的性很强,对商品的质量要求更高了,希望在尽量少的时间内买到货真价实的商品。品牌商品成为顾客的首选。据金陵饭店购物中心、金陵百货管理层介绍,"非典"所带来的直接影响是人流量的急剧下降,但成交率却比以前增长了近50%。消费者对品牌产品的认可度在提高,通过网上购物则要求更高。据调查,不少消费者在"当当"网站上购物均选择一些国内外名牌产品。正如"金狐狸"中国地区的品牌代表认为,"非典"期间是提升品牌、促进销售的商机。我们认为不仅如此,网络经济将对商品的质量、信用提出更高的要求,更能体现品牌价值。

2. 消费方式的转变,由现金支付转向银行卡支付,由现场体验转向虚拟体验

受"非典"影响,居民的生活习惯、卫生习惯等发生了很大的改变,"卫生理财"、"卫生消费"成为新观念,就支付方式来看,由现金支付转向银行卡支付的趋势明显,刺激了电话银行、网上银行的发展。据统计,中国银联南京分公司5月1日～3日,全市联网POS消费超过了5万笔。仅5月1日一天,交易金额就达1600多万元,与2002年同期相比,增长了六成。目前,华泰证券网上交易量占总交易额的比重上升到约36%,和2002年底相比增加了约17%。银行卡消费的迅速攀升对银行服务提出了更高的要求,电子银行必然迎来新一轮发展热潮,银行证券业要早做准备。

"非典"期间,消费者逐渐由现场体验转向网上虚拟体验,网上医疗、远程教育和网上娱乐等成为消费热点。5月份江苏省电信和卫生厅在13个省辖市安装了41套电信视讯系统,开展网上远程诊断,受到社会的好评。

问:"非典"为什么会对网络经济的发展造成如此巨大的影响?

参考文献

[1] 符国群. 消费者行为学[M]. 武汉:武汉大学出版社,2004.

[2] 温孝卿,史有春. 消费心理学[M]. 天津:天津大学出版社,2004.

[3] 王耀球,万晓. 网络营销[M]. 北京:清华大学出版社;北京交通大学出版社,2004.

[4] 霍金斯. 消费者行为学. 符国群,等译,8版. 北京:机械工业出版社,2003.

[5] 希夫曼,卡纽克. 消费者行为学[M]. 俞文钊,译. 7版. 上海:华东师范大学出版社,2002.

[6] 江林. 消费者行为学[M]. 北京:首都经济贸易大学出版社,2002.

[7] 朱明侠,李盾. 网络营销[M]. 北京:对外经济贸易大学出版社,2002.

[8] 苏勇. 消费者行为学[M]. 北京:高等教育出版社,2001.

[9] 姬生民. 消费者行为学[M]. 南京:江苏科学技术出版社,2000.

[10] 李品媛. 消费者行为学[M]. 大连:东北财经大学出版社,2000.

[11] 李琪. 电子商务概论[M]. 北京:人民邮电出版社,2002.

[12] 瞿彭志. 网络营销[M]. 北京:高等教育出版社,2004.

[13] 王方华. 网络营销[M]. 太原:山西经济出版社,1998.

[14] 杨坚争. 网络营销教程[M]. 重庆:重庆大学出版社,2002.

[15] 李琪. 电子商务管理[M]. 重庆:重庆大学出版社,2002.

[16] 杨坚争. 电子商务法教程[M]. 北京:高等教育出版社,2001.

[17] 陈光中. 法学概论[M]. 北京:中国政法大学出版社,1998.

[18] 杨坚争. 电子商务法教程[M]. 北京:高等教育出版社,2001.

[19] 齐爱民. 电子合同的民法原理[M]. 武汉:武汉大学出版社,2000.

[20] 于志刚. 网络经济纠纷定性争议与学理分析[M]. 长春:吉林人民出版社,2001.

[21] Louis E. Boone,David L. Kurtz. 网络时代的市场营销(英文版·第九版)[M]. 北京:机械工业出版社,1996.

[22] 菲力普·科特勒. 营销管理——分析、计划、执行和控制(9版)[M]. 梅汝和,等译. 上海:上海人民出版社,1999.

[23] 宋玲,陈进,王小延. 电了商务实践[M]. 北京:中国金融出版社,2000.

[24] 曹小春. 零售企业营销实务[M]. 北京:中国审计出版社,2000.

[25] 戈登·福克赛尔,罗纳德·戈德史密斯,斯蒂芬·布朗. 市场营销中的消费者心理学[M]. 裴利芳,何润宇,译. 北京:机械工业出版社,2001.

[26] 德尔·I·霍金斯,罗格·J·彼斯特,肯尼思·A·科尼. 消费者行为学(8版)[M]. 符国群,等译. 北京:机械工业出版社,2003.

[27] 姜彩芬．网络消费行为调查——以广州地区为例[J]．广东:广州大学学报(社会科学版),2006.

[28] 于丹．基于消费者视角的网上购物感知风险研究．中国市场学会 2006 年年会暨第四次全国会员代表大会论文集．

[29] 乌英格．浅析网上购物中存在的问题及对策[J].北方经济,2006.

[30] 孙瑞．网上购物在中国的现状及其瓶颈分析[J].甘肃科技纵横,2006.

[31] 崔艳红．感知风险理论在网上购物中的应用[J].电子商务,2007.

[32] 魏毅峰,张亮．消费者网上感知风险多层影响因素体系分析[J].商场现代化,2007.

[33] 李宝玲,胡宏力．网上购物感知风险及对策研究[J].中国流通经济,2007.

[34] 王又其．网上购物如何防范风险[J].电子商务世界,2007.

[35] 李承安,徐红军．论我国网络消费的现状及发展策略[J].商场现代化,2007.

[36] 井淼．互联网购物环境下的消费者感知风险维度[J].上海交通大学学报,2006.

[37] 胡子超．网络购物行为的影响因素分析[J].科技产业月刊,2006.

[38] 何其恫,林海华．网上购物行为影响因素实证研究[J].经济管理·新管理,2006.

[39] 刘宏,黄小刚．B2C 模式下网络消费者满意的研究[J].商业研究,2004.

[40] 叶文．网络消费者购买行为研究[J],南京经济学院学报,2001.

[41] 刘国珍．从 N 世代消费者心理看网络营销[J],江苏商论,2004.

[42] 王战平,刘佳璐．从消费者动机看网络营销[J],科技进步与对策,2005.

[43] 赵盈,张跃．电子商务环境下消费者行为的特点及其对网络营销的影响[J].江苏商论,2004.

[44] 西宝,杨晓冬．网络营销策略:消费者行为黑箱与客户满意度[J].商业研究,2003.

[45] 许雄奇,赖景生．网络营销消费者心理和行为探析[J],商业经济与管理,2000.

[46] 曹义锋,薛君．网络消费者行为研究综述[J].商场现代化,2006.

[47] 胡国胜,张国红．网络环境下消费者购买决策分析[J].工业技术经济,2006.

[48] 张泉馨,姜秀丽,陈利虎．网络时代消费者的需求特点看网络营销[J].山东教育学院学报,2003.

[49] 罗玲,甄永浩,于洋．电子商务中消费者心理与行为分析[J].特区经济,2006.

[50] 彭连刚．网络环境下消费者购买决策分析[J].湖南税务高等专科学校学报,2005.

[51] 肖煜．网上消费者消费行为研究[J].开发研究,2004.

[52] 徐木容．网络消费时代新兴消费群体的消费特征[J].消费经济,2003.